邵雍的智慧

一代传奇

米鸿宾 著

人民东方出版传媒
东方出版社

图书在版编目（CIP）数据

一代传奇：邵雍的智慧 / 米鸿宾 著 . — 北京：东方出版社，2021.10
ISBN 978-7-5207-2364-0

Ⅰ.①一… Ⅱ.①米… Ⅲ.①邵雍（1011-1077）—哲学思想—思想评论 Ⅳ.① B244.35

中国版本图书馆 CIP 数据核字（2021）第 178171 号

一代传奇：邵雍的智慧
（YIDAI CHUANQI: SHAOYONG DE ZHIHUI）

作　　者：	米鸿宾
责任编辑：	钱慧春　冯　川
出　　版：	东方出版社
发　　行：	人民东方出版传媒有限公司
地　　址：	北京市西城区北三环中路 6 号
邮　　编：	100120
印　　刷：	北京文昌阁彩色印刷有限责任公司
版　　次：	2021 年 10 月第 1 版
印　　次：	2021 年 10 月第 1 次印刷
开　　本：	680 毫米 ×960 毫米　1/16
印　　张：	20.375
字　　数：	254 千字
书　　号：	ISBN 978-7-5207-2364-0
定　　价：	68.00 元
发行电话：	（010）85924663　85924644　85924641

版权所有，违者必究
如有印装质量问题，我社负责调换，请拨打电话：（010）85924602　85924603

序
有道之士为天下宝

（一）人中之宝

真人一语，可洗百生滞尘！

汉代《淮南子·说山训》云："得万人之兵，不如闻一言之当！"晋代《抱朴子·内篇》曰："不见其法，不值明师，无由闻天下之有斯妙事也。"足见，明师如灯。而日本著名汉学家安冈正笃更是赞道："一灯照隅，万灯照国。"由此可知明师之珍贵。

而出类拔萃的明师，更是人中之宝。

（二）明师为天下善

明师之高，代有绝伦之士。

《左传·定公十五年》载有"子贡观礼"的故事：鲁定公十五年正月，颛顼的后代郕国第十七代国君郕隐公前去给鲁国进贡。当时，郕隐公手拿玉器，仰着头，态度出奇的高傲，而鲁定公则低着头，谦卑得反常。在旁观看的子贡，观完仪式后，与人道："此二人态度，注定他们都活不了太久，也就两年吧！"果然，当年五月，鲁定公去世；一年半后，邾隐公因为国家发生内乱，在逃跑途中被杀。子贡之言全部得到应验！

这个子贡，不仅有钱，而且还"常相鲁卫"，经常在强大的鲁国和卫国做宰相，可见受宠之至！而这也导致了他在孔子的弟子中，受追捧最众。可明师就是明师——孔子当着众弟子的面，问子贡："你和颜回比谁厉害呀？"子贡说："我是举一反三的人，而颜回是举一反十的人，我不如他！"孔子点点头，乐！这明明就是要子贡表态：颜回之智远胜于他。这就是明师"胜物而不伤"的大智慧啊！

难怪子贡评价孔子的学问如万仞高墙，走进去之后，富丽堂皇，应有尽有，并且还心服口服！

世事此起彼伏。

时隔1500年，《宋史·钱若水传》记载了这样一件事情：钱若水从小极为聪慧，十岁便能写文章。在他还是举子之时，曾专程去华山拜访陈抟。陈抟见到他时，惊讶道："你容貌神清，可以学道；不然的话，便一定会富贵，但忌速度太快，恐难持久。"随后，陈抟又道："你半个月后再来一次吧。"

半月后，钱若水准时前去。陈抟邀其到山中住处，又见到一位老僧，披着补缀僧衣，坐在地炉旁边闭目养神。钱若水恭敬地给老僧作了个揖，老僧微微睁眼看了看，未语。钱若水觉得没有受到应有的尊重，心中反感。三人默坐良久，中间只有一句对话，陈抟问老僧："你看此人怎样？"老僧答道："此人无此等骨。"

临别时，陈抟又说："你过三天再来一次。"

三天后，钱若水如期上山，陈抟道："我最初见到你时，见你骨神清粹，认为可以学道修仙。但我恐你造诣不深，难免失真，特请老僧帮忙决断。他说你没有仙骨，学道无成，但将来可做贵公卿。"钱若水问："此僧是谁？"陈抟说："他就是吾师，著名的麻衣道者呀！"钱若水闻言，恍然大悟！（见宋代邵伯温《邵氏闻见录》，江少虞《宋朝事实类苑》，北宋僧人文莹《湘山野录》及南宋戴师愈《正易心法跋》等，细节略有出入。）后来，钱若水的官职果然一路高歌猛进，年纪轻轻就官至二品！但可惜却因病早亡。人生皆如麻衣道者与陈抟所言！

有人会问：这个麻衣道者是谁？

据宋代杨亿《武夷新集》载，其"性明慧，契悟玄要"，释名为"宗斋"，世人因其生活简朴，常披麻衣，故称"麻衣道者"，居潞州（山西）麻衣和尚院。陈抟随其学习《易》道，习得《河图》《洛书》诀窍以及《正易心法》四十二章。麻衣道者之学，不仅理极天人，发易道之秘，更弥补了先儒诸多不足之处。这种传承，令陈抟受益极大！

并且，这种受益，竟直接影响了后世的中国……

陈抟的学问传承，三传之后，育出了中国文化巅峰时期的四位翘楚——"北宋五子"中的周敦颐、邵雍、程颢、程颐。以他们为主的宋代学者们，将中国古老文化中最优秀、最精彩、最丰赡的理学思想、文化价值与格物功夫，呈现给了后世，且经久不息！

令人高山仰止。

（三）光耀千年

上述"翘楚人物"中，最富传奇色彩的学者，便是本书的灵魂人物——邵雍！

作为一脉相承的继承者，当邵雍见到陈抟的画像和字迹时，写道："及见希夷迹，又见希夷真。始知今与古，天下长有人。"（《观陈希夷先生真及墨迹》）诗中一句"天下长有人"，展现了道在我传、不辱师门的豪迈与自信！

事实上，他也真的做到了！并且，还相当伟大！

他的伟大在于——

1000多年来，他是为数极少的被先贤誉为"内圣外王"并载入史册的人。

他用鲜活的生命，活泼泼地诠释了"智慧"一词的内涵与维度。

他虽葆有中国智慧的功夫，但却淡泊名利，皇帝三次封官而不受！

他在不动声色之中，传递给世界一个超然世外的风骨——你有钱有权，我不稀罕，但我有道，你够不着！

当时的达官权贵们，几乎都是他的粉丝……让世人见证到：有道之人，禄在其中矣！

那个时代的顶尖精英们，都以与其为邻而自豪。他给世人做出了表率：任何时代，文化都是最大的生产力，智慧都是最大的不动产！

他著书立说，安分逍遥，超然物外……无论世道如何变幻，道心永远欢喜坚固。

他无论走到哪里，都受到无比爱戴。他让我们明白一个道理：心有千千智，布衣何处不王侯？

他在中国文化的巅峰时期，位列北宋五子，不仅成为宋代文化的代表，其学问还令司马光、程颢、程颐、苏轼等同时代的翘楚们共同激赏……

他的人生经历，无形中指引世人：父母在世的时候，要学会生活能自理；明师在世的时候，要学会思想能治理。

他让往圣先贤的话语、经典的大用，在他的生命中不断地累积、重温、体会、践行，并得到无尽地灌溉。他让人们看到：经典是生命精神源泉的最滂沛供给！

他用见影知竿的能力，让自己成为天下的触须。当别人都在教你如何动心、如何赚钱的时候，他却在无声之中教你如何安心、如何值钱。古语说得好："经师易得，人师难求！"那个能教授各种知识学问的人是经师，而那个能亲身证道表法的人才是人师。任何时代，最需要的都是人师和道者，而非纸上谈兵之流。也只有人师，才可令薪火代代相传。

他留下了一部部名著和诗作，展示给世人：原来人生是可以这样精彩的！

1000多年来，他一个人，成了后世无数学人的生命旅途……

这样的人，谁不艳羡呢？！

（四）千古有知音

经常有人问我：您怎么这么了解邵雍？

我说：成功一定是给有准备的人准备的。2007年时，我已写完《大宋易学》一书（包括陈抟、范仲淹、司马光以及"北宋五子"等十一人），但未付梓。直至在十翼书院讲了13年邵雍之后，当我的语言、思想、功夫、视野和胸襟等都更接近于邵雍之时，才决定出版——这是我对这位大先生的千年致敬！

人世间，敬师爱师的最佳行动，就是努力弘扬师教，使无边大地，每一角落，都有明师道法的气息；而师者，即便在常寂光中，也定然会生出无量的欢喜来！

（五）让生命深刻

"看尽人间兴废事，不曾富贵不曾穷！"（南宋陆游《一壶歌》）

有的人虽然远离了这个世界，但他们留下的财富，依然在灼灼闪耀。

今天，写完这本书，望着窗外远处的传法桥，淀川中那浩浩汤汤的流水，波光粼粼，一如邵雍所给予我的源泉滋养一样，久久为功……

祈愿所有阅读本书的人们，你们的生命都能增加不可思议的芬芳和幸福。

下面，就让我们平心静气，一起欢喜欣赏堪为万世津梁的邵雍吧！

米鸿宾

2020 年 7 月 8 日，于日本大阪（梅田）十翼斋

目录

contents

序　有道之士为天下宝 / 001

第一章　众星拱月 / 001
　　第一节　司马光赏牡丹 / 004
　　第二节　王安石与杜鹃鸟 / 008

第二章　邵雍是谁 / 015
　　第一节　出身与师承 / 017
　　第二节　通天之学 / 065

第三章　一代传奇 / 147
　　第一节　谁是身后立传人 / 151
　　第二节　闻声知情的功夫 / 159
　　第三节　一切有迹可循 / 171
　　第四节　法法不相违 / 179
　　第五节　宋代伟大的哲学翘楚 / 192

第四章　《观物洞玄歌》/ 201
　　第一节　歌诀解读 / 203
　　第二节　歌诀价值 / 259

第五章　天下无有一物是废物　/ 269

跋　万世津梁 / 279

附录一　《渔樵问对》原文 / 283

附录二　邵雍年表 / 295

附录三　五行归类表 / 309

第一章　众星拱月

古往今来,"不知其子视其友,不知其君视其左右"(《荀子·性恶》),一个人的周围价值,是其生命高度的重要佐证与展示。

1000年前的宋代,是中国文化发展的巅峰时期。文化高度繁荣,艺术登峰造极,群星璀璨,大咖云集,出现了许多影响世界的文人。比如,欧阳修、司马光、程颢、程颐、苏轼、王安石、沈括、朱熹等。包括他们在内的诸多文坛翘楚和达官贵人,都与当时的一位平民有着深深的交往——他们不仅无私地周济他的生活,聆听其教诲,甚至还执弟子礼,并以与其毗邻为荣。

到了明代,四大名著中有两部均引用了其著作——《水浒传》的引首开篇诗引用了他的诗作:"纷纷五代乱离间,一旦云开复见天。草木百年新雨露,车书万里旧江山。寻常巷陌陈罗绮,几处楼台奏管弦。人乐太平无事日,莺花无限日高眠。"(邵雍《伊川击壤集》卷十五之《观盛花吟·纷纷五代乱离间》)《西游记》则在开篇第一回,引用了他著作之句:"盖闻天地之数,有十二万九千六百岁为一元。将一元分为十二会,乃子、丑、寅、卯、辰、巳、午、未、申、酉、戌、亥之十二支也。"(邵雍《皇极经世》)又引其诗篇:"冬至子之半,天心无改移。一阳初动处,万物未生时。"(《冬至吟》)

此人是谁?怎会有如此大的魅力?

十分令人好奇!

而关于其生平,待我从两位大宋名人的特殊经历来跟大家娓娓道来……

第一节　司马光赏牡丹

司马光（1019—1086年），字君实，号迂叟，是北宋著名的史学家，一代名相。他出生于陕州夏县（今山西夏县），居涑水乡，世人称其为"涑水先生"。司马光出生时，他的父亲司马池正在光州光山（今河南光山）任县令，便根据地名给他取名为"光"。

北宋五子之一的程颐曾将司马光、邵雍、张载三人并列，认为他们的体系"纯而不杂"。南宋大儒朱熹则称赞司马光"以盛德大业，为百世师"（朱熹《晦庵集》卷七十四《玉山讲义》），又将他与周敦颐、邵雍、程颢、程颐、张载并称为"六先生"，视为理学的先驱。并且，司马光还曾一度被誉为儒家三圣（孔子、孟子、司马光）之一。

司马光去世时，宋哲宗亲自为其举行隆重的官葬，并亲笔篆额"忠清粹德之碑"，由苏东坡撰写碑文，追赠为太师、温国公，谥文正。在古代，"文正"是文人最高的谥号，除司马光外，整个北宋只有王曾、范仲淹获此殊荣。而在2007年11月，浙江省开化县发现了一块珍贵石碑，碑的正面文字为司马光的家训："积金以遗子孙，子孙未必能守；积书以遗子孙，子孙未必能读；不如积阴德于冥冥之中，以为子孙长久之计。此先贤之格言，乃后人之龟鉴。"落款刻有"子昂"二字。"子昂"，就是元代著名书法家赵孟頫（字子昂，号松雪道人）。碑的背面刻有黄庭坚（号山谷）画的一束兰花。《开化县志稿》卷11对此碑有如下记载："元至正六年，高昌彦监斯邑，立碑于开学之明伦堂。前系赵松雪（即赵孟頫）书、温公格言。后图《兰蕙同芳》，有序。"由此可见司马光对后世的影响之深。

广为人知的《资治通鉴》，是继司马迁"究天人之际"的《史记》之后，史学史上又一为世人所推崇的著作。这本书在范祖禹等人的协作下，耗时十九载，"专取关国家兴衰，系生民休戚，善可为法，恶可为戒者,为编年一书"。宋神宗皇帝认为此书"鉴于往事,有资于治道",于是赐名为《资治通鉴》。全书共294卷,300多万字,记载了上起战国周威烈王、下至五代后周世宗的1362年的历史。通过记述前朝的治乱兴衰,从品德善恶和政策得失角度加以分析,令后世引以为鉴。书成以后,作为君臣士人的必修教科书,家喻户晓,并影响到海外。

日本甲南大学终身教授胡金定老师曾与我分享:司马光的思想和《资治通鉴》等著作对德川家康影响很大。位于日本栃木县日光市,坐落于日光群山之中的日光东照宫,是德川家康的灵庙。这座建于1617年的灵庙,重金礼聘中国工匠雕刻了许许多多的中国故事,其中最有名的便是在中国尽人皆知的"司马光破瓮救友"(即"司马光砸缸")的故事。由于德川家康也特别崇拜王阳明,于是便以王阳明的名字将灵庙大门命名为"阳明门"。这个寺庙建筑物作为日本国宝及重要文化财产之一,于1999年12月入选为世界文化遗产。除此之外,日本著名史学家林罗山仿照司马光的《资治通鉴》撰写了《本朝编年录》(《本朝通鉴》前身),明治维新的领导者吉田松阴和西乡隆盛也都是司马光的崇拜者,他们是把司马光的思想和西方技术融合的日本思想家。并且,司马光的思想也对明治天皇产生了影响——包括他特别重视《易经》,引用了很多《易经》的内容和思想等等。

《宋史》称赞司马光"于物淡然无所好,于学无所不通"(《宋史》卷三三六)。其实,司马光的学问,受到邵雍"学不际天人,不足以谓之学"(学问不抵达天人合一的境界和功夫,就不足以被称为是真正的学问)思想观念的影响颇深,导致除了史学之外,他还精研易学、音乐、律历、天文、数术等,编撰了《资治通鉴》《温公易说》《集注太玄经》《潜虚》等著作。

在中国古代读书人必读的五经(《诗经》《尚书》《礼记》《周易》

《春秋》)中，司马光只对《易》写有专著。《温公易说》是他读《易经》的笔记。书中对易理的发挥，源于他对太极的理解：万事万物的发展变化，都离不开"中正"这一法则。得中正者，可以"不虑而成，不思而得，不卜而中，不筮而吉"。由此，他把"中正"看作是天下最高的道德标准，并且他认为治理国家也必须行中正之道，这样才能使天下大治。在此书中，司马光对易、道、太极、天地人、阴阳五行等概念作了新的整合和解释。如："易者，道也。道者，万物所由之途也……阴阳之变也，五行之化也。易道始于天地，终于人事。"

因为《易经》非常强调"变"，因此他说："圣人守道不守法，故能通变。"圣人遵从事物规律，不固守某一个具体方法，因此他能够通达世间种种变化。

作为一位大儒，司马光最尊重孔子，除此之外最推崇的就是西汉的大学者扬雄了。司马光在《资治通鉴》中对扬雄也做了高度评价——他将扬雄的地位置于孟子、荀子之上，并在《资治通鉴》中多次引用扬雄的思想理论。在司马光的心目中，他将《易经》比作天，而将扬雄模仿《易经》所创的《太玄》比作登天的阶梯。因而在此基础上，司马光对《太玄》精读了数十遍，历时三十余年而写成了《集注太玄经》一书。

由于扬雄、周敦颐、邵雍的影响，司马光在"虚者，万物之始"(《管子·心术上》)的基础上，认同万物皆产生于"虚"、生于"气"的思想，以至于他晚年仿照扬雄的《太玄》而创《潜虚》，可惜未能完稿。他所创这套占筮方法，以五行为基础，吸收了阴阳、筮占等思想，构造了天地万物的生成与演化理论。书中提出了占卜的原则："不信不筮，不疑不筮，不正不筮，不顺不筮，不蠲不筮，不诚不筮。必蠲必诚，神灵是听。"

《太玄》和《潜虚》都是沿袭战国鬼谷子所传的《金口诀》(全名

《六壬神课金口诀》）四爻占法体例（笔者于2004年出版有《六壬神课金口诀心髓指要》）。值得一提的是，日本家喻户晓的"御用阴阳师"安倍晴明，传世著作《占事略决》的应用方法和体系就是源于中国先秦时期即已盛行的六壬之学。

在现实生活中，这个伟大的司马光，大力资助邵雍的生活，不断地亲近、问学邵雍，留下了一个个脍炙人口的传奇故事。

据宋代张邦基《墨庄漫录》（卷二）载：洛阳是"百花之王"牡丹的产地，中国历史上有无数的诗词赞美牡丹为"国色天香""总领群芳""人间正色""独立人间第一香"等等。因此，观赏牡丹，就成了人们每年的美好期待。有一年夏天，正是牡丹开放季节，居住在洛阳的司马光，开心地邀请邵雍和富弼、文彦博（两人都做过宰相）等人到他家的花园来欣赏牡丹。满园的牡丹，姹紫嫣红，鲜艳动人。富弼无意间问道："这满园牡丹花，不知开了多少朵？"大家一时无语，下意识地都把头转向了邵雍。邵雍笑了笑，说："花开千朵。"众人很好奇，就一齐分工，开始数了起来。结果，果然是开了一千朵牡丹，气氛一时活跃起来！富弼又问："这些牡丹花什么时候会凋零呢？"邵雍又笑道："大家抓紧看吧，明日午后，这些花就会被毁了。"（明代蒋一葵《尧山堂外纪》："尽来日午时。"）司马光听完，说："这是我的庄园，谁敢来毁呢？"邵雍说："我讲的是天道，你讲的是人事，人事还是要顺应天道的。我们还是抓紧赏牡丹吧。"众人虽然个个心中不解，但都知道邵雍的话是没有空出的，所言必应。这时，宰相富弼说："明日中午，我们都来这里见证神奇的一幕好吗？"众人开心赞同。

次日，天气很好，带着好奇心，众人早早来到花园，想亲眼目睹这满园牡丹究竟是怎么没有的。午时很快就到了，可安安静静的园中却没有任何变化，鲜艳的牡丹花也没有一个花瓣落地。这时，有人笑着说："莫非先生这回不准了？"只见邵雍微微一笑，没说什么。话音刚落，突然间天上的麻雀叽叽喳喳地吵闹打架，大家齐齐地抬头去看。就在这时，谁都没想到，邻居家的两匹马不知为何打了起来，两个蹄子抬起来互相踢打，打着打着就跨过栅栏，跑到了司马光的花园中来了，越打越猛……仆人们见状去驱逐，但这两匹马不仅在花园中转圈打来打去，还见人踢人。不一会儿的工夫，花园中的牡丹就被马践踏得体无完肤！司马光等人在惊讶和无奈中看完后，愈加佩服邵雍了。

明代蒋一葵《尧山堂外纪》记载："明日乃会客验其言，饮毕无恙，须臾，群马飞逸，蹄啮花丛尽毁。"就这样，一年一季的牡丹，只观赏了一天，就彻底毁于马蹄之下。

牡丹花没有了不重要，重要的是：人们都很好奇，邵雍是怎么知道的呢？！

第二节　王安石与杜鹃鸟

司马光有一个强劲的政敌，即他的昔日好友、"唐宋八大家"之一的当朝宰相王安石。

王安石（1021－1086年），字介甫，号半山，抚州临川（今江西抚州）人，封荆国公，世称王荆公。他自幼熟读诸子百家之书，文章高妙，旁征博引，有移风易俗之志。早年所著《淮南杂说》《洪范传》等书一出，即被视作孟子复出，享誉一时。

王安石随父亲到了京城后，凭借文章结识了好友曾巩（唐宋八大家之一），曾巩又把他的文章推荐给了欧阳修（唐宋八大家之一），并大获赞赏。后来，他又与北宋五子之一的周敦颐成为好友，名扬宋代文坛。就连黄庭坚也赞叹道："我经常观察王安石的风度，他是一个把钱财和名利看作是浮云的人，不贪财也不好色，真是一代伟人啊！"

王安石与司马光一样，都对《易经》很有研究，邵雍的名句"学不际天人，不足以谓之学"，对两人的人生和学问，都产生了深远的影响。

王安石对伏羲、周文王和孔子推崇备至，他认为《易经》是体现圣人之道的最完美的经典，中国文化的微言妙义尽在其中。他的《字说》就强调文字、伏羲八卦与周文王六十四卦都是从自然现象和规律模仿、总结而来，《易经》就是大自然运行规律的六十四个维度的表述。他广采欧阳修、邵雍、程颐、张载等大儒之说，写出了易学专著《易义》二十卷，受到了程颐、朱熹等人的赞赏。而北宋五子中的大儒程颐虽然与王安石是政敌，但从学术角度也认可王安石易学著作的经典价值——"若欲治《易》，先寻绎令熟，只看王弼、胡先生、王介甫三家文字，令通贯"。(《伊川文集》卷九) 如果要学《易经》，首先要反复探索、了解名家的思路，比如三国王弼、宋初胡瑗及王安石三人的著作，即可使人贯通其理。你看，这个评价还是很高的！

三国时期的大学者王弼，将《周易》和《易传》合二为一，才有了《易经》一书，随后逐渐取代了《诗经》而成为中国经典中的"群经之首"。其中，孔子述而不作的《易传》，被汉代经学的集大成者、"经神"郑玄称为"十翼"[①]，赞为学习《易经》的十个翅膀，也是学习《易经》的入门钥匙。(我所创办的十翼书院，名字即从此而来) 与邵雍同时期的程颐、苏轼等，都著有《易传》的相关著作。而王安石则是在自己著作中肯定了《易传》中关于河图、洛书的起源。

值得一提的是，当年王安石在江宁府讲学时，陆游祖父陆佃前往受教，出来后感叹："平日就师十年，不如从安石一日！"从中可见王安石的才华之高。

[①] "十翼"包括:《彖传》(上、下)、《象传》(上、下)、《系辞传》(上、下)、《文言传》、《说卦传》、《序卦传》、《杂卦传》，共十篇。

因而，也不难想象，像王安石这样有学问，有文才，口碑又好的人，在哪里都会被赏识的！

果不其然，宋仁宗想起用王安石，但在征求副宰相唐介的意见时，唐介说道："王安石很难担当起这个职务。他虽然好学但是思想却很古板，行为不切实际，如果他做了官，恐怕他的政策会经常变更。如果一旦起用他，将来天下必定会受到困扰，导致治国不利。"但皇帝宋仁宗却不这样认为，最终还是起用了王安石。尤其是后来的宋神宗，更是直接重用王安石为宰相，主政朝纲。

但官场不是文人圈，唐介对王安石的评判，在司马光那里也是一致的："人言安石奸邪，则毁之太过；但不晓事，又执拗耳。"对这个昔日好友，司马光认为人们说王安石奸诈不正，对他诋毁得太过分了。当年，宋神宗曾问与司马光同为宰相的吕公著："司马光方直，其如迂阔何？"吕曰："孔子上圣，子路犹谓之迂。孟轲大贤，时人亦谓之迂。况光者岂免此名？大抵虑事深远，则近于迂矣。愿陛下更察之。"宋神宗问他，司马光做事呆板而直接，是不是过于保守和迂腐啊？没想到吕公著直接用孔子、子路、孟子来作对比，证明司马光做事是深谋远虑，只不过常人看不出来而已，希望神宗皇帝不要轻易下结论，再深入观察就知道了。吕公著所言十分开明。而司马光确实与王安石大不相同，王安石的"方直"，实在是过犹不及了，这是导致他变法失败的重要原因。

变法失败后的王安石被贬到南京，一住就是十年。每天过着田园生活，读书、出游、会客。而客人中也不乏当年的政敌，比如苏东坡。并且，他与苏东坡在此期间还有一段佳话传世——

据明代冯梦龙《警世通言·王安石三难苏学士》载，王安石晚年因痰火过盛而生疾，太医开方子以阳羡茶代药，并强调要用长江瞿塘峡的中峡水来煎服才能发挥疗效。王安石便将取水之事托付给刚好来看他的苏东坡。不久，苏东坡就亲自带水来见王安石，王安石马上让童子取水煮阳羡茶。没想到"候汤如蟹眼，急取起倾入，其茶色半晌方见"。等到把水烧沸，沸水的气泡就像螃蟹的眼睛一样时，马上就把阳羡茶放了进去，可是过了好久，茶的颜色才透出来。看到这，王安石生气地问苏东坡："你怎么骗我呢？！这明明是下峡水，为什么告诉我是中峡水呢？"苏东坡大惊！只得据实以告："我一路舟车劳顿，加之天气炎热，坐在船上不知不觉竟睡着了，等醒来时，船已到了下峡。我忙跟船家说掉转船头往中峡去，无奈水急如瀑布，根本无法逆水行舟，再加上船家对我说，三峡前后相连并无阻隔，都是一样的水，你为何非要到中峡去取呢？我想想也是这个道理，于是我就让人就近取了下峡水带回来给你。"

说完，苏东坡又很不解地问王安石："三峡相连，一样是水，你是怎么分辨出来位置不同的呢？"王安石说："读书人不可轻举妄动，必须细心观察，认真思考才对。这瞿塘峡的水性，在《水经补注》上有明确记载：上峡水，水性太急，下峡水，水性太缓，唯有中峡水是缓急相半、不疾不徐。太医院的医官是名医，他知道老夫得病是由于中脘变症，所以必须用中峡水来做牵引，药方能见效。刚才冲泡，茶色半晌才开始出现，故知是下峡水……"苏东坡听得目瞪口呆，惭愧至极，连忙离席谢罪。

王安石这种精通水文的能力，体现了他的"格物"智慧和本领，从中也可以观照出那个时代文人所葆有的格物智慧的缩影。

公元1086年四月（农历），时年66岁的王安石因病去世。在司马光的力争下，朝廷追赠他太傅，备极哀荣。

后来的朱熹也评价道：王安石这一生，凭借文章水平之高而名冠一时，并且还以道德和经济作为自己的人生方向。在遇到了宋神宗之后，官至宰相，天下都在等待他为国建功。然而，王安石却不顾民情，倔强地按照自己的计划行事，导致国富民退，民不聊生。再加之他的下属拉帮结派，打击异己，于是，社会便开始了动荡。

然而，这个结果，远在他上任之前，就已经被一个人做了精准的预言！

宋代朱熹《宋名臣言行录》和明代中学课本《龙文鞭影》中都载有"邵雍识乱"的故事——

一日，邵雍与客散步于天津桥上，闻杜鹃声，惨然不乐。客问其故，雍曰："洛旧无杜鹃，今始至。……不二年，上用南士为相，多引南人，专务变更。天下自此多事矣。"客问何以知之，雍曰："天下将治，地气自北而南；将乱，自南而北。今南方地气至矣。禽鸟飞类，得气之先者也。《春秋》书六鹢退飞，鸲鹆来巢，气使之也。自此南方草木皆可移，南方疾病瘴疟之类，北人皆苦之矣。"

邵雍56岁那年的春天，某日与友人在洛阳的天津桥上散步，突然听到杜鹃鸟的叫声，于是，邵雍便立定脚步，望着鸟飞去的方向，"惨然不乐"，陷入沉思。友人不解，稍许问道："先生在想什么？"他说："你知道吗？不久，会有南方人来主政，国家会有很大的改革行动，天下从此就开始不太平了。"友人又问："您是怎么知道的呢？"邵雍说："天下如果将要得到治理的迹象，大地的气温会比往年同期的气温冷一些。而如果将要混乱的话，大地的气温会比往年同期的气温热一些。天上飞的禽鸟，是最先知道气候的变化的，所以人们称之为候鸟……"

事后，邵雍还特意为此事做了记录。

果不其然，公元1070年，来自洛阳南方的江西（抚州）人王安石，被皇帝宋神宗特旨越级起用为宰相，参政变革。王安石推行新法后，天下很快便怨声载道……

邵雍根据杜鹃鸟提前北来的现象，断言"南方地气至矣"，预测了南方人上任做宰相及其后续效应。时人对他这种超越时空的精准预言，既觉得玄奥，又赞叹不已——他比那个能听懂鸟语的孔子女婿公冶长还要神奇！

是的，在任何时代，这样的人才，都会激发人们无限的好奇心！

而人们最想知道的是，这个神奇的邵雍，究竟有怎样的来历呢？

请欢悦下文。

第二章 邵雍是谁

他是宋代最伟大的哲学家，他的思想，他的功夫，他的传奇，迄今无人匹及——

第一节　出身与师承

一、布衣出身

邵雍（1011—1077年），字尧夫，自号安乐先生，北宋五子之一。祖籍河北范阳（今河北涿州）大邵村，后移居衡漳（邵雍出生地），16岁再迁共城（今河南辉县），又徙洛阳，因父亲亡于洛阳伊川县，他又被称为伊川人。他与周敦颐、张载、程颢、程颐并称"北宋五子"，同为宋代理学奠基人之一。其代表著作有《皇极经世》《观物内外篇》《先天图》《渔樵问对》《伊川击壤集》《梅花诗》等。

邵雍在其《生日吟》中，道出了自己的出生时间："辛亥年，辛丑月，甲子日，甲戌辰。日辰同甲，年月同辛。"生辰中，年与月的天干都是辛，日与时的天干都是甲。而令我惊讶的是：我与邵雍的生辰，年月干支完全相同！也就是说，从干支角度而言，我们还是同生肖、同月份出生。并且，我们的日与辰也都是双天干，他是日辰同甲，我是日辰同戊。真是令人玩味无穷，好似冥冥之中的天意一般。

关于邵雍的生平记载，其要有二：一是《宋史·列传第一百八十六·道学一》载，邵雍生在书香家庭，祖父和父亲均科举考试失败。其父亲邵古，最爱读《周易》，将毕生心得著成一部《周易解》。邵雍受父亲影响，酷爱读书。邵雍16岁那年，随父亲迁居河南共城。其间，他"自雄其才，慷慨欲树功名，于书无所不读。始为学，即坚苦刻厉，寒不炉，暑不扇，夜不就席者数年"。邵雍立志要成为栋梁之才，为世人树立典范。当时，邵雍在共城的苏门山上为母亲守丧，每天粗茶淡饭，布衣出入，还亲自主理一日三餐，侍奉父亲，为家人做饭。在这种生活背景下，邵雍广泛阅读，学习非常刻苦，冬天不生炉子，夏天不扇扇子，经常通宵读书。这种日子持续多年，学业进步很大。

二是晚清丁传靖所著《宋人轶事汇编》卷十《邵康节子伯温》与《邵氏闻见录》载有邵雍出生前后的一些趣闻：

> 伯温曾祖母张夫人，遇祖母李夫人严甚，李夫人不能堪，一夕欲自尽，梦神人令以玉筋食羹一杯，告曰："无自尽，当生佳儿。"夫人信之。后夫人病瘦，医者既投药，又梦寝堂门之左右木瓜二株，右者已枯，因为大父言，大父遽取药覆之。及期，生康节公，同堕一死胎，女也。后十余年，夫人病卧堂上，见月色下一女子拜庭前泣曰："母不察，庸医以药毒儿可恨。"夫人曰："命也。"女子曰："若为命，何兄独生？"夫人曰："汝死兄生，乃命也。"女子涕泣而去。又十余年，夫人再见女子来泣曰："一为庸医所误，二十年方得受生。与母缘重，故相别。"又涕泣而去。则知释氏轮回鬼神之说有可信者。

邵雍祖母张夫人对邵雍母亲李夫人约束很严格，导致其母李夫人常常难以忍受。有一天晚上，李夫人想要自杀，但夜里忽然做了一个梦：有一神人用玉制的筷子分给她一杯羹，并告诉她："不要自尽，会生一个很好的儿子。"于是，李夫人就打消了自杀的念头。不久，李夫人患病，越来越瘦，有医生给开了药服用，然后又梦到了卧室门前左右有两株木瓜，但右边的已成枯状。她因此便将此梦讲给了丈夫（大父，邵伯温爷爷），丈夫便用药把枯死的木瓜覆盖上了。不久，李夫人生下一对龙凤胎，惜女孩夭亡，而幸存男婴就是邵雍。

而《邵氏闻见录》还记载了邵雍之子邵伯温的描述："伊川丈人按即康节父与李夫人因山行于云雾间，见大黑猿有感，夫人遂孕。临蓐时慈乌满庭，人以为瑞，是生康节公。公初生，发被面，有齿，能呼母。七岁戏于庭，蚁穴内豁然别见天日，云气往来。"

上述内容是说，伊川丈人（邵雍之父）与李夫人行走山路时，穿行于云雾之间，突然看到了一个黑色的大猿猴而有感，李夫人因此而受孕。临产时，院子里飞来了很多慈乌（慈乌，乌鸦的一种。相传此鸟能反哺其母，故称。晋代王嘉《拾遗记·鲁僖公》载："仁鸟，俗亦谓乌，白臆者为慈乌，则其类也。"唐代白居易还写有《慈乌夜啼》诗），人们都认为这是吉兆，于是就生下了邵雍。邵雍刚一出生，头发长可遮面，并有牙齿，还能呼"妈妈"。到了7岁时，似乎有特异功能——有一天，邵雍趴在地上观察蚂蚁的洞穴，竟在洞穴里发现了另外一个世界，那里太阳高照，云气往来。他喊母亲来看，可母亲却什么都没看到。

以上所载邵雍出生前后的与众不同，虽似神化，但见仁见智。

二、明师找高徒

"读书忘岁月，人竞笑蹉跎。但得甘旨足，宁辞辛苦多。"（邵雍《自遣》）

邵雍的精进，吸引了进士出身的共城县令李之才的造访——这也成为邵雍生命中最重大的转折！

有一天，李之才前来拜访，问道："你这么努力好学，志向坚定，将来的学问要往哪里发展呢？"邵雍答道："除了这些书本上的内容之外，还没有什么方向呢。"李之才又问："既然不一定按照书本上所讲的去做，那你学习些宇宙万物周期势能发展过程的'物理'之学如何呀？"邵雍答道："愿聆听您的教导。"李之才见邵雍是参学问道的好根基，过了几天后，再次来找邵雍，问道："学习物理之学的同时，再学习些有关性命的学问如何呀？"邵雍再一次拜谢李之才，表示愿意学习这些内容！于是，李之才开始教授邵雍学问。他首先让邵雍学习唐代经学家陆淳的《春秋》学，以此来接引邵雍进入五经的学习，这样既可以传授五经的核心宗旨，最终还能以《易经》来收尾，将中国格物智慧的核心精蕴《河图》《洛书》以及伏羲的六十四卦图像等贯穿其中。最终令邵雍凭借精通易道而闻名天下后世。

那，有人会问：李之才的学问又是从哪里传承来的呢？

李之才师从于河南的穆修，主要学习《易》理及其应用。穆修的学问很大，北宋五子之中有四位出自他的门下！而穆修又师从于种放，种放师从著名道士陈抟。

由下图可知，"北宋五子"的《易》学传承，除张载外，其余皆脉承陈抟。因"北宋五子"是宋代儒家之代表，故宋代甄良友的《菩萨蛮》中写有"希夷本是儒先祖，云仍来自神仙所"之句。

陈抟世寿118岁，宋太宗赐号"希夷先生"，文献亦载有其传奇故事。例如，有一年河南大旱，赵匡胤的父亲带着两个儿子逃难来到了陕西。走到华山脚下时，到一个酒馆买吃的，恰好陈抟也在那里。他看到担子里一前一后有两个孩子，仔细端详了一番，惊叹道："都说天下没有天子，如今天子被挑着走啊！"旁边的人都很惊讶，就去问赵匡胤的父亲，挑担中的两个孩子都叫什么名字，他说："前面的是长子赵匡胤，后面的是次子赵匡义。"多年后，这两兄弟果然成为天子——宋太祖和宋太宗！

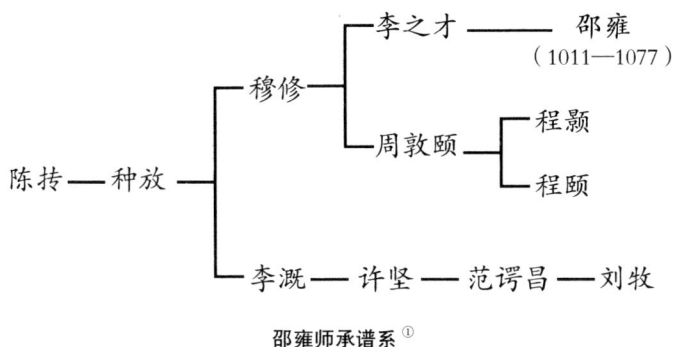

邵雍师承谱系①

这两位皇帝在任时，都对陈抟尊敬有加，还时常讨教问题。

据《道藏·太华希夷志上》载：有一次，宋太宗"帝命百工，聚集货物于玉门前，歌呼喧闹以夸万民之富庶"，然后约陈抟一起登楼，面对万民喧闹景象，问他："京师丰盛若是，安忍弃寡人还山，不同治世乎？"京城这么热闹，你怎么还忍心抛弃我回华山而不襄助我一同治理国家呢？陈抟听完说道："鸟兽栖于林麓，鱼鳖游于江湖，各有所乐耳。"太宗听完，指人烟辏集之地问道："见否？"曰："见。"帝问：

---

① 南宋学者朱震在其《汉上易传》中论述宋代易学传授系统时，写道："陈抟以《先天图》传种放，放传穆修，穆修传李之才，之才传邵雍。放以《河图》《洛书》传李溉，溉传许坚，许坚传范谔昌，谔昌传刘牧。穆修以《太极图》传周敦颐，敦颐传程颢、程颐。是时张载讲学于二程、邵雍之间。故雍著《皇极经世书》，牧陈天地五十有五之数，敦颐作《通书》，程颐著《易传》，载造《太和》《三两》等篇。"具体讲述了上图所示的传承。

上图中，与邵雍同时期的人物，以邵雍的时间年表（依虚岁计）为主线——刘牧与邵雍同年出生。邵雍5岁时，隐士种放卒。邵雍7岁时，周敦颐出生。邵雍10岁时，张载出生。邵雍22岁时程颢出生，穆修卒。邵雍23岁时，程颐出生。邵雍30岁时，李之才叩门谒邵雍。邵雍35岁时，李之才卒。邵雍36岁时，程颢、程颐师事周敦颐习《太极图说》。邵雍54岁时，刘牧卒。邵雍63岁时，周敦颐卒。邵雍67岁时，张载卒。

其他年表：邵雍4岁时，朝廷《易经》的研习。邵雍11岁时，王安石出生。邵雍17岁，内侍卢道隆造出记里鼓车（世界第一辆计程车），医学家王惟一造出针灸铜人。邵雍19岁时，母亲去世。邵雍21岁时，其父继娶（其后有弟邵睦）；沈括出生。邵雍27岁时，苏轼出生。邵雍29岁时，苏辙出生。邵雍42岁时，范仲淹卒。邵雍43岁时，柳永卒。邵雍45岁时，晏殊卒。邵雍47岁时，"泰山先生"孙复卒。邵雍52岁时，包拯卒。邵雍56岁时，苏洵卒。邵雍65岁时，韩琦卒。同年，张伯端撰内丹名著《悟真篇》。

"见甚？"陈抟曰："见富者贪生，贫者竞命。"太宗听后，默然无语。"不以富贵妨其道，不以隐约易其心，确乎不拔，浩然自守。"（唐代韩愈）陈抟就是这种榜样！

不久，太宗又向陈抟讨教"治世安民"之策，陈抟写下"远近轻重"四字，并解释说："远者，远招贤士；近者，近去佞臣；轻者，轻赋万民；重者，重赏三军。"陈抟告诉他，向远方招贤纳士，把身边的奸臣和平庸之辈剔除，给百姓减轻税负，对军人要重赏。这些都是改善社会风气、提升士气的良策。"帝听罢大悦。"寥寥数语，醍醐之至！

又据邵伯温《邵氏闻见录》载，宋太宗想知道几个儿子中，谁最有福分，便请陈抟逐一观鉴。当陈抟去见太宗第三子赵元侃时，"及门亟还"，竟然走到门口就返回了，人都未见！太宗惑问其故，陈抟答道："王门厮役皆将相也，何必见王？"赵元侃家门口的仆人皆有为将为相的气象，何必还要见主人呢？言外之意，赵元侃必做帝王。陈抟此举，颇有汉代许负见刘邦手下四将的气象——十九岁的许负，站在城头上，看到城下的周勃、陈平、萧何与曹参，就禀告父亲许望，不要对垒，马上打开城门迎接刘邦军队进城。父亲不解其故，问其原因，她说："城下四人，个个皆有宰相之质，何况是其主公刘邦了……"后来，四人果然都做了宰相。其中萧何与曹参还留下了"萧规曹随"的成语传世。

然而，陈抟此次所给出的结论宋太宗却并不认同。因为自古以来，皇位传承长幼有序，怎么也轮不上第三子赵元侃。并且宋太宗心中早已内定长子赵元佐继任。但是，事实却是相当凛冽的——赵元佐因叔父赵廷美之死而发疯。赵光义又预立次子赵元僖为太子，却未承想赵元僖突然英年早逝！无奈，他只好册立第三子赵元侃为太子，成为接班人。而赵元侃亦改名为赵恒，即宋真宗。一切皆被陈抟言中！令人不可思议。

陈抟在历史上有"睡仙"之美誉，历代赞颂者无数，但属清代丹家刘一明的四首赞诗最是精妙——《题陈希夷睡像》（四曲，寄调四边静）：

其一
睡睡睡中快，这个方法不轻卖。旁门足三千，非妖即是怪。金液大还丹，得之超三界。噫！这等自在仙，真个长不坏。

其二
睡睡睡中乐，这个方法谁摸着。始则必有为，终焉要无作。性命归一家，人我俱忘却。噫！这等自在仙，真个人难学。

其三
睡睡睡中好，这个方法怎寻讨。捉住天地根，取来混元宝。安在太虚空，无烦亦无恼。噫！这等自在仙，真个世间少。

其四
睡睡睡中妙，这个方法人不要。弹的无弦琴，唱的无字调。鸿蒙打一盹，醒来呵呵笑。噫！这等自在仙，真个丹书召。

自古以来，明师出高徒。也正因为陈抟博学通达的智慧，才教授出优秀的弟子。而正是李之才这位隔代受益者，让邵雍的学问成为问鼎天下的引擎——并将中国古老文化中最优秀、最精彩、最丰赡的理学思想、文化价值与格物功夫，呈现给了后世！

李之才的弟子很多，但最出名的就是邵雍。邵雍从学五年后，老师李之才去世，邵雍十分悲恸，在其墓碑上写下："求于天下，得闻道之君子李公以师焉。"我求师于天下，遇到得道之人李之才并师从于他！足见李之才对邵雍影响之深！

在从师李之才期间，邵雍的学习方法是与众不同的——他首先向老师李之才请求：希望老师稍稍指出所教授学问的起始方向即可，不要将全部都讲出来，这样最利于我学习。因为，真正会学习的人，一定是能够在老师的指引下，亲身体证出其中的奥妙的，这才是最正确的学习方式。（宋代朱熹在其《朱子语类》卷一百《邵子之书》载："康节学于李挺之，请曰：'愿先生微开其端，毋竟其说。此意极好。学者当然须是自理会出来，便好。'"）

清代著名丹家刘一明也强调："道理要深思，思深默会之。十分功在己，一点始求师。"（《穷理》）两位先贤的这种学习方法，直到今日，也依然弥足珍贵、尤为可取！

并且，邵雍并不满足书本知识。他除了要理解经典之外，认为"天地化滞人"，还"必须要与古人为友"，要与往圣先贤在精神上结盟。因此，邵雍在"读万卷书"之后，又去"行万里路"，沿着黄河，穿越汾水，直达江淮流域，周游了齐、鲁、宋、郑四国的遗址。还曾于晋北夜行，途中人马齐坠山崖，幸好人无恙，只坏一帽。数年之后，有一日，邵雍信心十足地说："道在是矣！"我终于掌握大道的智慧了。遂返程而归。此后深居简出，专心著书立说，不与人争，但声名鹊起。史载：时有河南新乡人王豫，跟邵雍一起居住在共城。他自恃自己的学问一定能让邵雍拜他为师，便上门来找邵雍论学。王豫问他："平常都读什么书？"邵雍答道："平时居家，读五经，泛观诸子百家之书。"王豫高谈阔论、雄辩该博，邵雍只是唯诺眼观。可未承想，王豫一谈到《易》，邵雍便不再谦让，越谈越深奥精微，王豫得所未闻，瞬间茫然，深为邵雍学识所折服，遂虔诚地反拜邵雍为师，从此师事邵雍，持古弟子之礼。

而邵雍学问之渊深，由此可见一斑！

（清代黄宗羲《宋元学案》卷三十三"王张诸儒学案"载："王豫，字悦之，又字天悦，大名人，瑰伟博达之士也，精于《易》。闻康节之笃志，爱而欲教之，与语三百日，得所未闻，始大惊服，卒舍其学而学焉。……康节之学，子文之外，所传止天悦，此外无闻焉。……天悦无所授，以先生之书殉葬枕中。未百年而吴曦叛，盗发其家，有《皇极经世体要》一篇，内外《观物》数十篇。"）

三、名震京师

邵雍的光辉岁月开始了！

公元1049年，邵古因爱其山水风俗之美，"以为洛邑天下之中，可以观四方之士，乃定居焉"，便带着39岁的儿子邵雍自卫州共城迁居到了洛阳。

但邵雍的家境一直较为困窘，其29岁时还作有《闲吟》诗自述家境："欲有一瓢乐，曾无二顷田。"迁居洛阳后，便租住在洛阳天宫寺（又载"天寿寺"）附近，且一住便是13年。开始时，邵雍以打柴为生，不为人所知，后来渐渐设帐授徒，补贴家用。古语说"好酒不怕巷子深"，才华横溢者无论在什么时代都会饱受社会多元爱戴的，而邵雍更是如此。由于邵雍学问精粹，功夫高妙，很多达官贵人和大儒们都渐渐闻风而聚——当时的名流司马光、韩琦、富弼、苏轼、王拱辰、文彦博、吕公著等人，在初识之后，很快便成了他的至交！人们美美与共。

但是，虽然慕名者八方云集，可邵雍却"居洛八九载，投心唯二三。相逢各白首，共坐多清谈"。（《闲吟》）一句"投心唯二三"，说明了古往今来世间知己的难得之理。

可就是这"投心"的数人,对邵雍的一生,有着莫大的慰藉。1062年,欧阳修的好友王宣徽,看到邵雍居住得简陋,就在洛阳天宫寺旁边的天津桥南,买了一块田宅,建造三十间房屋,赠给邵雍居住;富弼又在旁边给他买了一块花园,使得邵雍终于有了自己的田宅,邵雍的生活得到了根本性的改善。但是,好景不长,几年后,王安石开始变法,禁止地方官乱送公房给私人,已经送出去的必须收回,否则必须补缴房款。邵雍因为缴不起房款,只好上缴房屋,划为官田。对此,他的门生及朋友们都急了,说:"使先生之宅他人居之,吾辈蒙耻矣!"假若先生的住宅被别人住了,对我们而言就是羞辱啊!于是,司马光、富弼和王拱辰(洛阳市长、包拯好友、李清照的第二个外祖父)等二十余高官和门生共同为他出资又买下了此田宅,使之成为邵雍的私有财产。史载:"邵康节居洛阳,宅契司马温公户名,园契富郑公户名,庄契王郎中户名。若使今人为之,得不贻寄户免科调之讥乎?或谓田宅乃三公所予者。"(《宋人轶事汇编》)对此,邵雍写诗表达谢意:"七千来步平流水,二十余家争出钱。"七千来步的面积加上花园水塘的平流水,说明王拱辰送给邵雍的房子占地真不少,并且,有二十多个人争相为他出钱购房。(明代蒋一葵《尧山堂外纪》:"尧夫园宅,自司马公而下二十余家买赠之。")用时下流行的语言来说,就是人气超级爆棚!

而这些捐助者自己也明白:"爱出者爱返,福往者福来",他们捐助的不仅仅是一个人,而是一种文化的反哺!最终收获的,是自己生命的精气神,以及推动时代发展的澎湃动力。

嘉祐七年(1062年),52岁的邵雍终于有了自己的稳定居所,并且邵雍还认为很不一般:"嘉祐壬寅岁,新巢始屡功。仍分道德里,更近帝王宫。槛仰端门峻,轩迎两观雄。"邵雍欢喜之余,还将此宅起名为"安乐窝",并自号为"安乐先生"。此后,还写了数十首以"安乐窝"为主题的诗,抒发了无数"美酒饮教微醉后,好花看到半开时,这般意思难名状,只恐人间都未知"的感怀,读来令人心向往之。

并且,达官权贵经常相与邀游,酬唱诗对,其乐融融。有一天,司马光邀他一起去登崇德阁,久等未至,乃作一绝以候之云:"淡日浓云合复开,碧伊清洛远潆回。林间高阁望已久,花外小车犹未来。"等邵雍赶来之后,见诗即和:"君家梁上年时燕,过社今年尚未回。为罚误君凝望久,万花深处小车来。"日子过得相当惬意!

值得一提的是,当年的"安乐窝"旧址,邵雍的30多间屋子和田园,绝大部分都归属了如今的洛阳师范学院——师范学院是培养教师、教书育人之所——这也是"发文昌"的表现。而更令人啧啧称奇的是,当时的司马光、富弼等人为了方便与邵雍相聚,竟纷纷把家搬到了"安乐窝"旁,与邵雍毗邻而居。于是,邵雍所在的"安乐窝"区域,旋即成了洛阳的文昌之地!

老子在《道德经》中说:"道生之,德畜之,物形之,势成之。"是说,道生化出万物,德养育出万物,万物纷呈其形,势能使其如此。最终成就万物的,是万物内在的势能所致!

万物皆各有势能——如水有恒常的潮湿势能,又如火有恒常的炎热势能……古往今来,但凡大势所趋,只不过不同时期呈现的维度有所变化而已,这就是"千举万变,其道一也!"(《荀子》)这种"千举万变",有的表现为大的人物,有的呈现为大的事物,有的展现为大的数量等等。那些曾经出过闻名天下的人才之地,往往后来会成为书院、大学等各种知名的学习机构,这也是文昌之地的"千举万变"。

对这个"千举万变"的"不离其中"之现象,在此略作拓展阐述——邵雍是中国历史上罕见的传奇人物,他在宋朝京都(洛阳)安居的"安乐窝",是他名扬天下之地,也是他创作的高峰之地,更是他人生最大文昌势能的展现之方。而邵雍的好友苏轼，被贬到湖北的黄州后，由于生活困难，就在自己所住房屋东面的山坡上开荒种地，自给自足。因此，就有了"东坡"之名。古往今来，但凡有大名气者均有大势能，苏轼在此地也是其创作的巅峰时期，可见这个"东坡"之地，也是文昌大发之地。如今，这个当年的"东坡"之地，成了时下闻名中国的黄冈中学所在地。

还有，北京的菜市口，是清朝著名的杀伐之地——"刑场"，其性属金。势能本性不移，只是顺时施宜而已——如今，此地成为了"中国黄金第一家"的"菜市口百货"所在地。天地看似无序，其实都一切井然。只不过人们受智识所限，未能抵达而已。这个势能不变的原理，如同春夏秋冬，虽然年年表象不同，但每年春生、夏长、秋收、冬藏的势能轮回不变。并且，这种势能展现的规律是不受古今中外的限制的。

再如，日本大阪府的堺市，曾是日本最早的枪支登陆港口岸，战争中出现了很多剩余子弹壳。在战争结束后，又适逢"废刀令"颁布——民众和武士阶层禁止带刀，导致日本的传统刀具作坊从"武士刀"转型为厨刀。堺市就此废物利用，逐渐成为日本手工包丁（借用"庖丁解牛"词义而来）的心脏区，即手工厨刀的核心产区，不仅品质是全日本第一，而且还供应全日本80%以上的职业料理人的用刀。享誉世界的"Best In Show（最棒的刀）"正本刀具，其代工便主要在堺市。堺市也成了日本刀具的重要出产地之一，刀具匠人也最多。

此外，日本不仅是世界上除中国以外唯一将汉字作为法定国家文字的国家，而且也是唯一将孔庙作为国家文化财产来加以保护的国家。孔庙对于日本来说有着非凡的意义，许多孔庙被指定为国宝和重要文化财产。据管理东京都内"汤岛圣堂"孔庙的财团法人斯文会1974年出版的《日本的孔庙和孔子像》（铃木三八男编）统计，截至1974年，日本全国敬奉孔子塑像或牌位的孔庙①大小共二十余座。其中，汤岛圣堂（孔子庙）是日本现存规模最大的孔子庙，也是日本教育的启蒙、发源和普及推广之地。汤岛圣堂是由元禄时期德川幕府第5代将军德川纲吉，在1690年命大儒者林罗山于上野忍冈（现上野公园）所建，建成时称为孔庙，内有"先圣殿"，但德川纲吉按中国惯例将"先圣殿"改称为"大成殿"，并将周围的附属建筑称为"圣堂"。并且，林罗山将自家私塾也迁至此处。"圣堂"中除供有孔子像之外，还安放了孔子四位传承人颜回、曾子、子思、孟子的塑像加以祭祀。1922年，这里被定为国家级历史遗迹，并立有"日本学校教育发祥地"的石碑。后来，1797年林家私塾改为官立的昌平坂学问所（其名源于"昌平"，是孔子出生时所在的村名）。而"圣堂"则专指"汤岛圣堂"中的大成殿。这里为日本培养了无数人才，尤其是明治维新中的精英。

明治维新之后，作为幕府最高教育研究机关的昌平坂学问所和主管天文的天文方（后来的开成所）、主管医疗的种痘所（后来的医学所）合并成为现在东京大学的前身。此后，在此还陆续建有文部省，国立博物馆（今东京国立博物馆和国立科学博物馆）、东京师范学校（后更名东京教育大学，现为筑波大学）、东京女子师范学校（今御茶水女子大学）。由此可见，汤岛圣堂（孔子庙）所在之地是一个十足的"文昌之地"！以至于至今每年考学时，都有很多学生和家长到汤岛圣堂来许愿，祈愿魁星高照，文昌天满。

以上，关于地域内在势能的令人难以触及的思考方式，需要人们用心去深入研究，如此方能与往圣先贤的智慧产生精神结盟之效，从而令自己的智慧越来越饱满。

邵雍就像孔子一样，对每一位求学者都是"有教无类"，都会"随

---

① 日语称孔子庙、圣堂、学问所、学校、殿堂、馆、藩校等。

其才分之高下",根据根器高下而因人施教。因此,四方学子都"慕其风而造其庐",纷纷来到他的家中造访。这样一来,就使得邵雍所在的洛阳中部地区人才济济,大咖云集。并且,邵雍贤良忠厚的风气也名传天下——"贤者悦其德,不贤者服其化,一时洛中人才特盛,而忠厚之风闻天下。"有才华的人赞叹他"德气粹然,望之知其贤"有圣贤气象的品德,没有文化的人见到他都能受到他的感召而迁善改过。再加上邵雍"与人言,乐道其善而隐其恶。有就问学则答之,未尝强以语人"。他跟任何人说话都是喜欢讲对方的优点,隐匿别人的缺点,并且有问必答,却从不让人觉得勉强和被动。但凡与邵雍接触的人,都喜欢这种如沐春风的舒服状态!

邵雍认为:这世上没有什么日常交往是不能报以温情的。因此,他遇到比自己年长者,则以礼拜之;年龄相同者,则与之交为朋友;年少者,则以子弟待之,深得人心!他的行为受到了朝野上下广泛赞誉和推崇,人人都祈盼着邵雍能到自己的家中做客——洛阳人对邵雍的车轮声都非常熟悉,只要听到他所乘小车的车轮声,就知道是先生来了,马上就会出门争相迎候,并开心地说道:"我家先生来了",无人直呼其名。不仅如此,还有十多家为了接待好邵雍,竟然仿"安乐窝"为其筑"行窝",待其居游。换言之,建造这些"安乐行窝",就是为了邵雍来做客时,能做休息之用——"十余家如康节先公所居安乐窝,起屋以待其来,谓之行窝。"(宋代邵伯温《闻见前录》卷二十)又,"士大夫家争相迎候,童孺皆欢然谓曰:'吾家先生至也。'""好事者别作一室如雍所居,以待其至,署曰行窝。"(明代蒋一葵《尧山堂外纪》)"康节行窝争欲设,伯休入市共相亲。"(清代赵翼《赠王文园给谏》),如此等等。但我们更能从邵雍自己的诗作中得见其心喜:"终岁都无事,四时长有花。小车乘兴去,所到便如家。"(《深秋吟》)

好一个"所到便如家",足见人们对邵雍尊崇程度之巨!

而值得一提的是，邵雍出行，也是有避忌的："康节自言四不出，所谓大寒大热大风大雨是也。然余观国初孔拯侍郎朝回遇雨，避于坊叟之厮下，延入厅事，叟乌帽纱衣，逢迎甚恭，因备酒馔为待。孔公借油衣，叟曰：'某寒不出，热不出，风不出，雨不出，未尝置油衣也。'孔公不觉顿忘宦情。"（《复斋漫录》）邵雍家中连用油布做的雨衣都未曾准备，可见他真的是"与时偕行"，严格恪守着他"四不出"的准则。

古人聚会，最常见的"娱宾"游戏是"射礼"中的"投壶礼"，《礼记·投壶》载："投壶者，主人与客燕饮讲论才艺之礼也。"司马光还专门撰有《投壶新格》。有一次，邵雍到河南尹李君锡家聚会。李君锡是进士出身，尤其精于《礼》，是当时最精通礼数的人之一。李君锡也安排大家玩投壶礼，按照常规，每八支为一局，但李君锡只是最后末箭投中了，比较难堪。邵雍没有参加游戏。后来，有人问李君锡赛局如何，他说："偶尔中耳。"没想到，邵雍应声说道："几乎败壶。"哈哈，一个最精通礼数的人，不仅全输了，还要硬给自己撑面子。（《宋人轶事汇编》）足见邵雍与李君锡的熟稔程度及其畅游于达官名流之间的自在。

司马光和邵雍关系很好，视邵雍为兄长一般，且两人的优良品行为时人所仰慕，以至于百姓们互相告诫："毋为不善，恐司马端明、邵先生知。"千万不要做坏事，否则会让司马光（司马光曾任"端明殿学士"）和邵雍知道的！足见二人在百姓心中所受尊敬程度。

西汉贾谊说，"爱出者爱返，福往者福来"。社会就像一面镜子，你对人家什么样，人家就会对你什么样，爱和福也是一样，有付出就有回报。邵雍对外所展示出来的美德和学问，使得当时的达官名流，只要到了洛阳，竟然都不先去官府，而是先去拜访邵雍！

洛阳当地人对待邵雍也像对待亲人一样，感情非常融洽，对此，邵雍自己的感触最深——"尧夫三月病,忧损洛阳人。非止交朋意,都如骨肉亲。荐医心恳切,求药意殷勤。安得如前日,登门谢此恩。"(《病中吟》)是说,有一年春天三月,邵雍生病了,洛阳人都很急切地关注,不管认识和不认识的都纷纷推荐医生,前来看望的人不计其数,邵雍十分感动,遂作此诗。

邵雍在"安乐窝"的日子虽然悠闲,但并非无序。他每天早起焚香静坐,白天讲学,晚上略饮小酒(微醉即可),吟诗,散步,会友……因为体弱多病,邵雍怕冷怕热,冬夏很少出门。但是每逢春秋两季,只要天气晴好,他便会乘车出游,不管看花,赏月,还是访客,都不辜负良辰美景。对这种闲适的生活,邵雍自己评价说:"这般闲富贵,料得没人知。"(《半醉吟》)这种清闲自在中的富贵,是无人能够体会得到啊!

在心法一贯、一尘不染的境界中,人们是时时可得大通彻的。我们从清代著名丹家刘一明的《自在窝铭》中,可欣赏到另一种沁人心脾的"闲富贵"——"栖云之阳,有个窟窍。左右护卫,前后紧要。风尘不侵,日月内照。至虚至灵,最神最妙。山人居住,独弦绝调。名利不牵,富贵难钓。有时自歌,有时自啸。有时自眠,有时自跳。噫!兴来岩头吼一声,恍惚空中有人叫。这个自在口难言,捧腹呵呵一大笑。"

活到这个妙处,实在是令人艳羡至极!

难怪邵雍对"安乐窝"十分中意,并将此认定为自己的安老之所:"休嗟流年随逝水,但将清景逐闲情。山河天下从来广,日月林间长自明。幸有园林供笑傲,岂无诗酒乐升平。如何更得烟霞侣,好向伊川老此生。"(《伊川吟》)

有了安居之乐后,从容不迫的惬意状态,也为他学问的生发,奠定了扎实的基础。邵雍为后世留下了3000多首诗、多部传世之作以及无数传奇故事。本书第一章中所载司马光、王安石与邵雍之间的故事，就是发生在这个时期。

而邵雍生命中不负时光不负己的高光时刻，也就此开启——邵雍《伊川击壤集·观易吟》：

> 庖牺大圣人，画卦传万古。
> 阴阳变化机，乾坤为易祖。
> 吾隐安乐窝，天地乃同伍。
> 窥破圣贤心，恬淡自得所。

四、教子有方

邵雍年过四十仍未婚娶。他的两位门生替老师着急——太学博士姜子发与张穆之非常关心老师的婚姻大事，便做媒将朋友王允修的妹妹介绍给老师，继而促成了二人的姻缘。不久，邵雍与王氏便有了儿子邵伯温。对此，邵雍还有诗云："我本行年四十五，生男方始为人父。鞠育教诲诚在我，寿夭贤愚系于汝。我若寿命七十岁，眼前见汝二十五。我欲愿汝成大贤，未知天意肯从否？"邵雍在诗中记述着时间的同时，也对儿子充满了殷切的希望——望子成贤！

有了儿子之后，生活负担遽然加重，门生姜子发便每月拿出自己的半薪来资助邵雍。而在当时，不仅姜子发这样做，司马光等人也是如此——可见邵雍在友人心中的分量。

自古言"养而无教父之过"，作为人父的邵雍当然也不例外。

可邵雍的教子方法，是足以垂教后世的。

他的教育内容几乎涵盖修身、处世、为学、立志、交友等各个方面。在具体方法上，他坚持身教与言教相结合，尤为注意身教——在行为上，处处带头以身作则；在语言上，随事而说，有感而发，但深入浅出，重在说理。如，当儿子邵伯温答不上来问题时，他还作诗开解他："儒家所尚者，行善与文章。用舍何尝定，枯荣未易量。干求便黾勉，得失是寻常。外物不可必，其言味甚长。"（《长子伯温失解以诗示之》）这种教育方式对邵伯温优良品格之形成，其效斐然。

交友是人生重要的事项。邵雍要儿子恪守"交益友，不交损友"和"非善不交"的信条，并强调人是分品位的："上品之人，不教而善；中品之人，教而后善；下品之人，教亦不善。不教而善，非圣而何？教亦不善，非愚而何？"上等品位的人，不用教授就懂得善恶；中等品位的人，需要老师教授之后，才知道善恶；下等品位的人，即便老师教授了，也不知道善恶。那些不用教导就知道行善弃恶的人，难道不像圣贤一样吗？而那些无论如何教育都弃善作恶的人，难道不是愚昧的人吗？

他还说："是知善也者，吉之谓也；不善也者，凶之谓也。"是说，知善行善的人，会给自己和他人带来吉祥；而那些不善的人，就会给自己和他人带来凶祸。他告诫子孙，一定要努力成为上品的善人，而不要沦为下品的愚昧人。并且，具体什么行为是"善"，邵雍也作了明确解释："目不观非礼之色，耳不听非礼之声，口不道非礼之言，足不践非礼之地。人非善不交，物非义不取。亲贤如就芝兰，避恶如畏蛇蝎。"眼睛不看不符合礼节的颜色，耳朵不听不符合礼节的声音，口中不说不符合礼节的话，脚不踏入不守礼节的地方。不是善人就不交往，那些不符合道义的物品不要拿，亲近贤者就像喜爱被世人比喻为君子的兰花一样，躲避恶人就像畏惧蟒蛇和毒蝎一样。对于这些在先秦时期就传承下来的教子家训，邵雍严格要求子孙"吉人为善，惟日不足"，要持之以恒，坚持终生！

他还告诫子孙："不肖之人，志在游荡。身在屋下，心在屋上。不

肖之子，志在浮夸。身尚不保，焉能保家。"(《不肖吟》)

此外，他还写有多首《戒子吟》——

其一

善恶无佗在所存，小人君子此中分。
改图不害为君子，迷复终归作小人。
良药有功方利病，白圭无玷始称珍。
欲成令器须追琢，过失如何不就新。

其二

鸡能警旦，马能代行。
犬能守御，牛能力耕。
有禀天地，万物之灵。
妒贤嫉能，不如不生。

其三

至宝明珠非有颣，全珍良玉自无瑕。
为珠为玉尚如此，何况为人多过差。

其四

有过不能改，知贤不肯亲。
虽生人世上，未得谓之人。

其五

周孔不足法，轲雄不足师。
还同弃常膳，除是适蛮夷。

对于父亲的谆谆教诲，邵伯温兢兢践行，深受其益。

而在对待钱财方面，邵雍则更是教育儿子："侈不可极，奢不可穷。极则有祸，穷则有凶。"（《奢侈吟》）教导儿子要避免侈、奢、极、穷，才能避祸。后来，南宋的辛弃疾总结说："物无美恶，过则为灾。"任何事情，都没有绝对的好和坏之分，但一旦做过头了，就是灾祸了！这种观念，也许是受了陈抟的影响，据范立本《明心宝鉴·存心篇》载，邵雍曾向陈抟求"持身之术"，陈抟答道："快意事不可做，得便宜处不可再往。"快意之事千万不可以任行，得便宜之地就不要再往，这样才能洁身自好，避免灾祸。

而关于如何对待"快意事"，宋代高文虎的《蓼花洲闲录》载有这样一件事情：宋神宗时期，因为陕西用兵失利，相关部门下令要斩一位掌管粮草运输的官员。第二天，宰相蔡确跟皇帝奏请事情。没想到皇帝问他："昨天批出要斩某人，今天已经执行了吗？"蔡确说："我刚要跟您汇报此事。"皇帝说："难道此人还有什么疑问吗？"蔡确说："自从宋太祖以来，未曾杀过士人臣等，最好这个规矩不要从陛下您这里开始改变。"皇帝沉吟很久，说道："那就给他面上刺青后，发配到偏远恶劣之处。"刚说完，下面的门下侍郎章惇就说："您这样做，还不如杀了他呢。"皇帝问道："为什么？"章惇说："士可杀，不可辱。"皇帝听完很不高兴，马上声色俱厉地说："快意事更做不得一件！"章惇答道："如此快意事，不做得也好。"神宗无奈，沉默不语。对此，我很赞同章惇的观点，居高位者，胸襟就是要宽大，就是要有能容的格局。

邵雍对待子孙的学业和道德教育，绝对是身体力行的。一如他在《初春吟》诗中所写："花木四时分景致，经书千卷号生涯。有人若问闲居处，道德坊中第一家。"一年四季，鲜花瑞草的景色了了分明，读千卷经书是我一辈子的方向。如果有人问我平时都住在哪里,道德里巷中的第一家便是! 诗中强调,他是以读书为乐、以修身进德为人生方向的。

为此,他还写有令人赞佩的《训世孝弟诗十一首》(前十首主要是教育子孙间要兄弟和敬)——

每日清晨一炷香,谢天谢地谢三光。
所求处处田禾热,惟愿人人寿命长。
国有贤臣安社稷,家无逆子恼爹娘。
四方平静干戈息,我若贫时也不妨。

除此之外,他还说:"物如善得终为美,事到巧图安有公? 不作风波于世上,自无冰炭到胸中。"(《安乐窝中自贻》)事物如果是善来的,最后也会有好结果。如果是投机取巧而来的,那怎会有公正呢? 我不在世间制造是非,所以就没有"冰火两重天"的煎熬与烦恼在我心中呀!

要知道,时下的社会,不缺人,但缺人才。很多家庭对子女都是养而无教,可最后受害的,不仅仅是家庭,还有社会。邵雍这种以身作则的珍贵身教行为,令人十分赞佩和深思。

邵雍不仅这样教导儿子邵伯温,还让他与当时的名流司马光、富弼、程颐兄弟等人多多亲近往来。就这样,遵从父亲教诲的邵伯温很快与这些名士成为了忘年交,并大受其益——"所闻日博",见识越来越广博。而司马光也非常喜欢这个晚辈,在他当了宰相后,还曾一度准备起用邵伯温,但可惜司马光不久就去世了,未能遂愿。

最值得一提的是,具有先见之明的邵雍,对儿孙们的关爱也更具前瞻性。邵雍认为"天下将治,则人必尚于义;天下将乱,人必尚于利。尚义，则谦让之风行焉。尚利，则攘夺之风行焉"，如果人们都尊崇道义，天下就会越来越清明；如果人人都追逐利益，天下就会越来越乱。当人们都追慕道义时，谦让之风就会盛行；当人们都追逐利益时，巧取豪夺之事就会盛行。他还认为一个太平盛世的景象应该是"老者得其养，幼者得其仰。劳者得其饷，死者得其葬。"(《太平吟》)老人能得到安养，幼儿有立志的贤良目标，劳动者能够得到他的正常收益，死亡者能得到合理安葬。但是，"安莫安于王政平，乐莫乐于年谷登。王政不平年不登，窝中何由得康宁"。(《安乐窝铭》) 最大的平安就是政局稳定，最大的欢乐就是五谷丰登，如果政局不稳，粮食也不丰收，那我这个安乐窝还怎么能够像往常一样安宁呢？任何人的生活质量都是会受到社会的环境质量影响啊！

"一个智者的目标不是为了追求幸福，而是尽可能地避免不幸。"

——亚里士多德

由于王安石所推行的新法与民争利，导致国家贪腐严重，社会不安稳，危在旦夕。因而，邵雍便对儿子邵伯温说："世行乱，蜀安，可避居。"(《宋史·邵伯温传》)世道已乱，只有四川平安，可以去那里避祸。又据南宋周辉《清波杂志》载："辉尝过庭闻欧阳文忠公有一记事册子，亲题丙午年不入蜀则入吴。后见洪文宪公之孙，言文宪尝问邵泽民：'康节知数，公所闻如何？'曰：'无他语，临终但云丁未岁子孙可入蜀，建炎初吴地亦不免被兵，独西蜀全盛。'康节先天之数，可希万一耶！"

于是，邵伯温遵从父亲指点，于宣和末年（1125 年）转任四川成都做官，举家迁蜀，继而成功地避开了世难。而他本人亦得致善终——在那个苏轼强调"人生七十古来稀"的时代，邵伯温活到了 78

岁的高龄!

从以上种种可见,邵雍的家教是很成功的。而他对子孙这种别样的关爱,也常常令世人望尘莫及。这个邵雍,不仅看穿了人,还看穿了时代!

古语云:"有钱难买先知道",这世上,人们最稀缺、最珍贵的就是像邵雍一样具有先见之明的功夫!

邵伯温在父亲的倾力教诲之下,无论在何职位上为官,都遵照父亲的教诲,努力熟悉政务,恪尽职守,以至于政声非常好。虽然他早年逢王安石变法,中年经过元祐党争,晚年遭遇靖康之祸,但一生见闻极其丰富,因而在治学方面也著述颇丰,传世有《易学辨惑》《邵氏闻见录》《皇极经世序》《观物内外篇解》等书近百卷,其中最为人所熟知的《邵氏闻见录》,还记载有邵雍和"唐宋八大家"中苏洵、苏轼、苏辙、欧阳修、王安石、曾巩等人的种种故事,读来时时令人神往。

任何时代,送人散碎银子都不是最值钱的;最值钱的,是你送给他(她)一个远大的前程!

在这一点上,邵雍的所作所为,非常难能可贵,足可垂范后世。

五、淡泊名利

任何事情,都可以在不动声色中见道,无论贫富贵贱都不妨碍我们载道的功夫,这叫不让时间变质。

年过半百、已逾51岁的邵雍,写下了一首《三惑》诗:"老而不歇是一惑,安而不乐是二惑。闲而不清是三惑,三者之惑自戕贼。"作为一个年过半百的老人,一定要能准确地审视自己,把握自己,即孔子所说的"五十知天命",不要恣意妄为。

这一年,宋神宗皇帝下诏让天下人举荐有才华的人。宰相富弼、司马光、王安石的弟弟王安国等人都纷纷举荐邵雍,朝廷连发了三道诏书,但都被邵雍称病婉言谢绝。富弼劝他:"如不欲仕,亦可奉致一闲名目",如果你不想当主政的官员,那也可以封你一个闲职啊,但即便这样,也都被邵雍婉言拒绝。为此,邵雍还赋《谢富丞相招出仕》二首作答:

其一
欲遂终焉老闲计,未知天意果如何?
几重轩冕酬身贵,得此云山到眼多。

其二
好景未尝无兴咏,壮心都已入消磨。
鹓鸿自有江湖乐,安用区区设网罗。

又对其他劝荐者一并作答:

不愿吟
不愿朝廷命官职,不愿朝廷赐粟帛。
惟愿朝廷省徭役,庶几天下少安息。

邵雍就是要让自己的生命安立于名利富贵难以抵达的逍遥之境——他又写道:"富贵如将智力求,仲尼年少合封侯。世人不解青天意,空使身心半夜愁。"(《富贵》)富贵如果能用学识智慧去评估和求取的话,以孔子之智,早在少年之际就该封侯了!世上的人啊,不了解青天的博大与自由,无端使得自己在夜半三更愁绪沸腾、夜不能寐啊。殊不知,我如今这如云逸空、如风驰原、如鱼在水、如林葱茏的日子,是多么逍遥富贵呀。

而且，他在此诗中还不动声色地传递给世人一种超然世外的风骨——你有钱有权，我不稀罕，但我有道，你够不着！无论世道如何变幻，但我的初心不变。你们有追逐名利的勇气，可我有淡泊名利的力量。高人之高，真是其心可鉴！

对于其不受官职的心理背景，邵伯温在其《邵氏闻见录》中所载的一段父子对话，足以阐明原因所在。他问父亲邵雍，如今仁宗做皇帝，富弼为宰相，应是大有可为之世，您为什么不愿出仕呢？邵雍答道："本朝至仁宗，政化之美，人材之盛，朝廷之尊极矣。前或未至，后有不及也。吾出尚何益？"是说，宋仁宗这个时期，是北宋一朝的巅峰时代，是空前绝后的盛世，我只要点缀太平就可以了，入仕还有什么益处呢？邵雍身处其中而断言其后的话语，与历史的发展规律完全吻合！对比前期和后期来说，宋仁宗执政的四十二年是整个北宋的黄金时期。

《宋史》誉为"忠厚之政"，《水浒传》第一回就形容仁宗之治为"三登之世"。宋初三先生之一的石介在《庆历圣德诗》中盛赞当时的人才之盛。明末清初大儒王夫之的《宋论》更是说："仁宗之称盛治，至于今而闻者羡之。"又说："宋政之乱，自神宗始。"这就是邵雍预言王安石任相之后，神宗一朝开始乱纲的结果。其后，加之再经"元祐更化"与"绍圣绍述"的更迭，新旧党争激烈而持续，北宋走向灭亡。

邵雍真是活得太明白了！

用宋代王义山之言来说就是："识得眼前真道理，世间何事切吾身？"（《和康节天意为人二吟》）

那，假若邵雍入仕，又会是什么情形呢？

南宋大儒"朱门领袖"蔡元定给出了答案——他认为邵雍若入仕："定是四公、八辟、十六侯、三十二卿、六十四大夫，都是加倍法。"真是明眼人，看得十分雪亮！只是谁都没想到，邵雍心胸如此快活，如此广大，与官无缘，与安乐有缘，他愿做一个真真切切的"太平人"，因为他认为"静处乾坤大，闲中日月长。若能安得分，都胜别思量"。(《何处是仙乡》)

邵雍这种迥异于人的安贫乐道、不入仕、不逐名、不追利、安于治学、践道而行的心态，在其《心安吟》中亦可得窥心迹："心安身自安，身安室自宽。心与身俱安，何事能相干？谁谓一身小，其安若泰山。谁谓一室小，宽如天地间。"人心要是能够安定下来，身体自然就会觉得安定。身体安定后，再小的房间，都会觉得很宽。心与身都处于安定的状态后，还有什么事情能够真正打扰到你呢？谁说一个人的身体很小呢？身体一旦安定下来，就好像泰山一样安稳。到此境界时，谁还会觉得一个房间小呢？它的宽阔大如天地之间啊！邵雍强调的是：要想把学问做好，心身安定是非常重要的！人们常说的"心安理得"，不就是这样的境界吗？

他还说："自下观上，无限富贵。自上观下，无限贱贫。自心观物，何物能一？自物观心，何心不均？"(《上下吟》)告诉人们，如果能够把心放平来观待万物，心就不会动摇了！

对于邵雍这种潇洒的心态和得道者的胸襟，在他65岁时所写的《安乐吟》中，更能得到饱览——

安乐先生，不显姓氏。
垂三十年，居洛之涘。
风月情怀，江湖性气。
色斯其举，翔而后至。
无贱无贫，无富无贵。
无将无迎，无拘无忌。

窘未尝忧,饮不至醉。
收天下春。归之肝肺。
盆池资吟,瓮牖荐睡。
小车赏心,大笔快志。
或戴接䍦①,或著半臂。
或坐林间,或行水际。
乐见善人,乐闻善事。
乐道善言,乐行善意。
闻人之恶,若负芒刺。
闻人之善,如佩兰蕙。
不佞禅伯,不谀方士。
不出户庭,直际天地。
三军莫凌,万钟莫致。
为快活人,六十五岁。

无论是谁,能活到这种境地,人生就是一场光风霁月般的逍遥游啊!但是,也只有大智者方能抵达此境。

值得一提的是,邵雍虽具有仙风道骨的精神气象,但他并非参与道家活动的修道之士——宋代将儒学称为道学,因此他作为一位道学之士被《宋史》列入了《道学传》。

而邵雍之所以能够如此怡然自得,是与当时的社会环境背景密不可分的。据其子邵伯温《邵氏闻见录》载:"洛中风俗尚名教,虽公卿家不敢事形势,人随贫富自乐,于货利不急也。"要知道,"尚名教""人随贫富自乐""于货利不急也",这些可都是社会高度文明与和谐的标

---

① 䍦(lí),古代一种头巾。

志呀！此外，作为牡丹之都的洛阳，每逢牡丹花开时节，时人便"于花盛处作园圃，四方伎艺举集，都人士女载酒争出，择园亭胜地，上下池台间引满歌呼，不复问其主人"，这是多么令人艳羡的生活美景啊！难怪金国国主完颜亮看到画师们偷偷潜入洛阳等地绘出的画作后，大为惊讶，将其挂在自己房间，时时激励自己：一定要过这样的生活！而这种激励，也成了金国犯宋的重要动因之一。

邵雍的心胸和境界，不仅仅是落在自家心田中，而且还行化了很多世人——

王安石变法期间，包括司马光、苏轼等很多人都激烈反对，还有人联名罢官或者主动要求去职。邵雍便给这些朋友和门生们一一写信说："此贤者所当尽力之时，新法固严，能宽一分，则民受一分赐矣，投劾何益耶？"你们这样做会有什么意义呢？作为一个贤良的官员，遇到困难的时候，也正是自己发挥力量的时候，新法虽然严苛，对百姓不利，但是你们要当好父母官，在执行时，能尽量宽一些就是一些，那样老百姓就会多受一分恩惠。皇帝已经重用王安石做宰相并支持他的新法了，你们这样去弹劾或者弃官不做，于事无补啊！对此，我们从他的《答友人》一诗中会看得更加透彻：

> 何者名为善处身，非唯能武又能文。
> 可行可止存诸己，或是或非系在人。
> 遍数古来贤所得，历观天下事须真。
> 吉凶悔吝生乎动，刚毅木讷近于仁。
> 易地皆然休计较，不言而信省开陈。
> 虽居蛮貊亦行矣，无患乡间情未亲。

诗中循循善诱，安顿人心，继而又说："天道远，人道迩。尽人情,合天理。"(《大人吟》)强调做事要有顺势而为的能力,并对得起自己的良心。又说:"四时皆有景,万物岂无情。祸福眼前事,是非身后名。"任何时候都有景色,万物岂能没有情意呢?虽然福祸是眼前可以看到的,但最终的是非对错,却都是需要在死后才能评判的呀。

邵雍提醒他们:要学会面对当下,尽心尽力做好自己——无愧于心,无愧于事,无愧于人;要知道,人生在世,能各就各位,各自饱满,便是顺势而为。当然,他是这样说,也是这样警勉自己的,"得志当为天下事,退居聊作水云身。胸中一点分明处,不负高天不负人。"(《自述二首》)

老子曾说:"我有三宝,持而保之:一曰慈,二曰俭,三曰不敢为天下先。"可见,"慈"为道之大也!而抱道而行的邵雍,便是慈心可鉴!

格局一大,人的生命就不会沉沦于琐碎与是非,而真正通达之人,总能简单得铿锵有力——"着身静处观人事,放意闲中炼物情。去尽风波存止水,世间何事不能平。"(《天津感事》)把身心安放在清静之处去观待人事,让自己在闲情之中去品鉴万物的变化规律,把万物表面的纷乱风波都去掉,留下那个如如不动的本体来,做到了这一点,那还有什么事情能让自己不平静呢?再说了,"知行知止唯贤者,能屈能伸是丈夫。"(邵雍《代书寄前洛阳簿陆刚叔秘校》)邵雍用仁者充满温情和旷意的智慧话语,安顿了一个个不平的心扉。清代刘一明说:"圣贤心胸,乾坤度量。丢开千般,看破万象。"(《会心集》)邵雍这种面对不同人和事而展示出的胸襟与智慧,很快就成了人们争相传颂的楷模。

日本江户时代的山本常朝有一句名言,他说:"不生完美之念,不起自大之心,更无卑下之想,只是行进在道上,以终其一生。"(《叶隐闻书》)此句用来形容邵雍的人生态度,亦十分洽宜。

邵雍的话语，之所以对友人影响巨大，与其智慧和性格是密不可分的。

关于其性格，我们从邵雍阐释"他山之石可以攻玉"之句便可管窥一斑。据《二程遗书》卷二载："尧夫解'他山之石可以攻玉'：玉者温润之物，若将两块玉来相磨，必磨不成，须是得他个粗砺底物，方磨得出。譬如君子与小人处，为小人侵陵，则修省畏避，动心忍性，增益预防，如此便道理出来。"玉是温和细润的东西，如果拿两块玉相磨，必然磨不成，需要有一个粗砺的东西，才能磨出玉来。这就好比君子与小人相处，被小人欺凌，就能反省自身如何回避类似事情，这样就可以震动其心，坚韧其性，增益其预，防患未然。如此一来，万物的道理也就在君子身上展现出来了。邵雍之所以能够将君子的修身之道讲得如此清晰，是因为他自己就是过来人——他是君子。

邵雍这种柔软而令人如沐春风的接人待物方式，让我想起老子在《道德经》中对"水"德的盛赞——"上善若水"。而日本大和房屋创始人石桥信夫对"水"的独特理解，也值得分享："水五训"——

（1）自己活动同时推动他人者，水也；

（2）遇到障碍激起百倍的力量者，水也；

（3）永不停止寻求自己的进路者，水也；

（4）清洁自己也清洁他人的污秽，而清浊兼容者水也；

（5）量之大可灌满大海，散发时变成云雨，冷冻时变成晶莹的冰雪，此特性不会消失者，水也。

我们无缘得见邵雍先生的本来面目，但我在想：他的长相是不是一个"水形人"呢？

与王安石变法有关的，还有这样一则故事：富弼是宋仁宗时期的宰相，他勤政爱民，但也天性好疾恶，以至于因为反对王安石变法而遭受排挤，遂称病辞官，退居洛阳。其间皇帝征召，亦称疾不赴。富弼是个笃信佛教的人，经常与邵雍结伴而行去参拜僧寺。邵雍对佛教也有亲近，除了写有《学佛吟》之外，还在诗中不时引用佛教中常见词汇，如"得志当为天下事，退居聊作水云身。胸中一点分明处，不负高天不负人"（《自述二首》），其中的"水云"和"分明"便是。而朱熹《朱子语类》卷一百《邵子之书》更有如下记载：有人诵读邵雍诗到"若论先天一事无，后天方要著工夫"这句时，邵雍问道："如何是'一事无'？"对方答道："出于自然，不用安排。"邵雍闻言默许。邵雍曾有诗云："廓然心境大无伦，尽此规模有几人？我性即天天即我，莫于微处起经伦。"其恢宏心宇，感人万千，更被禅门唱为同酬，"读尧夫此诗，宜抗诏不起也？确乎其不可拔，自守其道矣！"（南宋释惠彬《丛林公论》）禅僧惠彬亦据此认为邵雍后来的屡诏不仕与其抱道"天人之学"有着紧密的联系。其实，"康节之学，近似释氏，但却又挨傍消息盈虚者言之"。邵雍的学问境界，与释家境界非常相近，只不过其是依托天地消息盈虚之路径来展示而已。对此，我们从他的一首《得一吟》，便可见得端倪："天自得一天无既，我一自天而后至。唯天与一无两般，我亦何尝与天异？"这种与物浑然的见地，与《华严经》"一即一切，一切即一"以及东晋僧肇《肇论》所言"圣人会万物为己"的境界，堪为异曲同工。虽然近代大学者钱穆先生赞誉邵雍为"儒门中的庄周"（《宋明理学概述》），但实际上，学问抵致最高境地，是无有教别之论的，因为"其理一也"，即：不二。

孔子强调益友有三种："友直，友谅，友多闻。"（《论语·季氏篇》）即，直率、包容体谅、博学多闻。富弼、邵雍、司马光三人，就是孔子所言的"益友"。

话说有一日傍晚，司马光到邵雍家对他说："明日有法师开堂说法，富弼和吕公著均去。吕公贪佛，已经无法劝阻。富公若去，于理不通——皇帝征召抱病不去，但却能参加佛事……我无法阻止，不知您有何妙法？"次日，邵雍果然在法会上见到了富弼，便问道："听说皇上欲再次起用你。"富弼笑答："你看我病体如此衰弱，还能任职吗？"邵雍说："对啊！有人建议朝廷任命先生，先生称病不起；可一遇到僧众说法，先生则必定参加。那为什么就不能赴任呢？"富弼闻言，幡然醒悟！遂归。

从此以后，富弼对邵雍是言听计从，常与亲近。对此，邵雍还特意作诗调侃富弼——《赠富公》："天下系休戚，世间谁擐伦。三朝为宰相，四海作闲人。照破万古事，收归一点真。不知缘底事，见我却殷勤。"而更直截了当的则是程颢弟子谢良佐《上蔡语录》的记载："富彦国身都将相，严重有威，众人不敢仰视，他将做小儿样看，直是不管你，也可谓豪杰之士。"并且谢良佐更是说："尧夫直是豪才，在风尘时节，便是偏霸手段。"言外之意，邵雍根本未将富弼当作官员高视，反而像当作晚辈一样，与其言语毫无羁绊。而这，从宋代王明清《挥麈录》中所载的"邵尧夫讥富郑公肉食者鄙"便可管窥一二："富郑公晚居西都，尝会客于第中，邵康节与焉。因食羊肉，郑公顾康节云：'煮羊惟堂中为胜，尧夫所未知也。'康节云：'野人岂识堂食之味，但林下蔬笋，则常吃耳。'郑公赧然曰：'弼失言。'（邵公济云）"富弼晚年有一次在家中宴客，邵雍也在场。正好遇到吃羊肉，富弼侧头对邵雍说："煮羊肉还是朝廷筵席做得最好吃，你应该不知道吧。"邵雍答道："我一个乡下野夫，怎么能知道朝廷筵席的味道呢？但那些树林下的蔬菜和竹笋，我却是经常吃的。"言外之意，你不就是当过官吗，算个啥呀？！富弼听完，非常羞愧地说："实在对不起，我说了不该说的话了。"你看，对待一个堂堂朝廷的前任宰相，邵雍不卑不亢，毫不客气。

再说王安石的变法，也确实给社会带来了巨大的动荡与不安，北宋就是由此开始逐渐走向了衰落。这种影响，从邵雍诗中便可窥大端："自从新法行，尝苦樽无酒。每月宾朋至，尽日闲相守。必欲丐于人，交亲自无有。必欲典衣买，焉能得长久。"（《无酒吟》）邵雍平时爱喝酒，但从不酗酒，只是微醺而已。正因为爱喝酒，所以这首诗就专门写到了王安石变法之后的生活变化——不仅国力日下，而且人民也变得穷了，导致他都没钱喝酒了。每月固定友人相聚的时候，大家都没酒喝，没办法，他就只能去找人讨一些酒喝。可是，那些跟我交好的，他们也没有酒喝了啊。不得已，我就把自己的一些衣服典当卖掉换酒喝，可这样怎能长久呢？邵雍的这首诗对变法给生活所带来的影响，写得非常形象。而其子邵伯温也认为王安石是"尽变更祖宗法度，天下纷乱"，把先人的法规全都破坏掉了，导致社会混乱、北宋灭亡和朝廷南迁。而这，也正是邵雍早在王安石上任之前听到杜鹃鸟叫声之后的预言结果。（见第一章第二节"王安石与杜鹃鸟"）

这世间，唯有内心丰盈坚定，安静澄澈，才能抵抗世间的不安与躁动！但这样的仁者，并不多见。

旁观者清。

不仅是邵雍，当时很多人对王安石也都有着自己的独到看法。比如，皇帝宋神宗曾问曾巩（唐宋八大家之一）："你如何评价王安石呢？"曾巩答道："王安石的文学、品行都不逊色于西汉的大儒扬雄，但是性格吝啬，这是他不如扬雄的地方。"宋神宗听完，不太理解，继续问道："王安石这个人轻视富贵，他怎么会吝啬呢？"曾巩答道："我所说的吝啬，是说他勇于去开创，但不肯去改正自己所犯的错误。"宋神宗听完，赞许地点了点头。

苏轼曾责备曾公亮不能救正补弊，曾公亮回答："上与介甫如一人，此乃天也。"皇帝与王安石好得如同一人，这是天意啊！话语中暗藏着无奈。而宋神宗时期的另一个宰相唐介亦说："安石好学而泥古，故论议迂阔，若使为政，必多所变更。安石果用，天下必困扰。"王安石确实是给天下带来了许多困扰。

此外，邵雍之子邵伯温也对王安石推行新法之事极不赞同。他在《邵氏闻见录》中写有宋神宗变法的背景："神宗天资节俭，因得老宫人言：祖宗时，妃嫔、公主，月俸至微，叹其不可及。王安石独曰：'陛下果能理财，虽以天下自奉可也。'帝始有意主青苗、助役之法矣。"他认为，正是由于王安石鼓动宋神宗变法，才最终导致了北宋灭亡："神宗既退司马温公，一时正人皆引去，独用王荆公，尽变更祖宗法度，用兵言利，天下始纷然矣。"

其实，王安石是个好人，他变法的初衷无疑也是好的，其目的在于富国强兵。但对于变法的失败，原因是很多元的——包括王安石做事激进，用人不当，保守派阻挠，神宗皇帝变法不坚决，社会制度不配套等等。到最后，除了"青苗法"使国库获得了充裕之外，党争激烈，贪官污吏横生，统治集团分裂，民不聊生……

想想当初邵雍在天津桥上看到杜鹃鸟之后的预言，还是先知更令人肃然起敬！

邵雍曾在诗中写道："生平不作皱眉事，天下应无切齿人。"（《诏三下答乡下人起之意》）可见活得十分坦然。然而，世道沧桑，人心险恶。即便是邵雍这样的善人，也有对其刻薄负义者——"先生尝振王陶于厄，及陶留守西京，待先生甚薄，君子讥之。"（《宋元学案》）不知何故，这个王陶不仅对曾经帮助过他的邵雍刻薄，更对提拔他的大贵人韩琦忘恩负义。为了自己的仕途，他竟"力攻"口碑与人品俱佳的韩琦，为时人所不齿！难怪后来邵雍写了两首《小人吟》："小人无节，弃本逐末。喜思其与，怒思其夺。"又说："小人无耻，重利轻死。不畏人诛，岂顾物议。"

《易经》曰:"积善之家,必有余庆。"可王陶哪里会知道,韩琦与范仲淹一样,都是后代昌隆了上千年的家族!当年,韩琦之孙为避北方战乱,南渡琼州海峡移居海南文昌,繁衍到第24代韩教准时,韩教准9岁南下爪哇岛讨生计未果,后过继给美国做生意的舅舅,改名换姓为宋嘉树。宋嘉树在美加入基督教,后回国在教会学校执教,直至成为后来的北京大学校长、台湾"中央研究院"院长胡适的老师!宋嘉树在21岁时,娶了明代著名科学家徐光启的后裔为妻,生下了三朵金花,分别取名为:宋霭龄、宋庆龄、宋美龄。

这就是天道无欺——善有多大,福泽就有多远!

六、能自判命

邵雍在《自悯》一诗中写有"五七年来并家难"之句,那究竟是什么"家难"呢?原来,在邵雍57岁这一年,其父邵古(字天叟,号伊川丈人)去世,享年79岁。

史载其父临终曾言:"吾儿以布衣名动朝廷,子孙皆力学孝谨,吾瞑目无憾。"从中可见邵雍当时的声望之高和家风之怡。

邵雍与程颢在洛阳市伊川县伊水西面的紫荆山下,同卜葬地,"不尽用葬书,亦不拘阴阳之说,用五音之法择地,以昭穆序葬",为父亲选择了一块葬地。且于"十月初三日,葬父于伊川神阴原西南"。对此,有人说邵雍不信地理风水之说,其实不然——我们从当年邵雍的诗中便可见一斑:"买宅从来重见山。"(《留题水北杨郎中园亭二首》)住宅中最重要的就是要有"靠山"。"靠山"是传统风水的基础常识,可见邵雍对风水之说并不排斥。由于在格物之学中,方法广博多元,但"路路不相左,法法不相违"。虽然判定方法有很多,但不妨碍最终的正确。尽管邵雍没有采用今人常见的地理风水方法为父亲勘选墓地，但他用的却是唐代流行的"五音宅相"之法来作甄选，这个更高级——如果不精通"五音"之道，则无法通达。

邵古去世之后，宋代进士陈绎还为其作有《宋隐君邵子启贤公讳古墓志铭》："君讳古，字天叟，其姬姓，出自召公，别封燕，世为燕人不绝。祖讳令进，善骑射，历事太祖皇帝，以军校尉，老归范阳，戎难避居上谷，又徙中山，转衡漳而家焉。父讳德新，读书为儒者，早卒。君生衡漳，才十一岁而孤，能事母孝，力贫且养，长益好学，必求义理之尽。余二十年，而终母丧于卫。天圣中，尝登苏门，顾谓其子雍曰：若闻孙登之为人乎，吾所尚也！遂卜居于山下。异时，尧夫侍亲，往来洛阳，见山川水竹之胜，人情舒遐，始得闲旷之地，架屋竹间，水流其门，浩然其趣，固自号曰伊川丈人。君性简宽，独喜文字，学用声律韵类古今切正为之解曰，正声、正字、正音者论三十篇。先生有道者欤，有子而贤，葬之祭之岂可无铭？铭曰：世范阳，家伊川，卒十月，葬乙未。神荫原，原西南。"

世间万物，成住坏灭之理，永恒不变。公元1077年的仲春，邵雍病重。

其间，司马光、程颢、程颐等人"晨夕候之"，从早到晚的侍候，不离左右。司马光还宽慰邵雍说："没事的，不要担心，会好的。"然而邵雍却说："某病势不起，且试与观化一巡也。"我的病，运势已不能再起了，人生如同四季交替变化一样，我就好似来世间巡游一番而已。司马光宽慰他说："尧夫不应至此。"你的病应该不会这么严重的。邵雍答道："死生亦常事耳。"人之生死都是寻常之事。世间得失，祸福相依，恩害相生，都是阴阳的转化。司马光听完后，心情很沮丧。

程颐前来探病时则诙谐地说："先生至此，他人无以致力，愿先生自主张。"先生目前这种情形，没有谁能帮上你，只能靠自己来拿主意了。邵雍说："平生学道固至此矣，然亦无主张。"我这一辈子学道，一直就是没什么主张的，我不过都是顺天道而行罢了。说完，还举起两手做了个手势，程颐不解，问道："从此与先生诀矣，更有可以见告者乎？"从此我就要跟先生诀别了，难道还有什么要再跟我说的吗？邵雍缓了一会儿，说："面前路径常令宽，路径窄则无著身处，况能使人行也。"眼前的路要经常让它宽阔些，太窄了就没有可以安身立脚之处了，更何况能让其他人行走呢？要给别人留条路呀。邵雍之意是在提醒程颐做事不要太倔强，要眼界更远，胸襟更宽大。听闻邵雍这种临终的殷切关怀之言，程颐是既感动又伤感……世间唯有真情最是无价！

这时，张载也从陕西关中（西安）来看望邵雍，见面后，说："我给您诊诊脉如何？"邵雍点头同意。张载诊完脉后，说："先生脉息不亏，自当勿药。"您的脉象气息还好，没有亏损现象，用不着服药。然后又问："先生信命乎？载试为先生推之。"先生您信命吗？我给您推占一下如何？邵雍听完，答道："世俗所谓之命，某所不知，若天命则知之矣。"世俗所说的那些推算命运的方法，我不懂，但我知道上天所赋予我的命数。张载说："既曰天命，则无可言者。"既然您知晓自己的天命，那我就没什么可说的了。

从这段对话中，可以窥见两个问题：其一，作为北宋五子之一的大学者张载，除了学问之外，既精通中医又精通命理之学。其二，邵雍早已知晓自己的寿数。对此，最令人不可思议的是，他竟然还提前写有一首《病亟吟》："生于太平世，长于太平世。老于太平世，死于太平世。客问年几何，六十有七岁。俯仰天地间，浩然无所愧。"我生在太平之世，长在太平之世，老于太平之世，死于太平之世。若有人问我死时年龄是多少？是67岁！

而除此诗之外，邵雍还有一首诗也提及了这个寿龄："尧夫非是爱吟诗，诗是尧夫喜老时。明著衣冠为士子，高谈仁义作男儿。敢于世上明开眼，肯向人间浪皱眉。六十七年无事客，尧夫非是爱吟诗。"

(《首尾吟》)(注：67岁是虚岁)

活得如此鲜活和明白的人，古往今来也是罕见！

明代高濂说："顺自然之运，听必至之期。"(《遵生八笺》)旋又引用了明长老之语强调："身为死物，其内活泼泼地者为活物。莫于死物上作活计，宜于活物上作活计。"我特别喜欢这句话！而该句之境，从邵雍六十五岁所作、颇有自传性质的《安乐吟》中，更可管窥其洒脱与高迈。(见第42页)

这日子过的，想必神仙也不过如此吧？！

在前述邵雍与张载的对话中，可以看出邵雍对于命理推占的态度是很鲜明的。而下面这首诗则表述得更为清晰："买卜稽疑是买疑，病深何药可能医？梦中说梦重重妄，床上安床叠叠非。列子御风徒有待，夸夫逐日岂无疲？劳多未有收功处，踏尽人间闲路歧。"(《闲行吟》)花钱占卜勘验心中疑惑，实际上就是花钱买疑惑。病重时，什么药能够医治呢？这就如同一个人在梦中又说梦中的事情，一重又一重地增加妄念而已，好似在自己的床上再叠放一张床一样，这都是不正确的呀！2500年前的列子，乘风出行从不需要依靠什么；历史上夸父勤奋地追逐太阳，也会有疲劳之时的。做了这么多辛苦之事，却没有积聚功业，这不就如同走遍了人间错误的道路吗？！

说得多好啊！邵雍比先秦时期那位"泣岐"的杨朱不知道要高明多少倍！

值得一提的是，在宋代科举中，《易经》与中医是必考科目，因而读书人精通易道和医道是非常普遍的现象，如宋代宋伯仁在其《久坐》中就写有"易课推三画，医方录数家"之句。由此可见，张载医易兼精也就不足为奇了。而同样是面对疾病，与邵雍同时期的宋祁，却是这样记录的："病骨岩岩怯早衰，月枝三绕寄身危。避风宁望鹡鸰享，出卜频遭偻句欺。"(《偶书》)自己病得很重，每次占卜(龟卜)时，结论都不理想，心里惴惴不安，如同受到了欺负一样，心情越来越失落。到最后竟至于"心知来往数，不敢问迷津"。(《道中二首》) 在疾病面前，宋祁与邵雍的态度大相径庭，真是令人莞尔。

但邵雍这种对待生命与疾病的态度，史上也并非孤例。在蒙学著作《幼学琼林》中有"挽歌始于田横，墓志创于傅奕"字句。其中的傅奕，《西游记》亦有提及。傅奕是唐初的太史令，其天文历数水平之高，就连李淳风都差之甚远。史载："太史令傅奕精究术数之书，而终不之信，遇病，不呼医饵药。"（司马光《资治通鉴·唐纪十一》）傅奕虽精通阴阳术数之书，但他并不相信，以至于即使患病，也从不求医服药，完全任其自然。在这一点上，傅奕与邵雍二人简直就是异曲同工。但傅奕性格却与邵雍迥异，显得十分特立独行——他为人一向谨慎，"既职占候，杜绝交游，所奏灾异，悉焚其稿，人无知者"。(《旧唐书》卷七十九《傅奕传》)，没有留下任何著作。

不过，民国著名高僧弘一法师对待疾病的态度，也颇值得玩味，他说："小病从医，大病从死。"读来颇有扁鹊"司命之所属，无奈何也"的味道。

此外，司马光《资治通鉴》卷九十六载：郭璞（两晋著名学者、易学大家）尝遇含（颜含），欲为之筮。含曰："年在天，位在人。修己而天不与者，命也；守道而人不知者，性也；自有性命无劳蓍龟。"从中可见，郭璞之言与张载颇有异曲同工之妙！他想给颜含卜筮未来命运，但颜含认为人生的命运由天定，不可改变，人只能接受自身命运的规律，在其背景下发挥自身能动性，来尽人事听天命。

而邵雍这种对如梦人生不沉迷、不执着、看淡一切而又能光明活着的境界，在不同时代的智者身上，皆有呈现——唐代白居易的师父鸟窠禅师曾说："来时无迹去无踪，去与来时事一同。何须更问浮生事，只此浮生在梦中。"人生，来的时候没有痕迹，不知道从哪投胎来的；

去的时候也没有踪迹,不知道灵魂去了哪里。你看,这一来一去,都是一样的无影无踪。何须要去问这浮生的事情呢?因为,这浮生就跟在梦中是一样的啊!正因为如此,清代刘一明先生规劝世人:"急早回头,莫在幻梦境里游。今朝街头走,明日棺内朽,只说是现世的人流,谁知道来劫鸟兽。真修行,机关早参透。劝学人你把这浮生假事一笔勾。"及早回头吧,不要在这幻梦当中周游,这世间没有执着沉迷的必要啊。也许今天人还在街头走,明天就在棺材中开始腐朽了。这世间的人啊,有谁能够知道自己就像那些被人们劫掠的鸟兽一样呢?所以,真实的去修行吧!早些把世间的那些迷惑和障碍看透,早些把这浮生中不真实的事情一笔勾销吧!

宋代大儒陆九渊说:"万世之前,有圣人出焉,同此心同此理也;千万世之后,有圣人出焉,同此心同此理也。"是的,不同时期的得道者,其所述道理都是相同的——这就叫心同、理同!

也正因此,世间的君子才能"千里同风"。

邵雍对待生命的豁达态度,非常值得人们学习——"以命听于天,于心何所失?""唯将以命听于天,此外谁能闲计较?""世上重黄金,伊予独喜吟。死生都一致,利害漫相寻。汤剂功非浅,膏肓疾已深。然而犹灼艾,用慰友朋心。"(《答客问病》)我将命运交给了天道,内心无所动摇。一个将命运交给上天的人,怎会有闲情再去计较呢?生与死,从究竟的角度而言,都是一样的啊!腐朽和神奇不过是事物的一体两面而已,更不需要再到外面去寻找有利和损害。到了我目前这种地步,中药已发挥不了作用了,因为生命的势能已经朝向死亡而去了。势能本身没有好坏之分,都是人们因为自己的喜好而赋予了它好与坏,这只不过是人们为自己的欲望贴标签而已。

也许有人会认为,邵雍这种心态是不是过度相信命运而导致迷信?当然不是!邵雍说得很清楚,虽然天意从来高难问,但冥冥之中也自有安排——"也由天道也由人"(《天人吟》),命运之旨,命乃先天而定,运乃后天可争。即,天道规律和人的努力要并行不悖!其理与《易经·系辞》所强调的"进德修业"之义完全相同——不断地行善,累积功德,就可以让生命有更多的改良。邵雍所言此理,世人亦有不同表述,如,宋代罗大经说:"也由人事也由天。"(《韩平原》)宋代张伯端说:"也知由我亦由天。"(《悟真篇·绝句六十四首·其五十六》)而清代著名才子赵翼,在晚年才悟到世间万事:"到老方知非力取,三分人事七分天。"可对于这一点,明代袁了凡著名的《了凡四训》一书,早有着极为精湛的指引,值得熟读。

唐代药王孙思邈在《福寿论》中说:"圣人体其道而不为也,贤人知其祸而不欺也,达人断其命而不求也,信人保其信而静守也。"这些语义,在邵雍身上得到了极佳的见证——人生的最高修养,就是乐天知命,顺势而为,与时俱化。而人生之富,莫过于知己;能知己者,一生安稳从容。邵雍在这方面为世人做出了表率!

张载离开邵雍不久,邵雍的健康每况愈下。当时知名的高官与大儒纷纷前去探望,有的甚或服侍床榻,人气蔚然。

有一天,司马光、富弼、二程兄弟等人在院中一起商议邵雍的丧葬事宜。没想到,他们的对话,都被邵雍听到了。邵雍忙将儿子邵伯温叫到身边,嘱咐说:"他们想要把我葬到城中,不要这样安排,把我葬在父亲的墓地区域就好。要用油麻布裹尸,棺椁中什么物品都不放。并且,在我下葬之前一定要让村中最西面那户人家中的小女孩在旁边观看。"儿子含泪点头,表示照办。邵雍这种从简置丧的行为,对后世多有影响。其后的宋祁,便在其"遗戒"中对自己后事作如是效仿:"三日殓,三日葬,慎无为流俗阴阳拘忌也。"嘱咐儿子为自己办丧事时要从简,不要被当时风俗所左右,更不必为当时的民间流俗和阴阳忌讳所限制。

仲夏六月，邵雍身体又时有微疾。一日昼眠时，自言自语道："吾梦旌旗鹤雁，自空而下，导吾行乱山间，与司马君实、吕晦叔诸公相分别于一驿亭，回视其壁间有大书四字，曰'千秋万岁'，吾神往矣。无以医药相逼也。"（《宋人轶事汇编》）

"成败须归命，兴衰各有时。"（邵雍《万物吟》）

"荡荡天门万古开，几人归去几人来。"（邵雍《梅花诗》）

熙宁十年（1077丁巳年）的秋天，邵雍"捐馆"而去，世寿（虚岁）67岁。（儿子邵伯温时年22岁）

而同年，张载亦于关中辞世，北宋五子在这一年，痛失两位！

七、死而不亡

在中国文化中，对于长寿的认知，有一种观点，超越了年龄的长短，就是老子《道德经》所说的"死而不亡者寿"。一个人，虽然肉体死去了，但他在世人心中声名却没有消亡，这也是长寿的一种，并且它更令人尊崇。而邵雍，就属于这种人物！

北宋五子中的程颢，非常有才华，因而慕名者众多，但其"接人多矣，不杂者三人，张子厚、邵尧夫、司马君实"。（宋代朱熹、李幼武撰《宋名臣言行录》）程颢虽然接触的人很多，但唯与张载、邵雍和司马光三人是恒久至交。自宋以来，程颢、程颐兄弟二人并称为"二程"，兄长程颢性情温柔敦厚，弟弟程颐则更加爽直刚健。这种不同，从二人的两个典故上便可区分出来。早年，有人跟随程颢学习，家人问其感受如何，此人评价："如沐春风"。而后来有学生拜访程颐时则留下了"程门立雪"的典故，于敬重之外，更见威严。就天资而言，程颐评价自己是"学而知之"，评价兄长程颢是"生而知之"，学问如上天所赋一般自然涌现。因而，程颢治学是极为重视心性的，以至于对后来的陆九渊与王阳明的心学建立，产生了重大影响。程颢这种特质，与同样重视心性的邵雍相莫逆，也就顺理成章了！

因此，在邵雍去世之后，邵伯温便请程颢为其父作墓志铭。

某日，程颢于月下一边踱步一边对程颐说："颢已得尧夫墓志矣。尧夫之学可谓安且成。"于是，便有了"熙宁丁巳孟秋癸丑，尧夫先生疾终于家。洛之人吊者相属于途。其尤亲且旧者，又聚谋其所以葬。……先生之学为有传也，语成德者，昔难其居。先生之道，若就所至而论之，可谓安且成矣"。（《康节先生墓志铭》）上述"熙宁丁巳孟秋癸丑"，是指邵雍去世的时间。

而关于他的生卒年限，邵雍有诗作记载传世——生于北宋大中祥符四年（1011年），十二月（腊月）二十五日戌时。

生日吟

辛亥年，辛丑月，甲子日，甲戌辰。

日辰同甲，年月同辛，

吾于此际，生而为人。

卒于北宋神宗熙宁十年（1077年），七月（孟秋）初五日寅时。

自贻吟

六十有七岁，生为世上人。

四方中正地，万物备全身。

天外更无乐，胸中别有春。

病亟吟

生于太平世，长于太平世。

> 老于太平世，死于太平世。
> 客问年几何，六十有七岁。
> 俯仰天地间，浩然无所愧。

你看，一生活得如邵雍这样明白的读书人，古往今来有几位呢？太令人艳羡了！

邵雍的辞世，影响甚重，时人以多种方式表达了哀思和敬意。除了程颢写墓志铭之外，司马光还作有《邵尧夫先生哀辞二首》：

> 菽藿一箪乐，蒿莱三亩宽。
> 蒲轮不能起，瓮牖有余安。
> 高节去圭角，久要敦岁寒。
> 今朝郊外客，谁免涕汍澜。

其后，宋哲宗元祐中，又赐谥"康节"，后世因此便称邵雍为"邵康节"。对此，欧阳修之子欧阳棐《谥议》还有更详细的阐释，"雍少笃学，有大志，久而后知道德之归。且以为学者之患，在于好恶，恶先成于心，而挟其私智以求于道，则弊于所好，而不得其真。故求之至于四方万里之远，天地阴阳屈伸消长之变，无所折衷于圣人，虽深于象数，先见默识未尝以自名也。其学纯一不杂，居之而安，行之能成，平夷浑大不见圭角，其自得深矣。按谥法，温良好乐曰康，能固所守曰节，谥曰康节先生。"

后世以"康节"之名忆念和歌颂邵雍的诗作，亦屡见不鲜——

宋代孙嵩《邵康节》写道："真隐由中土，行窝赏太平。生无皱眉事，单为杜鹃声。"

宋代刘克庄《题四贤像·邵康节》载："晚喜貛郎学，前知杜宇声。乃知常处士，不及邵先生。"

而宋代陈起的一首《秋夜怀康节》，更是将对邵雍的思念之情诉诸笔端，感人至深："无眠辗转听更残，心绪如丝起万端。煎药炉边童梦晓，读书檠下妇纫寒。狻猊断火香犹婉，促织催秋袂怯单。愿子大贤康节语，此情于我一般般。"

而宋代陈文蔚更是触诗念亲人，作《十一月十四夜诵康节诗至忆弟三首潸然有感》："人生虽是有愚贤，到底天伦只一般。惆怅同安何处所，不堪岁暮更天寒。"

宋代刘黻还写有《和康节三诗》（晨起·安分·咏琴），宋代赵孟坚写有《里中康节庵画墨梅求诗因述本末以示之》，宋代辛弃疾写有《有以事来请者效康节体作诗以答之》，宋代魏了翁写有《潼川宪司拓圃筑亭取康节语名以四春得古诗十》等等，足见邵雍影响之大。

宋之后有代表性的诗作，如明代罗洪先的《知机吟用康节韵》："先物谓之几，旁行且入微。有无未分处，主宰不移时。得者须忘意，知之莫泥词。虽从静里得，却向动中知。"明代王阳明的《归兴·一丝无补圣明朝》："自识淮阴非国士，由来康节是人豪。"明代吴与弼的《和康节清风吟》："长短高词播大篇，谁知妙处在无言。微凉一动烦歊外，流水桃花共杳然。"明代胡世宁赞曰："事业广平真宰相，风流康节旧人豪。"明末清初王夫之的《次康节韵质之》："俄顷仍千岁，天心常转移。六龙飞不息，三极各乘时。有画皆成象，无声不是希。谁将华顶睡，迢递赠庖羲。"清代丹家刘一明《赠王岐山》："学易真宗已失传，尧夫踵后再无贤。文人彼此求辞句，术士东西弄卦钱。河洛天机成玩物，羲文道脉作残篇。先生有志身心理，须在图中仔细研。"（《会心集》）

……

而史料与文献、碑记等方面的记载更是代代皆有。如，《宋史》评价邵雍："雍高明英迈，迥出千古，而坦夷浑厚，不见圭角，是以清而不激，和而不流，人与交久，益尊信之。河南程颢初侍其父识雍，论议终日，退而叹曰：'尧夫，内圣外王之学也。'"

又如，洛阳安乐窝邵雍祠中邵雍三十八代孙邵廷泽，在其刻立于民国三十年春的像考碑中写道："康节邵子色微紫，广颡，身颀然，有颧特然。其下癯骨爽而神清，须长过领。内服皂领，帽有翼，围袍土黄色无缘，皂绍缁履，耸肩低袖，平目而睨视，坦而庄，和而恭。"

总之，历代歌咏邵雍的史料与诗篇等，琳琳琅琅，脍炙人口，此起彼伏，一片蔚然。

宋代崇宁初，朝廷又诏谥邵雍"配享孔庙"——灵牌被供奉在圣人孔子一旁！一介终生无职无权的布衣之士，身后能享此殊荣的，三千多年来独有邵雍一人！这还不算，及至宋理宗皇帝，又追封邵雍为"新安伯"——什么是"安伯"呢？就是安居乐尧舜之道的圣人！而"新安伯"，就是故国新城安居乐道的圣人。可见，邵雍在宋代就被入为圣位了。难怪朱熹对他十分敬叹！

《宋史·本纪》第四十二《理宗二》载："端平二年正月丁酉，太阴行犯太白。甲寅，诏议胡瑗、孙明复、邵雍、欧阳修、周敦颐、司马光、苏轼、张载、程颢、程颐等十人从祀孔子庙庭，升孔伋十哲。"到了明代，嘉靖皇帝竟于祭祀中，直接称邵雍为"先儒邵子"！

明代宣德三年（1428年），河南布政使周鉴立重修伊川平等乡大莘店安乐书院邵夫子祠。其《邵康节祠堂碑记》言及邵雍："薄海内外皆知尊崇而奉祀之，新店为先生故里，神道之所在。"

清代康熙二十六年（1687年）春三月二十日，康熙皇帝为邵雍御题"学达性天"，由钦差送御匾到河南伊川神荫原西南的嵩邑新店镇邵夫子祠（今洛阳伊川县平等乡西村境内）。不仅如此，康熙皇帝还不时地引用邵雍的诗句，如，他给李光坡（李光地之弟）的题联之句"道通月窟天根里，人在清泉白石间"，就从邵雍"因探月窟方知物，未蹑天根岂识人"（《观物吟》）和"月窟与天根，中间来往频"（《月窟吟》）中汲取了"月窟天根"之词。而清代乾隆皇帝曾在邵雍的"安乐窝"故地流连忘返，回京后，便命人在圆明园中的清漪园万寿山西麓、可南眺昆明湖之处建造了"邵窝殿"，足见其对邵雍的景仰。

如今，在洛阳伊川县平等乡西村的邵雍墓地，远远便可以望见墓碑上"宋先儒康节邵夫子墓"之字，墓山门两边石匾牌上亦写有对联："删后无诗，啸风嘲月留击壤；画前有易，蹑根探窟见先天"，横额为"邵夫子墓"。墓园前又有石坊一座，额题"安乐佳城"，此四字系邵雍先生生前所拟。该墓在明清两代都重修过，且附有碑记。尤为幸运的是，该墓迄今未曾被盗掘过！

而伴随该墓的安好，还有一个不可思议的故事——邵雍临终时嘱咐儿子邵伯温，在落葬时，一定要让村中最西面那户人家的小女孩全程观看。要知道，中国古代的风俗是：逝者在土葬时，是不准女性在旁边观看的。但邵雍却主动打破俗规，而其子邵伯温与司马光、富弼等人亦认为邵雍一定有其内在原因，因而遵嘱行事。结果，事实是十分令人惊讶的——多年之后，当年的小女孩成了奶奶。有一天，在自家屋子中，听到院子里有人在叽叽喳喳说话，好像在讨论什么事情。于是，她就悄悄靠近窗边聆听。原来是自己的孙子在跟几个人商议："我们已经盗了好几座坟墓了，就差邵康节的墓地还没盗了，下一个就去盗他的吧……"没想到，这个奶奶听完后，马上就从屋中冲出去，对着孙子等一群人说："你们千万不要去挖邵雍的墓地啊！当初下葬时，我是从头看到尾的，里面什么都没有呀！"话说完，听得孙子以及其他几个人有点儿毛骨悚然……就这样，邵雍之墓至今未被挖掘过。不可思议！

许许多多的生前身后事，邵雍都了了分明，不为万象所拘迷。当年，他的弟子、进士及第的北宋文学家张子望，曾赠诗《观洛城花呈尧夫先生》给他："平生自是爱花人，到处寻芳不遇真。祇道人间无正色，今朝初见洛阳春。"而邵雍亦有《和张子望洛城观花》一诗回赠："造化从来不负人，万般红紫见天真。满城车马空撩乱，未必逢春便得春。"（得，亦有作"时"者，从句意而论疑为笔误）提醒他要认清万物规律，了解万象真正的势能变化，不要为表象所迷惑，要做到心中有数。人生得遇如此明师，真可谓是：真人一语，可洗百生滞尘！

但令很多人都相当费解的是：他怎么就活得如此明白呢？！

由于年少时便对邵雍崇敬有加，每隔数年，我都会去邵雍墓地祭拜，同时也去同在洛阳的程颢、程颐、范仲淹三人墓地祭拜，由衷地表达对先贤们的敬畏与缅怀。

2018年秋季，我再次率十翼书院的新一批门生们，来到邵雍墓前拜祭，感恩天地间这个给我们引领智慧之途的先贤！

2018年孟冬摄于中国洛阳伊川县平等乡西村

附：《祭先贤北宋邵雍文》

维公元二零一八年十一月二十二日，岁在戊戌，序属孟冬，节气清宁，长空澄澈。

树高千寻，根深枝繁。水流千里，皆出一源。

十翼书院，诸生聚前。今举院祭，祈仰雍贤。

天之生人兮，独厚我公；内圣外王兮，迥出千古。盖天下之尊康节者至矣，乃公有际天人之学，斯可服天下之望；有扩宇宙之量，斯可成天下之务；有坚金石之操，斯可任天下之重。隆然震耀于世道，足堪为万世之师。

今祭雍贤之灵位，祈薪火之永传，鉴微衷于大道，望宗基之长延！

稽首稽首，垂裕后昆；至哉至哉，伏惟尚飨！

——十翼书院米鸿宾率诸门生祭

普天之下，四海内外，往来祭拜邵雍者，络绎不绝。这都是邵雍"死而不亡者寿"的魅力所致。

第二节　通天之学

一、超凡入圣

人世间的一切学问，都要能够落实在"以人为本"（解决人的实际问题）与"顺势而为"（顺应事物发展规律做事）的核心上才是正途。并且，能够葆有格物功夫与明德境界，才能抵达中国文化"天人合一"思想的境地。

宋代严沧浪曰:"路头一差,愈骛愈远,由入门之不正也。"(《沧浪诗话·诗辨》)可见,人生做任何事,都要路径正确,否则南辕北辙,狼藉满地,苦不堪言!

那,什么是"格物"呢?

先秦的《诗经·大雅》曰:"有物有则。"是说,现象世界中,一物有一物之理,万事万物皆有规律在。这就是宋代朱熹所说的"天下之物,莫不有理。"(《四书章句集注·大学章句》)

先秦《吕氏春秋·季秋纪·审己》曰:"凡物之然也,必有故。而不知其故,虽当,与不知同,其卒必困。"万物都有其内在的规律,但如果不了解它,虽然你做得很像,但其实跟不懂也是一样的,到最后,一定会为其所困。

距今一千六百多年的东晋僧肇《肇论》曰:"圣人会万物为己。"圣人能够与万物打成一片,看万物就像了解自己一样。

……

人要能了解事物发展变化规律,才可抵达《易经》所言"与时偕行"和《庄子》所言"胜物而不伤"的境界。否则,就如同宋代白云守端禅师所言:"古人留下一言半句,没有看透它们的时候,撞着就像铁壁一样。一旦看透之后,才知道自己就是铁壁!"足见精通格物之学的重要性。

"世界上只有一种真正的英雄主义,那就是看清生活的真相之后,依然热爱生活。"法国思想家罗曼·罗兰的这句话可帮助我们从另一角度理解格物智慧的重要性——认清真相,才能心中有数,才能活得明白。而抵达这种境界,则离不开格物智慧。

"四书"是中国古代读书人的入门基础。宋代朱熹对"四书"的学习次第和方法,根据自身实践体悟,做了说明——《朱子语类·卷第十四》载"四书"学习次第:

"学问须以《大学》为先,次《论语》,次《孟子》,次《中庸》。……先读《大学》,以定其规模;次读《论语》,以立其根本;次读《孟子》,以观其发越;次读《中庸》,以求古人之微妙处。"

朱熹把《大学》列为"四书"之首,强调儒家经典的学习,一定要从《大学》开始,日本江户时代非常普及的寺子屋的教学计划中,也是采纳了朱熹的这个学习建议。

《大学》一书,为中国文化开启了格物致知的路径——"格物、致知、诚意、正心、修身、齐家、治国、平天下",史称"儒学八目"。具体而言,只有首先了知事物规律,才能抵达真正"知道"的境界,然后充分展示个体生命的诚意,端正身心,好好修身进德,才会有规范家庭之功、治国安邦之力,做到如此,才可以具备令天下太平的能力。由此可见,"格物"是"八目"中后七目的根基,没有格物智慧的根基,则后七目皆为空中楼阁。明末清初大儒黄宗羲说:"夫《大学》修身为本,而修身之法,到归于格致,则下手之在格致明矣。"(《明儒学案》)正是由于今人对格物之学的匮乏,才导致了不能"学际天人"。

明代王阳明所创的阳明心学就是依靠格物智慧来实现的,而今天很多人读经典、讲经典,乃至倡导阳明心学,但却并未能证道,其原因就是沦丧在这个"格物"功夫上了。

而除了"格物",《大学》亦强调"明德",明德是境界。"格物"是抵达"明德"境界的功夫,二者水乳交融。

(一)关于格物

什么是格物?格物就是探究事物势能发展变化规律的学问。它为人们提供先见之明、顺势而为、胜物而不伤的方法和智慧,使人能在生命的成长中具有各就各位、各自饱满的能力，也是抵达中国文化的功夫和境界的路径。

什么是格？《说文》解释为："木长兒"，突出的长树枝，有别于其他树枝，可令人一眼就能看清，比喻为事物的明显特质。

什么是物？周代的尹喜说"凡有貌、象、声、色者，皆物也。"是说，凡是有样貌（虚象）、形象（实象）、声音和颜色的事物，都属于"物"的范畴，都是有规律可循的。（尹喜是老子的好朋友，是尹喜让老子写下了《道德经》。）

其中，鉴貌辨色，从中国先秦时期开始，就已成为非常普遍的格物方法。文献记载相当广泛，如南朝的《千字文》载："聆音察理，鉴貌辨色。"宋代释道原《景德传灯录》卷二十二："师曰：'鉴貌辨色。'"《西游记》第五十九回载："大丈夫鉴貌辨色……"是说，听声音，观察道理，看样貌，分辨颜色，这些都是人们掌握的最基本的格物方法。

这个"貌"，是指无形的气质、气象。"气"属于貌类，如：英雄气、豪杰气、官气、英气、静气、匪气、书卷气、山林气、富贵气、淡泊气、不群之气、气势汹汹、喜气洋洋……此外，诸如谦虚、温柔、骄傲、跋扈、蛮横、冷淡、慈祥、低调、平和等词语也都属于"貌"的范畴。而对于"色"的应用，在人体方面，则成为中医的重要诊断方法。

古代文献对人物的物象和声音特点的记载，是非常普遍的。尤其是对人物的描述，通常都会记录人的身体或相貌特点。如，汉代班固《汉书·高帝纪下》专门记载有刘邦下诏求贤一事："布告天下，使明知朕意。御史大夫昌下相国，相国酇侯下诸侯王，御史中执法下郡守，其有意称明德者，必身劝，为之驾，遣诣相国府，署行、义、年。有而弗言，觉，免。年老癃病，勿遣。"大意是说，刘邦下令发布求贤昭告，逐级下发，如果有美名和德行相称者，一定要亲自劝他出仕，给他准备车马，送他到相国府，写下经历、状貌、年龄。若有贤人而不推举，一旦发现，要免除官职。年老而体弱多病者，就不要送来了。（《古文观止》之《高帝求贤诏》亦载）由此可见：在汉代，国家选拔人才时对相貌特质的识鉴，是十分重视的。

而更具体的记载是，隋炀帝是"眉骨隆起，贵不可言"，三国刘备"耳大垂肩，双臂过膝"，唐代高僧马祖道一是"牛行虎视"，宋代朱熹出生时右眼角长有七颗排列如北斗的黑痣……（我的右手手背上，有天然筋脉形成的太极图案。）

今人由于精通格物之学者寥寥，所以在人物描述上就缺少了这个重要内容。非常遗憾！

对"貌、象、声、色"这些"物"类势能的甄别，即称为"格物"。《宋史》载邵雍"于凡物声气之所感触，辄以其动而推其变。"但凡对事物、声音、气象有所感触，便依凭其动态来推验事物变化的规律，这就是格物之运用。

宋代朱熹说："格物是梦觉关。格得来是觉，格不得只是梦。"（《朱子语类》）格物是迷梦和觉悟的玄关，精通格物的人是智者，而不懂格物的人，仍是迷梦中人。迷梦中人是无法了悟中国文化神韵的。

可见，"格物"二字，格的是物，知的却是自己——让自己的洞察力与行动力越来越强，可以敏锐而深刻地看到问题的实质，再也不会像以前那样轻易地陷入憎恶、愤怒、怀疑、失望、贪爱等狭隘、极端、肤浅的状态中了。相反地，视角与智慧将更加宽广与清明，也因此会让理解、宽容与悲悯的力量更加饱满！

宋代王义山在《和康节天意为人二吟》中说："透出梦关方是觉，要从心地自澄源。"是说，任何一个时代，都需要有功夫的学者！而这个功夫就是真实无伪的格物智慧。没有这个功夫的学问，即是假学问——

看起来满腹经纶，说起来头头是道，炫起来文采飞扬，但一涉事，则茫然无措，应对无方，更甚者竟不省人事。可叹的是，时下遍地的化妆运动，有知识无智慧但又自以为是、宰制众生，展现无数变相的野蛮。而知识的不断获取，也未能提高他们反省的能力！以至于徒耗光阴，自溺溺人，作恶于无形之中而不自知。

清代黄宗羲《明儒学案》在"侍郎许敬庵先生孚远"篇亦载："其订正格物，谓：人有血气心知，便有声色，种种交害，虽未至目前，而病根尚在。是物也，故必常在根上看到方寸地，洒洒不挂一尘，方是格物。夫子江、汉以濯，秋阳以暴，此乃格物榜样。"其意是说，这个毫无滞碍、了了分明的通达境界，才是真正的格物功夫。

格物的立论基础是"有物有则"。(《诗经·大雅·烝民》)

格物的维度有三：天、地、人。其中"格天"是天文（观天象），"格地"是卜居（堪舆、风水），"格人"是识鉴人。这些都是儒者必备的功夫。

在中国古代，什么样的人才能称为儒？这有着明确的定义："通天、地、人者，为儒。"（汉代扬雄）也就是说，作为儒者，天文、地理与识鉴人，至少要精通一个向度，如此才能"通达天人之学"。这是古代对儒者的基本要求。而那些仅仅谙熟文字、训诂、声韵等学问，对传统经典烂熟于心乃至著作等身，善于协调人世事功的人，如果内心缺少对"天人关系"的切实领会和践行，没有自证自验的格物本事，仍然算不上是真"儒"，顶多算是知道很多知识的"知识分子"而已。宋代程颢说："读史须见圣贤所存治乱之机，贤人君子出处进退，便是格物。"（《二程遗书》卷十九）而明代王阳明的"心学"就是依靠格物智慧而实现的。

明代倪士奇《两都医案》载："仲尼有言：'通天地人曰儒'，而医亦有之。上知天文，下知地理，中知人事。天有九星，地有九洲，人有九脏，故立九道脉以应天地阴阳之数，此医之三才也。"可见，中医亦属格物之学。

"自《周易》《道德》《阴符》家言，以及天文、地理、音律、技击等无不通晓，尤精于医"的清代徐灵胎亦说："不知天地人者，不可以为医。"（《医学源流论》）清代医家王秉衡在其《重庆堂随笔》中亦特别强调："格物之学，最为医家要务。凡物性之相制、相使、相宜、相忌，与其力量之刚柔长短，皆宜随时体验，然后用之无误。"

对于上述所言，可能有人会说，要根据时代背景和现实情况来观待，不必如此较真。可是，众所周知：立高标是立命的永恒法则啊！近代著名教育家张謇曾说："一个人办一县事，要有一省的眼光；办一省事，要有一国之眼光；办一国的事，要有世界的眼光。"而清代红顶商人胡雪岩亦说："有一乡眼光就能做一乡生意；有一省眼光就能做一省生意；有天下眼光就能做天下生意。"如此，才可以避免一叶障目、坐井观天、盲人摸象的情形出现。如果社会的文化群体，成规模地衰减、蒙昧到不认识本来面目的境地，那将是多么的可怕和悲哀！

明末清初的大儒黄宗羲力斥学问与事功两分之法！他说："儒者之学，经天纬地。而后世乃以语录为究竟，仅附问答一二条于伊、洛门下，便厕儒者之列，假其名以欺世……"真正的儒者的学问，是能有经天纬地之才能的。但后世通常以理解往圣先贤的语录为最高水准，仅仅能够对"伊洛之学"（程颢、程颐的学问）了知一二，便混杂在儒家学者的队伍中，凭借这样的名声去欺世盗名，实在是可悲啊！中国文化的核心精蕴在于格物智慧与明德境界，除此之外，都是化妆运动而已，不能以真面目示人。

无数人，就是在这种所谓的学问道路上，泥沙俱下，狼藉一生的！

这世间，任何一件事物都可以从"显现"与"本性"两个方面来分析，每件事物都包含这两面，连你自己都不例外。其中，"显现"是外在呈现的象，"本性"是内在的势能，它超越一切显象而存在。若问二者什么关系？二者是一体两面。这是真理！

而格物之学，最重视的就是研究事物的"本性"，即"识势"——

《道德经》："道生之，德畜之，物形之，势成之。"

《吕氏春秋》："水出于山而走于海，水非恶山而欲海也，高下使之然也。稼生于野而藏于仓，稼非有欲也，人皆以之也。"这是自然之势。

以下列举古代经典中对"势"的描述：

（1）《孙子兵法》："转圆石于千仞之山者，势也！""择势而为，智也！"

（2）《史记·孙子吴起列传》："善战者，因其势而利导之。"

（3）《韩非子·观行》："势有不可得，事有不可成。"

（4）《六韬·文韬·兵道》："用之在于机，显之在于势。"

（5）《孟子》："虽有智慧，不如乘势。"

（6）《北史·于仲文传》："乘势击之，所以制胜。"

（7）南朝范晔曰："神龙失势，与蚯蚓同。""势存则威无不加，势亡则不保一身，哀哉！"

（8）《三国志》卷二十一《王卫刘傅传》载："势可得而我勤之，此重得也；势不可得而我勤之，此重失也。"

（9）《庄子·秋水》："当尧舜而天下无穷人，非知得也；当桀纣而天下无通人，非知失也，时势适然。"

（10）宋代苏洵《六国论》："夫六国与秦皆诸侯，其势弱于秦。"其《权书》："凡主将之道，知理而后可以举兵，知势而后可以加兵，知节而后可以用兵。"

（11）宋代张商英《护法论》："儒者尚势。"

（12）明代吕坤《呻吟语》："天地间，惟理与势为最尊！""势之所在，天地圣人不能违也。"

（13）《六韬·龙韬·军势》："圣人征于天地之动，孰知其纪。循阴阳之道而从其候，当天地盈缩因以为常。物有死生，因天地之形。"

（14）《大学》："物有本末，事有终始，知所先后，则近道矣。"

……

万物有象，表象即表法。有象必有势能，势能不会消失，它无问南北，莫曰古今，一直都在！人若无任何势能之时，死亡便是表象，亦不过是势能又转化为另一种显现而已。

关于"表象即表法"，我们从《庄子》所言的故事中，或可得到更明晰的认知。

《庄子·外篇》载：鲁哀公当政时，庄子拜见鲁哀公。见面后，鲁哀公说："鲁国多儒士，很少有信仰先生道学的人。"庄子答道："我认为鲁国少儒士。"鲁哀公说："先生此言差矣！在我们鲁国，穿儒服者随处可见，怎能说鲁国少儒士呢？"

庄子不卑不亢地答道："我听说，儒士中戴圆帽者，知晓天时；穿着方鞋者，精通地理；佩带用五色丝绳系着玉玦者，遇事能决断。君子身怀那种学问和本事者，未必穿儒服，而穿儒服者，未必具有那种学问和本事。"鲁哀公听得很入神，庄子接着说道："事实上，仅凭穿着来判断是否为儒士，是很可笑的！若您认为不是这样，何不在国中号令：'没有儒士的学问和本事而又穿儒服者，处以死罪！'"

鲁哀公不服气，于是在全国张贴命令。五天后，鲁国国中仅有一个身穿儒服者，立于朝门之外。鲁哀公立即召他进来以国事征询他的意见。无论多么复杂的问题他都能对答如流，果然是位名副其实的饱学之士。

事后，原先自以为国家人才济济的鲁哀公，感到很惭愧。

在这个故事中，庄子所言从儒服的装扮上可以代表各自内在精通的功夫与智慧，即是"表象即表法"。

格物之学要牢记格物是功夫、明德是境界的核心指要，并须谨记南宋辛弃疾所言"物无美恶，过则为灾"的准则。

而格物智慧的窍诀，就是在道法自然的基础上，践行好三十二个字："同声相应，同气相求；事事相关，物物相应；近取诸身，远取诸物；其大无外，其小无内。"（《易经》）

邵雍在这方面运用得非常娴熟！①

只有通晓中国文化中的格物智慧脉络，才能精准了解邵雍的学问功夫。

《宋史》评价邵雍："雍高明英迈，迥出千古，而坦夷浑厚，不见圭角，是以清而不激，和而不流，人与交久，益尊信之。"邵雍这个人，智慧高妙，英气勃发，性情豪迈，是有史以来的佼佼者。但他又坦荡平和，为人柔软，没有棱角，因此他呈现出清净但不激烈，与人相处和谐但不盲从的气质，人们跟他越交往，就会越尊敬他！

而作为距离邵雍最近的人——同为北宋五子的大儒程颢和程颐，与邵雍同巷居住多年，世间事无所不论。二人都对邵雍的学问赞叹无比！

程颢曾经写道：他是通过父亲的引荐而认识邵雍的。初次见面，他们交流了一天，离开后，他感叹道："尧夫，内圣外王之学也。"是说，邵雍这个人，内有圣贤们顺势而为的学养，外有"胜物而不伤"（既能办好事情又不伤害自己和他人）的功夫。要知道，邵雍可是中国历史上自先秦孔子之后为数极少的被公认为"内圣外王"的人呀！

程颢还说："尧夫之学，先从理上推意，言象数，言天下之理。"

---

① 格物智慧，属于中国文脉的九纲目之一，相关详细论述，请见本书第四章《观物洞玄歌》。

邵雍的学问，是先从万物运行的原理上推论其大意，然后再言说运行之象和运行规律的气数，继而表述世间的大道理。邵雍实在是"纯一不杂""振古之豪杰"啊——一个纯粹的、能够"自我作古"的栋梁人才！

2018 年孟冬摄于中国洛阳邵雍"安乐窝"

"自我作古"，是让自己成为经典，铭刻在历史中的意思。这个在中国唐代被广泛使用的词语，后来被日本的遣唐使引入了日本。2014年，日本经济产业大臣茂木敏充在给受赏的日本 300 位中小企业家的奖牌上，使用的勉励语就是这四个字。

"自我作古"

春秋时期的齐相管子,是孔子最佩服的人之一。管子曾说:"虚其欲,神将入舍。"将欲望清空,神明自然就会进入到生命中来,人也因此才能成为万物之灵。对此,邵雍也说:"天地生万物,其间人最灵。"(《人灵吟》)

自古以来,修心当以净心为要,修道当以无我为基。程颐引用管子之语,称赞邵雍"其心虚明,自能知之",内心无私无欲,所以就能够了知万物的规律啊!

南宋大儒陆九渊说:"圣贤之所以为圣贤者,不容私而已。"圣贤之所以能成为圣贤，就是因为心中"无我""寸心不昧"，行事无愧于心！可是，邵雍的"虚明"境界是如何抵达的呢？用他自己的话说就是："心无妄思，足无妄走，人无妄交，物无妄受。"（《瓮牖吟》）又云："耳无妄听，目无妄顾，口无妄言，心无妄虑。四者不妄，圣贤之具。"（《无妄吟》）心不胡乱思考，耳不胡乱听从，脚不胡乱行走，朋友不胡乱交往，物品不胡乱接受，这样就能达到"无妄"的境地啊！邵雍这个无事定心、临事守心、历事炼心的大境界，令程颐大为赞叹，他说："无妄者，至诚也！"

关于"诚"的大用，四书中的《中庸》和《孟子》，早就为世人指出了方向。《中庸》说："诚者，自成也。""诚者，天之道也；诚之者，人之道也。"孟子说："是故，诚者天之道也，思诚者人之道也。"（《孟子·离娄上》）人若能做到诚意十足，自然就能够通达天道，不依外力之功，就能成就自己！而这，也是邵雍通达天道的窍要所在。

宋代英邵武禅师说："古之学者治心，今之学者治迹，然心与迹，相去霄壤矣。"是的，治心乃根本之事，治迹为矫情之行，二者相距甚远。

明代憨山大师说："拜佛容易敬心难，意不虔诚总是闲。五体虚悬空费力，骷髅磕破也徒然。"（《费闲歌》）没有十足的意诚，怎么可能会入道呢？！

庄子说："不精不诚，不能动人。"（《庄子·渔父》）做事不精细，内心缺少诚意之人，是不能打动别人的。日本那些传承千百年的匠人生命，贯穿其中的都是"精诚"二字！古语说："精诚所至，金石为开。"（汉代王充《论衡·感虚》）人的至诚之心，是能够感动天地，使金石为之开裂的！只要专心诚意地做事，再困难的问题都有解决的可能。

也正因如此，我认为：邵雍这种"无妄"精神，远比他的生平事功更令人侧目！

（二）任何成功，都离不开方向和方法

"天人合一"之境，是中国文化的核心精蕴和格物智慧的学习方向。邵雍深得此意——"邵尧夫直是豪才，尝有诗云：'当年志气欲横秋，今日看来甚可羞。事到强为终屑屑，道非心得竟悠悠。鼎中龙虎忘看守，碁上山河废讲求。'又有诗云：'斟有浅深存燮理，饮无多少系经纶。卷舒万古兴亡手，出入千重云水身。'此人在风尘时节，便是偏霸手段。学者须是天人合一始得。"（《上蔡语录》三卷，宋代曾恬、胡安国所录谢良佐语，朱熹删定）邵雍早年意气风发，后来才自己不断纠偏，证得"学者须是天人合一始得"，终于成为中国文化巅峰时期代表人物"北宋五子"中最具格物功夫者。

"天人合一"是儒家学问的精髓，而邵雍对儒家先圣孔子也是千古会心，体得灵髓。他曾赞道："仲尼生鲁在吾先，去圣千余五百年。今日谁能知此道，当时人自比于天。"（《仲尼吟》）孔子比我早出生了一千五百多年，但今人谁能了解他的大道呢？当时人家可是将自心比肩于天、应机而化的呀！这也是邵雍会说"学不际天人，不足谓之学"的原因所在了。你看，完全是比肩圣贤的气象！他就是要"一步登天"，不落窠臼！

但，至于如何"际天人"，那就是邵雍所言的"道不虚行只在人"了，我们从他的《知音吟》可管窥其大旨：

> 仲尼始可言无意，孟子方能不动心。
> 莫向山中寻白玉，但于身上觅黄金。
> 山中白玉有时得，身上黄金无处寻。

>我辈何人敢称会，安知世上无知音？

诗的核心是传递给世人：人人都有黄金宝藏，个个都有本具圣贤之道。往圣先贤所言的智慧与功夫，只要学会向内求取，久而久之，自然能够涌现自己的金光！

而对"际天人"的详解，在其《渔樵问答》中，最为精妙："是知我亦人也，人亦我也，我与人皆物也。此所以能用天下之目为己之目，其目无所不观矣。用天下之耳为己之耳，其耳无所不听矣。"一个人若能用天下之目、天下之耳为我所驭，岂能不耳聪目明？

若能登临如此高境，当然是完全没问题的呀！

那，既然方向有了，又有什么方法可以抵达呢？

非常欣慰！往圣先贤们早已给出明确答案——除了诚意之外，还要有"勤奋"的力量，《易经》强调"天道酬勤"，告诉人们：上天最眷顾勤奋的人！而除此之外，还要有格物智慧！也就是说，通过自己全然的诚意、勤奋和格物智慧，才能够抵达天人合一的境界！

对此，邵雍不仅做到了，并且还成为中华民族的楷模！

他一个人，成为后世无数学人的生命旅途！

邵雍不仅学问好，其生命气象还充满了富贵气息，《朱子语类》中的《邵子之书》对其胸襟气象作了评价："程子云：邵尧夫襟怀放旷，如空中楼阁，四通八达。"又说："因论康节之学，曰：'似老子。只是自要寻个宽间快活处，人皆害它不得。'"又说："庄子比康节亦仿佛相似。然庄子见较高，气较豪。他是事事识得了，又却蹴踏着，以为不足为。康节略有规矩。"又说他"须极会处置事，被他神闲气定，不动声气，须处置得精明。他气质本来清明，又养得来纯厚，又不曾枉用了心。他用那心时，都在紧要上用。被他静极了，看得天下之事理精明"，还说他的学问是"四通八达"。(《《朱子语类》卷一百《邵子

之书》》）

你看，单单一个朱熹，就将邵雍与老子和庄子做了并举而论，足见邵雍学问之高妙。

与朱熹同时期的张九成（师从程颢弟子杨时）还认为邵雍之学也继承了孟子的心性学说。

而程颐更是道："雍德气粹然，望之知其贤，然不事表襮，不设防畛，正而不谅，通而不汗，清明洞彻中外……群居燕饮，笑语终日，不取甚于人。"（《明道文集》卷四）邵雍的学养深厚，一看就有圣贤气象，满身的人间富贵气息。他从不搞形式主义，也不防备和排斥别人，正直而不固执，通达而不外溢，内心对国内外的事情，也了了分明。与朋友聚会时，终日欢声笑语，从不偏向任何人。他在《生平与人交》一诗中写道："生平与人交，未始有甘坏。己亦无负人，人亦无我害。"我这一生，与人交往，从未有过好坏的想法，自己也从来没有辜负过谁，所以他人也没有坑害我的想法。邵雍为什么说得如此坚定呢？因为他相信因果！

因果是自然规律，不属于任何宗教。万物有前因，才有后果。如果世人只看到结果，而不知前因，那是智慧不够；如果知道前因，但不知道后果，那是经验不足。古往今来，很多文献都记载和佐证了因果规律。例如，《大学》说："言悖而出者，亦悖而入；货悖而入者，亦悖而出。"口出恶语的人，人们也会这样对待他；物品不是好来的，也不会好走。《吕氏春秋·用民》载："种麦得麦，种稷得稷。"种瓜就会得瓜，种豆就会得豆，而种爱就会得爱……这些，无非都是大自然中的因果规律，无须推验。

在这世间，无论何时何地，所有的关系中，都隐藏着因果的羁绊！只不过人的智慧有限，难以参透而已。

明末清初的黄宗羲在《宋元学案》中说"损人即自损也，爱人即自爱也"，损害别人的人，其实就是在损害自己；爱护他人的人，实际上就是在爱护自己。清代周安士居士所著《安士全书〈文昌帝君阴骘文〉广义节录》载有"一脔三命"的故事：

康熙辛亥，大旱，七月十五日，昆山榭麓地方，有夫妇戽水，忽雷雨大作，震死其夫。然其夫素行诚实，莫测其故。妻私叹曰，只为十八斤肉耳。众争问，乃云去冬输租入城，泊舟岸侧，见空舟上有肉一肩，无人来取。乘隙速棹舟回，称之，重十八斤。而此肉乃岸上富家物也，有婢置于船上涤之，偶以他事暂去，及回而失去其肉。主母挞之，失手遂毙。其夫谓必破家，与妻大闹，妻愤甚，亦自缢死。雷斧之诛，职是故耳。[按]道路所遗之物，往往有偶然取之，累人丧身失命者，如此类是也。卒之人遭其祸，而己亦被谴，安用此非义之财为？故曰，苟非我之所有，虽一毫而莫取。

故事是说，清代康熙辛亥年大旱，七月十五日这一天，昆山榭麓地方，有一对夫妇正在戽水，忽然雷雨大作，雷击死了其丈夫。而其丈夫平时为人诚实，众人不解其故。其妻低声叹息说："只为十八斤肉啊！"众人争问缘由。她说："去年冬天丈夫入城交纳租税，停船岸边，见空船上有一块肉，没人来取，便乘机将肉取来，赶快划船回家，用秤一称，重十八斤。而此肉是岸上一富户家的，其家婢女将此肉放船上洗涤，偶然因其他事暂时离开，及至回来时肉已不见。主母盛怒之下拿棍就打，结果婢女被失手打死。其丈夫见闹出人命案必定要破家，与妻大闹，其妻愤而上吊死去。我丈夫被雷击死，肯定是因此缘故啊！"宋代苏东坡曾说："天地之间，物各有主。苟非我之所有，虽一毫而莫取。"是的，道路上所遗失之物，往往偶然拾取，便会惹来势能对等之祸，何必贪此非义之财呢？不可不慎啊！要知道，人生的最高境界，是无损于人、无求于人、无愧于人，这样才能活得心安梦稳。

世间事，虽林林总总，但善恶昭彰。然而，"善与善遇，相得益彰"(《安士全书〈文昌帝君阴骘文〉广义节录》),无私地帮助周遭的一切,就是在为自己种福田,而最终受益的还是自己。这就是邵雍教育子孙一定要行善举、交善人、处善境的原因所在了。

任何真实无伪的学问与功夫,都离不开不倦地精进。邵雍也不例外。

程颢与程颐的三传弟子朱熹,"谓邵尧夫腹能包括宇宙,终始古今,做得大,放得下。因诵其诗云:'日月星辰高照耀,皇王帝霸大铺舒。'真可谓人豪矣。"(《朱子语类》卷一百《邵子之书》《秋爽斋诗话·经生》)

朱熹又在《朱子语类》中记载:邵雍这个人,很会自处,平时神闲意定,不动声色。本来气质就不一般,还极其用功,就必定会有过人之处——曾经有人在夜里去他家,见他在灯下正襟危坐读书,直至深夜。也正是这种治学精神造就了"雍知虑绝人,遇事能前知"。(《宋史》列传第一百八十六《道学一·邵雍传》)

对于邵雍这种"神闲意定,不动声色"的功夫,用明代理学之冠曹端之语来注解,最为贴切。他说:"不是不动便是静,不妄动方是静,故曰'无欲而静'。到此地位,静固静也,动亦静也。"不是身心不动才是真正的安静,而是说,心不妄动才是真正的安静,所以说"没有欲念起来,才是真正的安静"。到这种境界,静是静,动也是静,动静合一,一切如如。而要达到这种境地,则"人须在事上磨,方立得住,方能静亦定,动亦定"。(明代王阳明)人只有在具体事情上磨炼,才能够立定脚跟,才能达到无论外界是静还是动,内心都是如如不动的境界!

邵雍这种"不动"的精诚功夫,成为无数人所追慕的高境,但绝非常人所能及。

朱熹还说:"程、邵之学固不同,然二程所以推尊康节者至矣。盖信其道而不惑，不杂异端，班如温公、横渠之间。"二程与邵雍的学问有根本的不同之处，但二程之所以仍推崇邵雍，是因为充分相信他的格物方法而不加怀疑，并且认为邵雍的学问很精纯，不掺杂其他内容，认为他的学问水平正好介于司马光和张载之间，集二人之萃。

邵伯温曾评价其父邵雍说："穷理尽性以至于命，尽心尽性以知天，存心养性以事天。"穷尽万物的道理，了知其内在自性，知道命运的规律；尽自己的虔诚之心和全然寡欲之性，便可以了知天道；善护自心，涵养性情，来对待上天，才能与物浑然。这句评语，相当精准。亦可见，这世间果然有"穷理立命之人"。

尤为值得一提的是，清代康熙皇帝也是邵雍的超级粉丝！他专门为邵雍的"安乐窝"题写了"学达性天"的御匾，赞赏邵雍通达性命之学和天人之际的功夫。而这，也是中国智慧的巅峰之境。

北宋五子是宋代文化顶峰时期的五位顶尖代表人物。除了周敦颐因任职地域关系与邵雍之间的交集未见有记载之外，其余诸如程颢、程颐和张载皆与其有较密切的交往。此外，朱熹、康熙皇帝等人，都是各自领域中的顶尖人物，他们对邵雍的精神、人格与功夫，有如此无上的推崇，足见邵雍的魅力所在！

作为知行合一的典范，邵雍是宋代以来影响中国文化最别开生面的一个人。他将中国文化的精蕴"格物"智慧淋漓尽致地展现于日用之中，并能独树高标——以出世之心驾驭入世之道，并以寻常面目示于芸芸众生之间，于日用之中以小见大，抱道而行。

这种活法，别开生面！

二、学问著述

《宋史·邵雍传》载邵雍："探赜索隐，妙悟神契，洞彻蕴奥……

著书十余万言行于世，然世之知其道者鲜矣。"邵雍的学问深不可测，显微无间，通达于有形与无形之中。这让当时著名的大学者们如司马光、张载、程颢、程颐等人都对他执弟子之礼。

那，邵雍究竟有什么学问功夫呢？

那就是以身表法，随时践行"天人合一"的天道！

宋代苏洵于《太玄论》中说："圣人之言得之天，而不以人参焉。故夫后之学者可以天遇，而不可以人得也。"又于《史论·利者义之和论》中再次强调："《易》之道，本因天以言人事。"是的，邵雍也是这个观点，他从来都不顺从于世俗的见解，更不迷信世间那些有悖于天道规律的行为和表达。邵雍曾说："世俗之所谓命，某所不知，若天命则知之矣！"世俗所谓的命运之学我不了解，但我了解事物的天命。邵雍已经抵达了中国文化中的"天人合一"境界——人的天性与万物的天性浑然一体之境。明代《了凡四训》的作者袁黄说："将凡夫之见，一扫而光，是为了凡。"邵雍便是这样的"了凡"之人。

在中国历史中，类似邵雍功夫境界者，也大有人在。比如，《三国志》记载：在东汉末期，孙权手下有一个名臣吴范。孙权当年想要攻打江夏太守（中国武汉地区的行政长官）黄祖时，咨询吴范的意见，吴范说："现在攻打不会有什么好结果，不如明年再攻打，那时就会很顺利。明年的干支是戊子年，荆州的刘表会因病死去，并且他的势力也会灭亡。"但是心急的孙权没有听从他的意见，坚持进攻，但无果。

到了第二年，刘表因为没听刘备建议而失去很多良机，终致兵败。不久，自己也因病去世，从此他的领地逐渐被人分割了。这时的黄祖，是他最大的余部。孙权继续发兵攻打黄祖，当军队走到寻阳（湖北黄梅西南）时，吴范观了观天象和风象，便到船上催促部队马上加紧前行，到了江夏之后，就打败了黄祖。黄祖因为夜晚的缘故而得以逃脱。孙权担心他逃掉，但吴范却说："他跑不远的，一定会被活捉。"等到了五更（寅时，凌晨3~5点），果然抓到了黄祖。又过了五年，到了干支壬辰年，吴范又对孙权说："再过两年，干支是甲午年的时候，刘备会得到益州。"可是不久，孙权部下大将吕岱从益州返回时，与孙权在白帝城（重庆市奉节县）相遇。吕岱说："刘备的军队四散逃窜，死亡超过了一半，不可能得到益州。"孙权听了吕岱的汇报，就用他的话来为难吴范。没想到，吴范说："我所说的是天道规律，吕岱所说的是他所看到的人事的结论。不管人事现象如何变幻，最终都是要顺着天道而行的。"（南宋陆九渊说："凡事只要看其理如何，不要看其人是谁。"）孙权听完，没说什么，只能等待结果。后来，事情的发展果然就像吴范所说的一样，刘备拥有了益州！这吴范的智慧真是远超常人。

有一次，孙权与大将吕蒙等人商议偷袭关羽，多数人都表示不可行。后来，孙权就去问吴范，吴范说："一定会成功。"不久，关羽战败，后退到了麦城（湖北省当阳市）。孙权派使者去劝降。又问吴范："关羽最终会投降吗？"吴范说："关羽有逃跑的迹象，如果跟您说同意投降，那就是欺骗您。"孙权让潘璋邀关羽在最近的路上相见，但是派去侦察的人回来报告说：关羽已经逃走了！这时，吴范说："他虽然逃走，但是仍然能捉到。"孙权问吴范："什么时候？"吴范说："明天中午。"孙权于是让人立下计时使用的漏刻表等待。到了第二天中午，却没有消息。孙权便问吴范："为什么没抓到呢？"吴范说："别急，现在刚刚到了午时，还没有到午时的正中呢。"刚说完一会儿，军中的小旗就被风吹动了，吴范双手一击掌，说道："关羽抓到了。"不久，军营外就有人传来捷报，称关羽已经被擒获。后来，孙权跟曹操关系变好了，吴范说："从天道来说，曹操是表面上跟我们和好的，其实内心有计划，要早作防备。"而当刘备带领精锐部队到了西陵（湖北宜昌市西北）准备与孙权对决时，吴范却对孙权说："不用担心，最终的结果是你们双方和亲。"

古往今来，绝人事，便是法船；际天人，方得窍要。吴范的预言，与事实的走向完全一致。他对事物天道规律的了解，实在是令人不可思议！

邵雍强调："学不际天人，不足谓之学。"（《皇极经世·观物外篇》）因为，顺天道而行，方能有天人之慧；若按人事而为，则只能鱼龙混杂。世间如吴范、邵雍之类的高手，就是能看到未来趋势的人。这很像佛教密宗的修行特点——以果推因，能够站在果位的高度，完成当下的行持！令人激赏赞叹。

当初，《红楼梦》的作者曹雪芹借贾宝玉之口说道："诗词一道，但能传情，不能入骨。"《礼记》说："记问之学，不足以为人师。"邵雍在《观物外篇》亦说："记问之学，未足以为事业。"可见，对于真正的文化之学习，仅仅能背诵诗词歌赋和翻译古典章句是远远不够的。因为，文化是智慧的体现，能解决问题的知识才有力量！

而邵雍的一生，都是在朝着这个方向著书立说和践行的！

他作为宋代理学最重要的奠基人之一，其哲学思想受到了《易经》《道德经》《列子》《庄子》等典籍的影响，并通过汉代易学的思想和方法，来展示对《易经》思想的独到理解和娴熟应用。

> 天地定位，否泰反类。
> 山泽通气，损咸见义。
> 雷风相薄，恒益起意。
> 水火相射，既济未济。
> 四象相交，成十六事。
> 八卦相荡，为六十四。
> ——邵雍《大易吟》

其传世著作有《皇极经世》《渔樵问对》《伊川击壤集》等。而其弟子张崏在讲述邵雍的《行状》时，也对其著述作有说明："先生治《易》《诗》《春秋》之学，穷意言象数之蕴，明皇帝王霸之道，著书十万余言，研极精思三十年。观天地之消长，推日月之盈缩，考阴阳之度数，察刚柔之形体，故经之以元，纪之以会，始之以运，终之以世。又断自唐虞，迄于五代，本诸天道，质以人事，兴废治乱，靡所不载。"又曰："所著《皇极经世》《观物篇》《渔樵问对》《击壤集》传于世。"

而宋元之际的胡一桂在其《周易启蒙翼传》亦载："康节先生邵雍《皇极经世书》十二卷。《朱文公语录》曰：经世以元经防，以防经运，以运经世。又曰：邵子之学只把'元、防、运、世'四字贯尽天地万物。又作《叙篇系述》二卷，《观物外篇》六卷（门人张防记雍言），《观物内篇解》二卷（雍之子伯温作），《辨惑》一卷（伯温作）。晁公武云：'经世起于尧即位之二十二年甲辰，终于周显德六年己未，编年纪兴亡治乱事以符其学，又有观物篇系于后，其子伯温解。'"

除此之外，据程颐和朱熹讲，邵雍还有《无名公传》以及邵伯温据邵雍讲学语录整理而成的《观物外篇》；明代陈继儒还写有《邵康节外纪》（四卷）；后世坊传《梅花诗》亦为邵雍所作，虽然清代徐珂在其《清稗类钞·方伎类·梅花诗》中予以辨伪，但学界至今莫衷。

邵雍的著作，在清代文渊阁《四库全书》的经史子集之中皆有收录。且不论古今，就凭这一点，即便在"北宋五子"之中，他也是独树一帜的！

而关于邵雍的主要著作，以下选《伊川击壤集》《渔樵问对》《皇极经世》略作阐说。

（一）击壤一出，怡神悦目

邵雍的诗作《伊川击壤集》（又作《击壤集》）共二十卷，于《宋史》卷四二七有传。以张蓉镜、邵渊耀跋，明初刻《伊川击壤集》为底本，校以1975年江西星子县宋墓出土之《邵尧夫先生诗全集》九卷（简称宋本）、蔡弼重编《重刊邵尧夫击壤集》六卷（简称蔡本），及元刻本（简称元本）、明隆庆元年黄吉甫刻本（简称黄本）、影印清文渊阁《四库全书》本（简称四库本）。底本编末之集外诗与新辑得之集外诗合编为第二十一卷，共有3000多首质朴而口语化的"击壤体"诗歌。

对于邵雍的诗，我们从他的《击壤吟》之中可略窥意旨——

（一）

击壤三千首，行窝二十家。
乐天为事业，养志是生涯。
出入将如意，过从用小车。
人能知此乐，何必待纷华？

（二）

人言别有洞中仙，洞里神仙恐妄传。
若俟灵丹须九转，必求朱项更千年。
长年国里花千树，安乐窝中乐满奁。
有乐有花仍有酒，却疑身是洞中仙。

对于其诗，世人亦评誉甚多。如，宋代刘宰曰："学诗常拟邵尧夫，问道曾谒杨慈湖。尧夫之诗呈天朴，慈湖之学澄太虚。"（《赠陈内机》）还有清代的曾国藩，他对家人十分爱护，强调家和万事兴，每次家书中必叮嘱兄弟多读书。他曾将邵雍的《训世孝弟诗十一首》写在信中给兄弟诵读，而在看到九弟回信中的进步时，又回信道："沅弟左右：弟读邵尹诗，领得恬淡冲融之趣，此是襟怀长进处。……邵尧夫虽非诗之正宗，而豁达冲淡，二者兼全。"（《曾国藩家书》）而被誉为"明初理学之冠""开明代道学之基"的薛瑄更是写有《读邵康节击壤集二十首》，每读一首，便写一首感怀诗，足见其对邵雍敬崇之高！

邵雍之诗，多是通过种种切身感受和生活景物来表达万物之理和人事情感的，既深入浅出，又小中见大，立果窥因，亲切而理趣盎然。也正因如此，其诗受到了后世的追慕——《西游记》中第一回"灵根育孕源流出，心性修持大道生"便引用了《伊川击壤集》中的诗作："亥会将终，贞下起元，近子之会，而复逐渐开明。邵康节曰：'冬至子之半，天心无改移；一阳初起处，万物未生时。'（邵雍《冬至吟》）"世人熟悉的蒙学诗"一去二三里，烟村四五家，亭台六七座，八九十支花"（《山村咏怀》）亦为邵雍所作。

宋代卢梅坡在读完《伊川击壤集》后，专门写有《读康节诗》来表达赞誉之情：

先生乐处少人知，最是生平不皱眉。
身世帝王全盛日，风光伊洛太平时。
画前勘破先天易，醉后吟成击壤诗。
高卧行窝吾亦愿，不堪心事类周嫠。

元代钱塘令左继榗在读完《伊川击壤集》后，更是赞道："人不见此书，则心不通大。"（清代洪亮吉《宁国府志》）而"元诗四大家"之一的虞集更为后世留有佳话："早岁与弟盘辟书舍为二室，书陶渊明、邵尧夫诗于壁，左曰'陶庵'，右曰'邵庵'，故世称邵庵先生。"

(《道园学古录》《元史》）虞集是如此酷爱邵雍之诗，将其作为"西铭"，而被时人称为"邵庵"，名传后世。

明代高濂赞邵雍："《击壤集》一编，老人怡神悦目，时可吟玩。"明代朱国桢《涌幢小品》亦曰："佛语衍为寒山诗，儒语衍为《击壤集》，此圣人平易近人，觉世唤醒之妙用。"明代唐应德《荆川集》卷七的《与王遵岩参政》更是称："三代以下，文莫遇曾子固，诗无如邵尧夫。"

清代纪晓岚的评语则更为精到："邵子之诗，其源亦出白居易。而晚年绝意世事，不复以文字为长。意所欲言，自抒胸臆，原脱然于诗法之外。毁之者务以声律绳之，固所谓谬伤海鸟，横斤山木；誉之者以为风雅正传。"确为知人之论。

凡此种种，可见《击壤集》声誉之妙。以至于该书在日本和朝鲜曾多次刊刻，至今于东亚文化圈内仍有广泛的传播与影响。

在《击壤集》诸诗作中，邵雍的养生观尤为值得高歌！

自古养生重在身心，且犹以养心为上。而关于养心，从邵雍诸多诗中，均可领略其心的高旷、洒脱与释然，读之令人神怡意阔。

比如，《养心歌》：

得岁月，延岁月；得欢悦，且欢悦；
万事乘除总在天，何必愁肠千万结？
放心宽，莫量窄，古今兴废如眉列。
金谷繁华眼底尘，淮阴事业锋头血。
陶潜篱畔菊花黄，范蠡湖边芦絮白。
临潼会上胆气雄，丹阳县里箫声绝。
时来顽铁有光辉，运退黄金无颜色。
逍遥且学圣贤心，到此方知滋味别。

粗衣淡饭足家常，养得浮生一世拙。

诗中对于养心的态度，除了劝人要心宽之外，更强调：要想得道遥，就要学得圣贤之心，学到之后，就会发现凡圣之别！并且，诗中最后两句告诉人们要有平常心，只有这样才能"养得浮生一世拙"。这个"拙"字用得特别妙！老子《道德经》中说："大巧若拙。"真正有智慧的人，外似笨拙，实则大巧，于藏拙之中而得颖解，最为高妙。宋代刘弇更是说："忘机一飞鸟，藏拙万黄金。"（《莆田杂诗·蠛蠓当户缀》）而清代郑板桥"难得糊涂"的妙境，均与上意同。

可见，"守常养拙"是已得天人之学的邵雍最强调的养心之法。为什么呢？因为"得天理者不独润身，亦能润心；不独润心，至于性命亦润"。（《皇极经世·观物外篇》）

人若能依邵雍之意来养心，胸襟便会无限增阔，疾病亦会锐减乃至泯去。这便是明代高濂盛赞"《击壤集》一编，老人怡神悦目，时可吟玩"的原因所在了。

那么，邵雍为什么如此倡导养心之道呢？

是因为，"邵尧夫曰：百病起于情，情轻病亦轻。诸病孰非起于情耶？盖人生以气为主，情过喜则气散，怒则气升，哀则气消，劳则气耗，惊则气乱，思则气结，欲则气倾，寒则气收，灵则气泄，病由之作矣。识破知节，病亦少损。若着物不止，不为有生患哉？故君子贵保性而不任情，斯养气延年之术也。"（明代冯元成《上池杂说》）邵雍深谙"百病起于情，情轻病亦轻"。也就是说，所有的疾病都跟某些性情有关系。并且他还用"气"做了阐释，最后得出"保性而不任情"是最好的养性延年良方。换言之，你要学会时时、事事都从容不迫，才能善养其生！否则，"大喜伤心，大怒伤肝，忧思伤脾，大悲伤肺，惊恐伤肾"，导致人的五脏俱损，又如何能尽享天年呢？！

难怪明代邓豁渠说:"邵尧夫浑是个弄精魂的人。"(《南询录》)

但恰恰是这种人,才是人生的大智者——"治于神者,其事少而功多"。(战国尸佼《尸子》)

本书序言曾提及:《水浒传》和《西游记》的开篇均引用有邵雍的诗作,足见邵雍的影响之深。众所周知,所有的文学作品,其核心都是为了以文化人、涤养人心。而对于如何养心,洗心革念为最上共识之道。

对此,《西游记》有诗如下:

> 争名夺利几时休,早起迟眠不自由。
> 骑着驴骡思骏马,官居宰相望王侯。
> 只愁衣食耽劳碌,何怕阎君就取勾?
> 继子荫孙图富贵,更无一个肯回头!

全诗描述了世人为名利所牵,欲火烧身而又迷不知返的不堪之状。

可邵雍早就看透了这天上人间与世态炎凉,他在《崇德阁下答诸公不语禅》写道:

> 浩浩长空走日轮,何烦苦苦辩根尘。
> 鹏程万里非由驾,鹤算三千别有春。
> 铅锡点金终属假,丹青画马妄求真。
> 请观风急天寒夜,谁是当门定脚人?

又《观物吟》曰:

> 时有代谢,物有枯荣。

> 人有衰盛，事有废兴。

又《四道吟》曰：

> 天道有消长，地道有险夷。
> 人道有兴废，物道有盛衰。
> 兴废不同世，盛衰不同时。
> 奈何人当之，许多喜与悲。

又《过眼吟》曰：

> 纷纷过眼不须惊，利害相磨卒未平。
> 伎俩虽多无实效，聪明到了是虚名。
> 温凉寒热四时事，甘苦辛酸万物情。
> 除却此心皆外物，此心犹恐未全醒。

又《天津感事》曰：

> 着身静处观人事，放意闲中炼物情。
> 去尽风波存止水，世间何事不能平？

是的，"世间何事不能平"呢？为什么要生那么多"闲气"去与世人相争呢？对此，与邵雍熟稔的苏轼不知是否也受到了他的影响，在45岁时写下了有异曲同工之妙的《满庭芳·蜗角虚名》：

> 蜗角虚名，蝇头微利，算来着甚干忙？

事皆前定，谁弱又谁强。

　　且趁闲身未老，尽放我，些子疏狂。

　　百年里，浑教是醉，三万六千场。

思量，能几许，忧愁风雨，一半相妨，又何须，抵死说短论长。

　　幸对清风皓月，苔茵展，云幕高张。

　　江南好，千钟美酒，一曲满庭芳。

这种心态，在苏轼的《赤壁赋》中亦有所展现："惟江上之清风，与山间之明月，耳得之而为声，目遇之而成色，取之无尽，用之不竭，是造物者之无尽藏也，而吾与子所共适。"是啊，虚名微利，是非曲直，哪里赶得上这大自然的美馈呢？

君子千里同风——及至明代，洪应明亦在《菜根谭》中写道："一场闲富贵，狠狠争来，虽得还是失；百年好光阴，忙忙过去，纵寿亦为夭。"这里"狠狠"二字便是"强图"之意，"强图"便是"有我"。"物理之学既有所不通，不可以强通。强通则有我，有我则天地而入于术矣。"邵雍又作如是说。

"智慧如光，它既无款曲，也无私心"（《会心》），有我，便有计较，有是非，有沉溺，有迷惑，有人事之患……

好胜吟

　　人无好胜，事无过求。

　　好胜多辱，过求多忧。

　　忧辱并至，道德弗游。

　　不止人患，身亦是仇。

> 三惑
> 老而不歇是一惑，
> 安而不乐是二惑。
> 闲而不清是三惑，
> 三者之惑自戕贼。

邵雍强调：好胜是患，过求多忧，而能否海阔天空，全在于自心的豁达、清明与宽容！

要知道，人世间，但凡能让自己成长的，不是挫折，而是明白——它是认知体系的升级。

很多人把压抑与逃避，当成是放下，其实不然！因为一颗没有脱落尘滞的心灵，仍然是轻不起来的，其结果必定是身心难安。《心经》强调"心无挂碍，则无有恐怖"。是说，真正能伤害你的，只有你心中的在乎。佛经又说："一切唯心造！"这世界上最大的监狱，就是人的大脑——一个走不出自己观念的人，到哪里都是囚徒！

南北朝时期南朝的颜延之说："养生有五难：名利不去为一难，喜怒不除为二难，声色不去为三难，滋味不薄为四难，神荡精散为五难。五者不去，心虽希寿，口诵至言，咀嚼英华，呼吸太阳，不能挽其夭且病也。五者能绝，则信顺日济，道德日全，不祈生而有神，不求寿而延年矣。"（《嵇中散》）这五难，都被邵雍看得通透、做得利落！

对于如何减少内心的计较与迷惑，邵雍又写有《何处是仙乡》：

> 何处是仙乡，仙乡不离房。
> 眼前无冗长，心下有清凉。
> 静处乾坤大，闲中日月长。
> 若能安得分，都胜别思量。

只有像邵雍这样具有穿云度月、卧雪眠霜、胜物不伤又具有随时"腾空而起"的功夫者，人生才能法席大盛，才能妙语绝尘，才能智慧圆通，才能处处是仙乡！

由于上诗中提及"安分"，邵雍又专门写有《安分吟》：

安分身无辱，知机心自闲。
虽居人世间，却是出人间。

而提及心闲，他又在《寄亳州秦伯镇兵部》中写道：

天心复处是无心，心到无时无处寻。
若谓无心便无事，水中何故不生金？

为了提醒人们要能随时摆平自心，泯去峥嵘与不平，他又教给世人一种看世界的方法——《上下吟》：

自下观上，无限富贵，
自上观下，无限贱贫，
自心观物，何物能一？
自物观心，何心不均？

因此，他又告诉世人：

心无妄思，足无妄走，
人无妄交，物无妄受。
（《瓮牖吟》选摘）

又进一步强调:

>妄意动时难照物,
>俗情私处莫知人。
>(《毛头吟》选摘)

十分吟

人寿百来年,其过岂容易?
虽然瞬息间,其间多少事。
号为能了事,必先能了身。
身苟未能了,何暇能了人?

心安吟

心安身自安,身安室自宽。
心与身俱安,何事能相干?
谁谓一身小,其安若泰山。
谁谓一室小,宽如天地间。

天人吟

天学修心,人学修身。
身安心乐,乃是天人。

而这一切的抵达,都需要人们学会善护念:

思虑吟

思虑未起,鬼神莫知。

不由乎我，更由乎谁？

自处吟

尧夫自处道如何，满洛阳城都似家。
不德于人焉敢异，至诚从物更无他。
眼前只见罗天爵，头上谁知换岁华？
何止春归与春在，胸中长有四时花。

独坐吟

天意自分明，人多不肯行。
莺花春乍暖，风月雨初晴。
静坐澄思虑，闲吟乐性情。
谁能事闲气，浪与世人争。

这些诗，都直指养心之要。自古以来，"凡欲身之无病，必须先正其心，使其心不乱求，心不妄念，不贪嗜欲，不着迷惑，则心先无病矣。心主无病，则五脏六腑即或有病，不难治疗。独此心一动，诸患悉招，虽仙医如扁、华在旁，亦无所措手"。（清代尤乘《勿药须知》）

对于养心之妙，清代陆以湉还在其《冷庐医话》中记载了一个神奇的例子："真空寺僧能治邝子元心疾，令独处一室，扫空万缘，静坐月余，诸病如失。海盐寺僧能疗一切劳伤虚损吐血干劳之症，此僧不知《神农本草》《黄帝内经》，惟善于起居得宜，饮食消息。患者住彼寺中，三月半年，十愈八九。观此，知保身却病之方，莫要于怡养性真，慎调饮食，不得仅乞灵于药饵也。"看来，真是静以养心——心静便可以治疗心疾！反之，人越操心则心疾就越重，无药可得痊愈。

在这些诗中，展现的是一个活泼泼立在当下的邵雍，他那不拘时空的无限惬意与洒脱，在浸润人心的同时，也让人看到一种比肩圣贤的气象，贯穿着他的性命精神而显彰化源于诗句之中：

思圣吟
不逢圣人时，不见圣人面。
圣人言可闻，圣人心可见。

性情吟
践形治性，践迹治情。
贤人践迹，圣人践形。

心迹吟
圣人了心，贤人了迹。
了心无穷，了迹无极。

宋代朱熹说："读书以观圣贤之意，因圣贤之意，以观自然之理。"（《朱子语类》）以此句来评价邵雍的读书成就，是十分洽宜的！

那，邵雍是如何以"圣贤之意"来"观自然之理"的呢？

在春天，他写道：

初春吟
花木四时分景致，经书千卷号生涯。
有人若问闲居处，道德坊中第一家。

春天吟
一片春天在眼前，眼前须识好春天。

春秋冬夏能无累，雪月风花都一连。
能用真腴为事业，岂防他物害暄妍。
我生其幸何多也，安有闲愁到耳边？

问春吟

自古言花须说莺，莺花本合一时行。
因何花谢莺才至，浪得莺花相与名。
辄欲问春春不应，私于蜂蝶有何情？
流莺不伏春辜负，啼了千声又万声。

洛阳春吟

洛阳人惯见奇葩，桃李花开未当花。
须是牡丹花盛发，满城方始乐无涯。

春暮吟

花开春正好，花谢春还暮。
不意子规禽，犹能道归去。

在夏天，他写道：

初夏闲吟

绿杨深处啭流莺，莺语犹能喜太平。
人享永年非不幸，天生珍物岂无情。
牡丹谢后紫樱熟，芍药开时斑笋生。
林下一般闲富贵，何尝更肯让公卿？

夏日南园

夏木无重数，森阴翠樾低。

相呼百禽语，太半是黄鹂。

在秋天，他写道：

初秋

夏去暑犹在，雨余凉始来。

堦前已流水，天外尚惊雷。

曲几静中隐，衡门闲处开。

壮心都已矣，何事更装怀？

和秋夜

久畏夏暑日，喜逢秋夜天。

急雨过修竹，凉风摇晚莲。

岂谓败莎蛩，能继衰柳蝉。

安得九皋禽，清唳一洒然。

深秋吟

终岁都无事，四时长有花。

小车乘兴去，所到便如家。

在冬天，他写道：

冬至吟

冬至子之半，天心无改移。

一阳初起处，万物未生时。
玄酒味方淡，大音声正希。
此方如不信，更请问庖牺。

冬至吟
何者谓之几，天根理极微。
今年初尽处，明日未来时。
此际易得意，其间难下辞。
人能知此意，何事不能知？

大寒吟
旧雪未及消，新雪又拥户。
阶前冻银床，檐头冰钟乳。
清日无光辉，烈风正号怒。
人口各有舌，言语不能吐。

赏雪吟
一片两片雪纷纷，三杯五杯酒醺醺。
此时情状不可论，直疑天在才絪缊。

尧夫何所有
夏住长生洞，冬居安乐窝。
莺花供放适，风月助吟哦。

在岁暮，他写道：

岁暮自贻

当年志意欲横秋，今日思之重可羞。
事到强图皆屑屑，道非真得尽悠悠。
静中照物情难隐，老后看书味转优。
谈麈从容对宾客，荐章重叠误公侯。
已蒙贤杰开青眼，不顾妻孥怨白头。
谷口郑真焉敢望，寿陵余子若为谋。
鼎间龙虎忘看守，棋上山河废讲求。
一枕晴窗睡初觉，数声幽鸟语方休。
林泉好处将诗买，风月佳时用酒酬。
三百六旬如去箭，肯教襟抱落闲愁。

在早晨，他写道：

晨起

山高水复深，无叶奈而今。
地尽一时事，天开万古心。
轻烟笼晓阁，微雨散青林。
此景虽平淡，人间何处寻？

在日中，他写道：

日中吟

日中为嗑嗑，交易是寻常。
彼各不相识，何复更思量？

在夜里，他写道：

清夜吟
月到天心处，风来水面时，
一般清意味，料得少人知。

步月吟
林罅天尤碧，风余月更明。
人间无事日，得向此中行。

在世上，他写道：

世上吟
世上偷闲始得闲，我生长在不忙间。
光阴有限同归老，风月无涯可慰颜。
坐卧边身唯水竹，登临满目但云山。
醉眠只就花阴下，转破花阴梦始还。

……

一个独立而丰富的灵魂，处处可栖——岁月斗转，四季轮回，时光对于邵雍而言，日日是好日，时时是天年，他将自己的心，养得灵透而圆润，亲切而柔韧，即便是拈花摘叶，也处处圆通，让人共襄其悦又沐心涤人。无数世人在其圣贤胸臆之中，沐浴着无比富贵的生命气息……

如今，虽远隔千年，但依然魅力十足地供给着跨越时空的欢喜与智慧！

有人会问，如此妙明之心究竟如何能养成呢？

也许，邵雍有一最为高妙之句可得其解——"心，一而不分则能应万变，此君子所以虚心而不动也。"（《宋元学案·百源学案上》）

只要你能凡事不动心，则动静在我，万化在我，继而则无有愁篱挂身心！

难怪人们说："先生乐处少人知，最是生平不皱眉。"（宋代卢梅坡《读康节诗》）"人不见此书，则心不通大！"（元代左继檽）

而我更想说："人若读此书，则人生更富贵！"

（二）媲美庄周，渔樵问对

从《伊川击壤集》的诸多诗作中，我们看到了一个饱具圣贤视野和胸襟气象的邵雍。而我们从他的《渔樵问对》之中，则能汲取更多元的智慧，令身心更为通透，生命更为放旷。

这个有着"包括宇宙，终始古今"胸襟的"放旷"的邵雍，朱熹更是赞他："天挺人豪，英迈盖世。驾风鞭霆，历览无际。手探月窟，足蹑天根。闲中今古，醉里乾坤。"（《朱子大全》卷八十五）又说："庄子比康节亦仿佛相似。然庄子见较高，气较豪。他是事事识得了，又却蹴踏著，以为不足为。康节略有规矩，然其诗云：'宾朋莫怪无拘检，真乐攻心不奈何。'不知是何物攻他心。"是说，邵雍与庄子的风范很相似，但是庄子所言立意更高、气势更豪迈，但邵雍却是事事心中有数，可能有些受此羁绊，导致略有逊色。不过，从另一角度而言，邵雍在生活中显现得更有规矩一些。然而，有诗句曾说，宾朋莫怪没有拘束，真正的快意在其心中，没有什么可以奈何得了他们的。以至于时人竟然感叹：没有任何东西和事情能够摄受住他！这是一位贤者对另一位贤者的高瞻之语。

及至近代，钱穆也赞誉邵雍为"儒门中的庄周"（《宋明理学概述》）。

可是，人们为什么要将邵雍与庄子并举呢？

那是因为，庄子在邵雍心中的分量可不一般！

自魏晋时期《老子》《庄子》《周易》被谓为"三玄"后，就成了天下名士必读之书。作为宋代名士的邵雍当然对这三本书也不会陌生，甚至比很多人的认知更加独到——实际也是如此。

邵雍在《皇极经世·观物外篇》中言及《庄子》一书的内容最多。如，"庄子气豪，若吕梁之事，言之至者也。盗跖言事之无可奈何者，虽圣人亦莫如之何。渔父言事之不可强者，虽圣人亦不可强。此言有为无为之理，顺理则无为，强则有为也。"又，"庄子《齐物》，未免乎较量，较量则争，争则不平，不平则不和。无思无为者，神妙致一之地也，所谓一以贯之。圣人以此洗心，退藏于密。"又，"庄子曰：庖人虽不治庖，尸祝不越樽俎而代之。此君子思不出其位，素位而行之意也。"……在该书中，邵雍对庄子尤为激赏："庄周雄辩，数千年一人而已。如，庖丁解牛曰'踟蹰''四顾'，孔子观吕梁之水曰蹈水之道无私，皆至理之言也。""庄子与惠子游于濠梁之上，庄子曰：'儵鱼出游从容，是鱼乐也。'此尽己之性，能尽物之性也。非鱼则然，天下之物则然。若庄子者，可谓善通物矣。"于是，同样"善通物"的邵雍，将庄子的风骨，融为自己的精神营养并化育于文字之中，写就了与《庄子》妙境相趋相契的《渔樵问对》！①

古往今来为人们津津乐道的庄子，其为文汪洋恣肆、想象瑰丽丰富，《庄子》一书，气势壮阔，立意高远，想象力丰富，且人物平实，

---

① 《渔樵问对》原文见第283页附录一。

言语诛心，令人记忆深刻。人们通过书中一个个寓言和各种小故事，可以发现庄子早已看透了万物的生死，使自己超越名利和情滞，逍遥于天地万象之中！书中的庄子，将老子"道法自然"及"无为"思想，发扬至"清静无为"。而其所作所为亦常令人于瞠目之中大展智慧——古人因此将孔子称为"圣人"，而谓庄子为"神人"——这种逍遥、洒脱、充满智慧的徜徉人世状态，也正是邵雍所希慕的身心所向。尤其难得的是，他就是如此践行的！

在《渔樵问对》一书中，邵雍通过主角"樵子问、渔父答"的方式，从"钩饵之问"发端，一直延展到五行、天地、物象、阴阳、四季、太极、八卦、无为、体用、人事、社会等内容，将天地间的易道变化之理贯穿于其中，借由渔父之口将"可以意得者，物之性也；可以言传者，物之情也；可以象求者，物之形也；可以数取者，物之体也；用也者，妙万物为言者也，可以意得，而不可以言传"等天地阴阳化育和万物性命道德的奥妙，以层层递进的诠释路径，令樵者明白"天地之道备于人，万物之道备于身，众妙之道备于神，天下之能事毕矣"之玄理。

看到这句话，我们再看邵雍的《观易吟》，就会发现它们在见地上是如出一辙的：

> 一物从来有一身，一身还有一乾坤。
> 能知万物备于我，肯把三才别立根。
> 天向一中分体用，人于心上起经纶。
> 天人焉有两般义，道不虚行只在人。

诗中的"人于心上起经纶"——明明白白告诉世人：智慧必须要从内开启，自内涌现！这种"道不虚行只在人"的"内学"，才是中国文化的最高明之处。

并且，迄今为止，对中国格物智慧应用法窍的种种阐释，该诗无疑是最为饱满的——言简意赅，直取心髓！

在《渔樵问对》中，渔父俨然就是"道"的化身——他认为，虽然人是最有灵性的物种，但同样也会被不同的业力所裹挟。然而，人却"能以一心观万心，以一身观万身，以一物观万物，以一世观万世"。可以从"观物"和"物观"的角度，去体证天地万物、荣辱善恶均存乎一心的大道至简之理，从而令自己放下"我执"，脱落缠缚自己的心网，不让生命在时间、空间、物质上钝化，努力做一个活色生香的人，充满智慧、逍遥而光明地活过一生。

宋代朱敦儒说："有何不可，依旧一枚闲底我。饭饱茶香，瞌睡之时便上床。"（《减字木兰花》）而唐代龙牙居遁禅师更是写道："朝看花开满树红，暮看花落树还空。若将花比人间事，花与人间事一同。"（《朝看花开满树红》）什么是"事一同"呢？就好似"花开满树红，花落万枝空。唯余一朵在，明日定随风"。（唐代悟达国师）你看，这世间万物，如花开花谢一般，变动不居、循环不息，无有恒常之乐，而所有的得失荣辱，尽付于渔樵问对间的酣畅淋漓之中！难怪朱熹赞叹邵雍："他腹里有这个学，能包括宇宙，终始古今，如何不做得大？放得下？"（《朱子语类》卷一百《邵子之书》）也正因为邵雍有如此壮阔圆满的胸襟，才能写出《渔樵问对》这样的传世美文！

我记得明末清初著名的文学家金圣叹曾说："大凡读书，先要晓得作书之人是何等心胸。"我对此言极为激赏！无论是庄子，还是邵雍，他们的心胸都是"其大无外、其小无内"的！因而，诸如此类人物的著作，是非常值得一读的！

邵雍的《渔樵问对》，内容简短，言语高妙而又铿锵有力，读来亦耐人寻味！

（三）万古流芳，皇极经世

"华夏民族之文化，历数千载之演进，造极于赵宋之世。"现代大学者陈寅恪如是说。

中国文化在宋代达到了巅峰，这是不争的事实。并且，宋代文化的代表人物就是北宋五子，而《皇极经世》一书则是邵雍矗立于"北宋五子"之巅的扛鼎之作！

清代《四库提要》赞邵雍之学是"务究造化之源"，就是能穷尽万物之规律、凡事彻底的意思！对这种赞誉，《皇极经世》一书是最为名副其实的。

清代《四库全书》是中国古代最大的官修图书，世人皆以其著作能够被录入为荣，而《皇极经世》便被收录于其中。并且，其中明确引述《皇极经世》的文献达667卷，先后出现有1114次，足见《皇极经世》的影响之大。

而《道藏·皇极经世》载其书有十二卷，总以"观物"名其篇。首六卷《元会运世》凡三十四篇，次四卷《声音律品》凡十六篇，次《观物内篇》凡十二篇，末《观物外篇》凡二篇。前六十二篇系邵氏自著，末二篇为门人弟子记述。明代广东隐士黄畿整理编辑完《皇极经世书传》后，被钦差大臣在民间访查上报朝廷，后被宫廷列为贡品！足见该书之不群！

邵雍这部集史学、哲学、天文、历法之大成的《皇极经世》现存版，是邵伯温在邵雍去世后将《皇极经世》与《观物篇》合而为一的版本，其中还加入了其祖父邵古的声音律吕之学与邵雍弟子张岷听讲时所作的笔录《观物外篇》（邵伯温定名——据邵伯温《易学辨惑》载："子望平时记录先君议论为多，家人但见其素所宝惜，纳之棺中。其后子坚得其遗稿见授，今《观物外篇》是也。"）。该书中的观点与方法，皆是对中国格物智慧——《诗经》"有物有则"（万物皆有自己的规律）和老子《道德经》"人法地，地法天，天法道，道法自然"的具体实践。

《皇极经世》一书，书名"皇极"出自《尚书·洪范》——在箕子所言帝王治理天下的九个大法（《洪范·九畴》）中的"五皇极"。而"经世"就是书中"以运经世"的三千年历史大事记。邵雍诗中言"安乐窝中一部书，号云皇极意如何""中间三千年，迄今之陈迹"，足见这本"本诸天道，质于人事"的《皇极经世》，就是一部三千余年历史重大事件的概述之作，贯以河洛、象数之学而显于世。

邵雍认为，中国有史以来所发生的一切兴衰变化，都与天时有着密切联系。天地之间一切变化都有其内在规律，人们都可穷尽其理。他认为：宇宙的本原是无极生太极。无极是虚，太极是有，是万物初始的那个"一"；然后是"一生二"，这个"二"就是神妙化育的能量，她可以生发出万物的规律，即"神生数"；继而是"数生象"，万物因由规律之不同而生发出多元显象；最后是"象生器"，这个万物运动的势能显象，生发出具体的有形形状并伴随其特定势能规律而存在。因此，邵雍以时间为单位，以"元、会、经、世"为载体，创造出跨时代的时空推算法则，编织了一个宏大的宇宙历史编年表，天地、自然、人文全部涵盖其中，为后世留下了弥足珍贵的历史资料。具体而言，这一阶段人类所经历的"元"，始于公元前67017年，将终于公元62583年。公元前67017年至公元前40017年，世界还是一片混沌，此后阴阳孕育，万物发端；公元前40017年至公元前2577年是本次人类文明的萌芽期。自公元前2577年开始，三皇五帝肇起，文明开始高速发展。最后在公元46383年至公元62583年间，万物开始逐渐终结，文明亦随之毁灭。此后就又开始了新的一元，周而复始，如环无端。

其中，邵雍所述的年表时间跨度为86400年（公元前40017年—公元46383年），人事标注自公元前2357年"唐尧"至公元1077年"宋神宗十年"，时间跨度为3434年。"开物"至"闭物"之始总计86400年，"开物"前有27000年，"闭物"后有16200年，合计129600年。其内容之宏大，演绎之精玄，至今仍令人叹为观止！并且，它与西汉扬雄的《太玄经》以及好友司马光的《潜虚》等相比，完全是一个巨大的飞跃。（在现存文献中，宋代苏洵的《太玄论》是将扬雄《太玄经》解读得最为清楚的，而其所秉之理与邵雍《皇极经世》有着紧密联系）

此外，该书还有一个民俗贡献——每年农历三月三日是上巳节，为古代暮春时节除清明寒食以外较为隆重的春游节日，书圣王羲之的"曲水流觞"之作《兰亭序》与诗圣杜甫的《丽人行》均是描写此日的文学作品。"三月三"最早缘起于阴历三月上旬的一个巳日，故称"上巳"，魏晋以后方将上巳节固定为三月三日。民谚云："三月三，生轩辕"，而关于轩辕黄帝的生年，宋代之前一直无有记载。直至邵雍在《皇极经世》中推算出帝尧元年为甲辰年，现代学者推定此年为公元前2357年。又因帝尧是帝喾之子，而帝喾是黄帝之曾孙，由此推知轩辕黄帝元年为公元前2697年，即中国历史上第一个甲子年。这一年黄帝20岁，因而可知黄帝出生于公元前2717年。至于具体生日是不是"三月三"，则未有定论。但至少经过历代学者的努力，对于轩辕黄帝的生年问题，学界有了一个较为明确的方向。

著书如同生儿育女，而知子莫若父母。对于其书的大用，邵雍当然有着自己的独到见解，有诗为证——《皇极经世—元吟》：

> 天地如盖轸，覆载何高极。
> 日月如磨蚁，往来无休息。
> 上下之岁年，其数难窥测。
> 且以一元言，其理尚可识。
> 一十有二万，九千余六百。

> 中间三千年，迄今之陈迹，
> 治乱与兴废，著见于方策。
> 吾能一贯之，皆如身所历。

如此一个"上下之岁年"，"吾能一贯之，皆如身所历"，实在是鼎立天下、豪迈千古！迄今无人能步其后尘。

此外，邵雍在《伊川击壤集》中亦有数首与《皇极经世》有关的诗作，如：

书皇极经世后

> 朴散人道立，法始乎羲皇。
> 岁月易迁革，书传难考详。
> 二帝启禅让，三王正纪纲。
> 五伯仗形胜，七国争强梁。
> 两汉骧龙凤，三分走虎狼。
> 西晋擅风流，君凶来北荒。
> 东晋事清芬，传馨宋齐梁。
> 逮陈不足算，江表成悲伤。
> 后魏乘晋弊，扫除几小康。
> 迁洛未甚久，旋闻东西将。
> 北齐举爝火，后周驰星光。
> 隋能一统之，驾福于臣唐。
> 五代如传舍，天下徒扰攘。
> 不有真主出，何由奠中央？
> 一万里区宇，四千年兴亡。
> 五百主肇立，七十国开疆。

或混同六合，或控制一方。
或创业先后，或垂祚短长。
或奋于将坠，或夺于已昌。
或灾兴无妄，或福会不祥。
或患生藩屏，或难起萧墙。
或病由唇齿，或疾亟膏肓。
谈笑萌事端，酒食开战场。
情欲之一发，利害之相戕。
剧力恣吞噬，无涯罹祸殃。
山川才表里，丘垄又荒凉。
荆棘除难尽，芝兰种未芳。
龙蛇走平地，玉石碎昆岗。
善设称周孔，能齐是老庄。
奈何言已病，安得意都忘。

又，

安乐窝中一部书

安乐窝中一部书，号云皇极意何如？
春秋礼乐能遗则，父子君臣可废乎？
浩浩羲轩开辟后，巍巍尧舜协和初。
炎炎汤武干戈外，汹汹桓文弓剑余。
日月星辰高照耀，皇王帝伯大铺舒。
几千百主出规制，数亿万年成楷模。
治久便忧强跋扈，患深仍念恶驱除。
才堪命世有时有，智可济时无世无。

既往尽归闲指点，未来须俟别支梧。

不知造化谁为主，生得许多奇丈夫。

诗中历史跨度之大、比喻之宏、蕴意之微、气势之雄，令人高山仰止！

不仅是该诗，就连清代《四库全书》也认为《皇极经世》是三千多年的历史年表，实际上远比司马光所著的《资治通鉴》纪年更长，历史跨度更广。

"当一个人，把生命的高度，提升到几百年乃至上千年的时候，他的所作所为，就都应该谨慎对待，而生命也会因此而别开生面。"（《会心》）邵雍便是这样的典范！

上述《安乐窝中一部书》与《书皇极经世后》二诗，邵雍作于公元1072年，时年已62虚岁，从中亦可见《皇极经世》一书大致创作完成的时间。

对于《皇极经世》，朱熹盛赞："康节之学，其骨髓在《皇极经世书》，其花草便是诗。"（《朱子语类》卷一）

不仅是赞叹，朱熹对此亦有丰富的论述，他说："皇极是推步之书。"又《朱子语录》说："自《易》以后，无人做得一物如此整齐，包括得尽。"又说："《易》是卜筮之书，《皇极经世》是推步之书。经世以十二辟卦管十二会，绷定时节，却就中推吉凶消长。尧时正是乾卦九五，其书与《易》自不相干，只是加一倍推将去。"又说："康节之学似扬子云。《太玄》拟《易》，方、州、部、家，皆自三数推之。《玄》为之首，一以生三为三方，三生九为九州，九生二十七为二十七部，九九乘之，斯为八十一家。首之以八十一，所以准六十四卦；赞之以七百二十有九，所以准三百八十四爻，无非以三数推之。康节之数，则是加倍之法。"又说："因论《皇极经世》，曰：'尧夫以数推，亦是心静知之。如董五经之类，皆然。'"此外，朱熹更是强调："康节《易》看了，却看别人的不得。"为什么呢？那是因为，"伊川谓：'自古言数者，至康节方说到理上。'"朱熹对此十分赞同，说："是如此。如扬子云，亦略见到理上，只是不似康节精。"西汉扬雄也只是有一点点说到了理上，没有邵雍精妙！足见邵雍之于《易》，何其出类拔萃！

世间太高妙的东西，往往难以传承，明代姚福就在其《青溪暇笔》中慨叹："然康节虽著《皇极经世书》，岂能望后世必传哉！"

但是，"康节数学源流于陈希夷。康节天资极高，其学只是术数学。后人有聪明能算，亦可以推。建阳旧有一村僧宗元，一日走上径山，住得七八十日，悟禅而归。其人聪敏，能算法，看《经世书》，皆略略领会得。"（《朱子语类》卷一百《邵子之书》）

看来，世间还是不乏高人的！

邵雍弟子张岷对《皇极经世》亦有评价："此书本以天道，质以人事，辞约而义广，天下之能事毕矣。"

清代大儒全祖望则曰："康节之学，别为一家。或谓《皇极经世》只是京、焦末流，然康节之可以列圣门者，正不在此，亦犹温公之造九分者，不在《潜虚》也。①"（《宋元学案·百源学案》）此诚如《皇极经世》所云："天下之事，始于重犹卒于轻；始过于厚犹卒于薄。"又"治生于乱，乱生于治。圣人贵未然之防，是谓《易》之大纲"。又"天下将治，则人必尚于义也；天下将乱，则人必尚于利也。尚义则谦让之风行焉，尚利则攘夺之风行焉"。又"至理之学，非至诚则不至。物理之学，或有所不通，不可以强通。强通则有我，有我则失理而入术矣"。又"心一而不分，则能应万物。此君子所以虚心而不动也"。又"得失不动心，所以顺天也"。又"能循天理动者，造化在我也"。

---

① 司马光仿西汉扬雄而造《潜虚》。

又"学不际天人，不足谓之学"。又"得天理者，不独润身，亦能润心。不独润心，至于性命亦润"。又"能医人能医之疾，不得谓之良医。医人之所不能医者，天下之良医也。能处人所不能处之事，则能为人所不能为之事也"。又"天下之言：读书者不少，能读书者少。若得天理真乐，何书不可读？何坚不可破？何理不可精？"……诸如此等立义正大、垂训深切之言，在《皇极经世》中，比比皆是！而这也正是邵雍之学高列圣端且不绝于世的源泉所在。

宋元之际的大儒胡一桂，在其《周易启蒙翼传》中亦对《皇极经世》作有阐述："《皇极经世书》者，宋康节先生邵子之所作也。论已见此篇首题辞，今略述先生祖先天方圆图演数之法，以见作用之大防。若夫推步之精，知来之神，愚何能闯于其藩？所愿学焉而未敏也，因得友人查伯复颜叔、俞邦翰、孟宣相与讲之，粗知其说云。"该处谦卑地强调了一下听友人讲解《皇极经世》的缘起。随后，分别以"经世本先天方圆图说"、"经世要防"和"经世与《易》名位不同"三题，阐述自己的认知。而从其所论可知，胡一桂对《易》道亦是相当精通，否则难以得陈精辟之见。

在《周易启蒙翼传》一书中，胡一桂还记载了朱熹门人蔡九峰受邵雍《皇极经世》影响而作的《皇极内篇》，但可惜，"莫能适诸用"。说白了就是：不能实用。

关于胡一桂，史载其生于1247年（卒年不详），字庭芳，徽州婺源人。生而颖悟，好读书，尤精于《易》学。南宋景定五年（1264年），十八岁时乡荐礼部不第，退而讲学于乡里，远近师之，号"双湖先生"。关于其学，《元史·儒学传》称："初，饶州德兴，沈贵宝受《易》于董梦程，梦程受朱熹之《易》于黄干，而一桂之父方平及从贵宝、梦程学，尝著《易学启蒙通释》。一桂之学，出于方平，得朱熹氏源委之正。"由此可见，其学源于胡方平，治朱熹《易》学，为朱熹传人。他是元代少有的理数并重的大家。代表作有《易本义附录纂疏》《周易启蒙翼传》《朱子诗传附录纂疏》《十七史纂》等。尤为值得一提的是，他在《易本义附录纂疏》中特别强调了学习《易经》一定要重视"十翼"："《易》之有十翼，犹天之有日月，人之有耳目，轻重之有权衡，长短之有尺度，诚《易》之门庭，象数之机括也。十翼之作，其有功于万世，固如此哉。"（《易附录纂注》卷十五《易十翼论》）

众所周知，对中华文化而言，《易》为群经之首，而胡一桂所述"十翼"之重要，系直指经学之大端。开经学之窍要！而这也是笔者2007年于北京创立十翼书院的引擎所在。

关于《皇极经世》一书的创作基础和体例，南宋进士、哲学家王湜在其《易学》"皇极经世节要序"篇作有详载："康节先生衍《易》作《经》曰《皇极经世》。其书浩大，凡十二册，积千三百余板。以元经会二策，以会经运二策，以运经世二策，声音律吕两相唱和四册，准《系辞》而作者二册。"其意是说，邵雍在深入研究《易经》《诗经》《春秋》的基础上，取万物之意，言其大象和内在规律的神妙变化，阐明做国君和做诸侯应有的智慧，并在"天人合一"的思想和《易经·系辞》的格物智慧窍诀的指导下，写下了十多万字的《皇极经世》（十二卷）——书中将人类世界的历史，依据《易》学象数应用与古天文星象学规律相结合的原则，立基于伏羲先天八卦方圆图，归纳为四个字：元、会、运、世。其中，1元12会，1会30运，1运12世，1世30年。如此计算，则1会是10800年，1元是129600年。以1年12月、1月30日、1日12时辰来计，可用数学公式表示如下：

1元=12会=360运=4320世=129600年；

1会=30运=360世=10800年=129600月；

1运=12世=360年=4320月=129600日；

1世=30年=360月=10800日=129600时辰。

（邵雍依汉应劭所撰《汉官仪》所载"一岁三百六十日"而计年日）

将上述循环，落实在《易经》64卦之中，就是以60卦来对应宇宙周期（去除乾、坤、坎、离4正卦）——自复卦始而剥卦止为一个循环周期，往复不断——可推生前死后之数，可识宇宙洪荒之象。

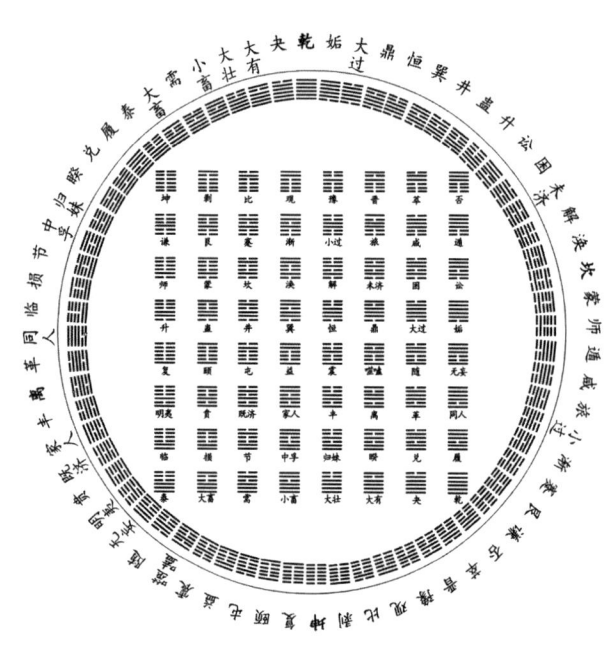

伏羲先天六十四卦方圆图

（对于此图，朱子曰："先天图自左方《震》初，为冬至，《离》《兑》中为春分，至《乾》之末，而交夏至；右方自《巽》初为夏至，《坎》《艮》中为秋分，至《坤》之末，而交冬至。"——明代杨向春《皇极经世心易发微》）

邵雍六十卦分十二会，每会以12地支（子、丑、寅、卯、辰、巳、午、未、申、酉、戌、亥）对应排列，则1会对应5卦。如，子会对应：复、颐、屯、益、震卦；丑会对应：噬嗑、随、无妄、明夷、贲卦。依此类推，午会对应：姤、大过、鼎、恒、巽卦；戌会对应：蹇、艮、谦、否、萃卦；亥会对应：晋、豫、观、比、剥卦。亥会之后，再接续子会，如此循环不已。每一卦象均可与历史发展阶段进行对照——人类目前所处时代是午会之大过卦（公元前 56 年—公元 2103 年，共 2160 年），具体值年卦是：2021 年为山火贲卦，2022 年为水火既济卦，2023 年为风火家人卦，2024 年为雷火丰卦……按伏羲先天六十四卦方圆图依次循环类推，直至 12 万年！何其恢宏啊！

邵雍此论，不仅洞彻了象数理气合一之旨，更昌明了无数后人。如，清代大才子袁枚《子不语》载："贾士芳遇到一个名叫王紫珍的道士，神通十分了得。他曾经烹茶，让贾士芳来看，然后对他说：'刚刚烹茶时，茶叶乱浮，清浊不分，这是混沌象。过了一会，水在上，叶在下，这是开辟象矣。十二万年，只不过是瞬息之间。'"其中的"十二万年"就是引用邵雍《皇极经世》的观点，一句"只不过瞬息之间"，是告诉人们：世间之理落实于象，就是"其大无外，其小无内"，其实质，无非是要人们学会破执而已！

至明代，徐必达所刻《邵子全书》细目，复以"元、经、会"分十二会为十二篇，以"会、经、运"分二百四十运为十二篇，以"运、经、世"分十篇，律吕声音则合有字有声及无字无声、平上去入各九百六十图。

清人王植（字叔培，一字晓林，晚号秉烛老人，嘉庆二十二年进士）在《皇极经世书解·例言》中对"元、会、运、世"不仅作了相应说明，亦将《皇极经世》一书的理论概括为："惟邵子天开于子，地辟于丑，人生于寅之义，乃灼然无疑，即复见天地之心。"（《以元经会之一》）

关于王植所言，南宋朱熹与学人们的问答，则阐释得更为清晰。

朱熹在《四书章句集注·论语·卫灵公第十五》中，于"子曰行夏之时"下注："天开于子，地辟于丑，人生于寅，故斗柄建此三辰之月，皆可以为岁首。而三代迭用之，夏以寅为人正，商以丑为地正，周以子为天正也。然时以作事，则岁月自当以人为纪。故孔子尝曰：'吾得夏时焉。'而说者以为谓夏小正之属。盖取其时之正与其令之善，而于此又以告颜子也。"

南宋黎靖德所编纂的《朱子语类·论语二十七·卫灵公篇·颜渊问为邦章》中，载有朱熹回答问学者四条，于举重若轻之中，得述其质——

其一，杨尹叔问："天开于子，地辟于丑，人生于寅，如何？"曰："康节说，一元统十二会，前面虚却子丑两位，至寅位始纪人物，云人是寅年寅月寅时生。以意推之，必是先有天，方有地，有天地交感，方始生出人物来。"

其二，问："天开于子，地辟于丑，人生于寅？"曰："此是《皇极经世》中说，今不可知。他只以数推得是如此。他说寅上生物，是到寅上方有人物也，有三元、十二会、三十运、十二世。十二万九千六百年为一元。岁月日时，元会运世，皆自十二而三十，自三十而十二。至尧时会在巳、午之间，今则及未矣。至戌上说闭物，到那里则不复有人物矣。"问："不知人物消靡尽时，天地坏也不坏？"曰："也须一场鹘突。既有形气，如何得不坏？但一个坏了，又有一个。"

其三，至之问："康节说'天开于子，地辟于丑，人生于寅'，是否？"曰："模样也是如此。《经世书》以元统会，十二会为一元，一万八百年为一会，初间一万八百年而天始开，又一万八百年而地始成，又一万八百年而人始生。初间未有物，只是气塞。及天开些子后，便有一块渣滓在其中，初则溶软，后渐坚实。今山形自高而下，便似沴出来模样。"淳曰："每常见山形如水漾沙之势，想初间地未成质之时，只是水。后来渐渐凝结，势自如此。凡物皆然。如鸡子壳之类，自气而水，水而质，尤分晓。"曰："是。"淳问："天有质否？抑只是气？"曰："只似个旋风，下面软，上面硬，道家谓之'刚风'。世说天九重，分九处为号，非也。只是旋有九重，上转较急，下面气浊，较暗。上面至高处，至清且明，与天相接。"淳问："《晋·志》论浑天，以为天外是水，所以浮天而载地，是否？"曰："天外无水，地下是水载。某五六岁时，心便烦恼个天体是如何？外面是何物？"

其四，周问："三正之建不同，如何？"曰："'天开于子，地辟于丑，人生于寅。'盖至子始有天，故曰'天正'；至丑始有地，故曰'地正'；至寅始有人，故曰'人正'。康节分十二会，言到子上方有天，未有地；到丑上方有地，未有人；到寅上方始有人。子、丑、寅皆天地人之始，故三代即其始处建以为正。康节十二会以尧舜时在午，今在未，至戌则人物消尽。"

由此可见，"天开于子，地辟于丑，人生于寅"之句并非邵雍原创，系转述而来，其原型至少可见于汉代的建除家之说及《三统历》之三统论。

明代吴承恩巨著《西游记》第一回中对此亦有引用："盖闻天地之数，有十二万九千六百岁为一元。将一元分为十二会，乃子、丑、寅、卯、辰、巳、午、未、申、酉、戌、亥之十二支也。每会该一万八百岁。且就一日而论：子时得阳气，而丑则鸡鸣；寅不通光，而卯则日出；辰时食后，而巳则挨排；日午天中，而未则西蹉；申时晡而日落酉；戌黄昏而人定亥。譬于大数，若到戌会之终，则天地昏蒙而万物否矣。再去五千四百岁，交亥会之初，则当黑暗，而两间人物俱无矣，故曰混沌。又五千四百岁，亥会将终，贞下起元，近子之会，而复逐渐开明。邵康节曰：'冬至子之半，天心无改移。一阳初动处，万物未生时。'到此，天始有根。再五千四百岁，正当子会，轻清上腾，有日，有月，有星，有辰。日、月、星、辰，谓之四象。故曰，天开于子。又经五千四百岁，子会将终，近丑之会，而逐渐坚实。《易》曰：'大哉乾元！至哉坤元！万物资生，乃顺承天。'至此，地始凝结。再五千四百岁，正当丑会，重浊下凝，有水，有火，有山，有石，有土。水、火、山、石、土谓之五形。故曰，地辟于丑。又经五千四百岁，丑会终而寅会之初，发生万物。历曰：'天气下降，地气上升；天地交合，群物皆生。'至此，天清地爽，阴阳交合。再五千四百岁，正当寅会，生人，生兽，生禽，正谓天地人，三才定位。故曰，人生于寅。"

以上《西游记》所作之阐释，见仁见智，取好用之。

由上述所论，可见邵雍《皇极经世》这部千古奇书的影响之巨，而后世借此因缘得受启蒙乃至更趋高明者亦数不胜数——相关著作有：宋代蔡元定《皇极经世指要》，宋代祝泌《皇极经世起数诀》《观物篇解》，宋代张行成（其学以邵雍之说为归宿，时人誉为"观物先生"）《皇极经世索隐》《皇极经世观物外篇衍义》，宋代钟过《皇极经世节要》，明代黄畿《皇极经世书传》《皇极管窥》，明代朱隐老《皇极经世书说》，明代刘基《解皇极经世稽览图》，明代吴琉《皇极经世钤解》，明代杨向春《皇极经世心易发微》（杨向春于该书中阐述何为先天之学，即"先天之学，正其心，平其气，无私于心，无反于义，义理融会其道中，正即物穷理而尽性，知天之学亦在其中矣"），清代邵嗣尧《易图合说》，清代王植《皇极经世书解》，清代李光地《邵子观物篇注》，清代徐文靖《皇极经世考》，清代黄泉泰、包耀同撰《皇极经世绪言》，清代何梦瑶《皇极经世易知》，等等。

邵雍之子邵伯温曾对《皇极经世》作有解读，但朱熹认为："他也只是说将去，那里面曲折精微，也未必晓得。"（《朱子语类》）言外之意，邵伯温只是懂些皮毛而已。

除著述及古典名著引用之外，其余各家纷纭兴颂者亦众——宋代著名诗人杨万里借用邵雍《皇极经世》之高意，题赠友人《送王无咎善邵康节皇极数二首》：

（一）
安乐窝中书一编，君从何许得真传？
我无杜曲业麻在，也道此生休问天。

（二）
识尽江淮诸贵人，归来卢水一番新。
问渠福将今谁子？容我升平作伟民。

南宋学者朱震在其《汉上易传》中论述《周易》之流传、河图洛书之授受以及本人学术渊源时，自谓其易学"以《易传》(程颐《程氏易传》)为宗，和会雍（邵雍）载（张载）之论"。

《金史·列传第六十四》记载金代文人、医家麻九畴："因经义学《易》，后喜邵尧夫《皇极书》，因学算数，又喜卜筮、射覆之术。晚更喜医，与名医张子和游，尽传其学。"《金史·列传第六十五》又载："高仲振……挈妻子入嵩山。博极群书，尤深《易》《皇极经世》学。"

《元史·列传第五十八》记载元代杰出理学家、经学家、教育家吴澄："尤有得于邵子之学。校定《皇极经世书》，又校正《老子》《庄子》《太玄经》《乐律》，及《八阵图》、郭璞《葬书》。"《元史·列传第七十一》载："陈思谦，字景让……尤深于邵子《皇极经世书》。"

明代徐继善在《人子须知》中明确强调："学者须以伏羲之《河图》、尧之《历象》、大禹之《洛书》、箕子之《洪范》、文王之《后天》、周公之《土圭》、召公之《相宅》、孔子之《天地数》，以至周子之《太极图》，邵子之《皇极经世》"等书为正脉。而明末清初的黄宗羲在《明儒学案》"贾朴跋"篇亦载："朴忆幼入家塾，习制举业，塾师严督，不敢旁有涉猎，每侍先君课诵，见先君手一编不置，皆《性理》《皇极经世》《近思录》等书。问尝指以示朴曰：'此圣贤心脉，后学津梁也。'"足见邵雍《皇极经世》一书已比肩先贤典籍，成为儒学入门核心课读之书。

明代韩懋《韩氏医通》载："《易》曰：'一阴一阳之谓道，阴阳不测之谓神。'世之工医卜而自小焉者何也？自开辟来，五气乘承，元会运世，自有气数，天地万物举不能逃。近世当是土运，是以人无疾而亦疾，此与胜国时多热不同矣。如俗称杨梅疮，自南行北，人物雷同。土湿生霉，当曰霉疮。读医书五运六气、南北二政，何以独止于一年一时，而顿忘世运元会之统耶？"韩懋特别强调了邵雍《皇极经世》中所言"元会运世"对医家的重要性！换言之，作为时空医学的中医，是离不开"元会运世"规律的。

清代名医孙一奎在其《医旨绪余》中更是摘引《皇极经世》之言以作论："《皇极经世》曰：'天有四时，地有四支。四支各有脉也，一脉三部，一部三候，以应天数。神统于心，气统于肾，形统于首，形气交而神主其中，三才之道也。'"

……

除此之外，后世为了表达对邵雍及其《皇极经世》的尊崇，还在多地建有题名为"皇极书阁"的楼阁及牌坊等建筑，可见无数人与《皇极经世》有着不解之缘，更可见邵雍其人其学的影响之巨！

《皇极经世》所载"以眼观物，以物得理"的"观物"方法，是邵雍格物智慧的核心运用方法。对于"观物"的体悟，邵雍说："物理之学，既有所不通，不可以强通。强通则有我，有我则失理而入于术矣。"格物之学即便遇到未能通达之处，也不要勉强去理解，一切都要自自然然。否则，勉强而僵硬地理解，会让偏执遮盖了智慧，那样就会丧失对天道运行之理的理解，从而陷入对技术和方法的执迷之中。接着，他在该书中又说："为学养心，患在不由直道，去利欲。由直道，任至诚，则无所不通。天地之道直而已，当以直求之。若用智数以迳求之，是屈天地而循人欲也。不亦难乎！"做学问和提升心性最大的障碍就是不直取万物天道的本源，不用十足的诚意去除利欲之心。如果能够直取道源，并诚意十足，则定会与天地万物打成一片，拥有通身是眼的功夫，与万物规律无所不通。邵雍这个"观物"之法，为宋代理学奠定了扎实的实践基础！

邵雍更是强调：格物智慧和品德修养，是做人的第一要素。即："君子之学，以润身为本。其治人应物，皆余事也。"（《皇极经世·观物外篇》）对君子而言，格物智慧与品德修养之外的接人待物等，都是进学过程中顺势而为的事情，无须刻意。

此外，《皇极经世》一书还对往圣有所言及——

邵雍曾评价过老子与孟子，他说："《老子》五千言，大抵皆明物理。"（《皇极经世·观物外篇》）"老子得《易》之体，孟子得《易》之用。"（《朱子语类》进一步强调："知《易》者不必引用讲解，始为知《易》。"）"孟子著书，未尝及《易》，其间《易》道存焉。但人见之者鲜耳。人能用《易》，是为知《易》。如孟子可谓善用《易》者也。"（《皇极经世·观物外篇》）在他心中，孟子虽未言《易》，却是真正懂《易》的人！而邵雍也是史上唯一一位言及孟子是精通《易》道之用者。

有趣的是，后人也将孟子与邵雍做了一个比较："孟子言求放心，而康节邵子曰：'心要能放。'二者天渊悬绝。盖放心者，心自放也。心放者，吾能放也。放心者，如鸡豚出于埘栅，不求则不得。心放者，如鹰隼翔于云霄，而绦镟固在吾手也。众人之心易放，圣贤之心能放。

易放者流荡，能放者开阔。流荡者，失其本心。开阔者，全其本心。"（宋代罗大经《鹤林玉露·丙篇》卷一）强调了邵雍的更高妙之处——"心要能放"才是开阔身心的关键所在。

由于宋人将邵雍与孟子并举，而朱熹亦将邵雍与老子和庄子作比较，可见邵雍在宋代开始就已在人们心中位列圣贤之俦了。

足见民意之灿然！

三、评鉴程颐与章惇

对于人的点评，邵雍的案例还有很多，亦有诗作来表述。如，《知人吟》："事到急时观态度，人于危处露肝脾。深心厚貌平时可，慎勿便言容易知。"是说，对一个人的了解，在其动静之中，便可心中有数。但他亦说："小人纵多欲，真宰岂容私？"（《万物吟》）对于该句的深度理解，我们可从邵雍评价过的两位名士那里得见其髓。

据宋代朱熹《朱子语类》卷一百《子之书》、宋代陈长方《步里客谈》载，邵雍曾说："天下聪明过人唯程颐，其次则章惇。"章惇听到后，欢喜得不得了，便和邢恕跑来问邵雍："如何能够学会您的功夫？"邵雍对章惇说："以君之才，于吾之学，顷刻可尽。但须相从林下一二十年，使尘虑销散，胸中豁无一事，乃可相授。"以你的才华，来学我的功夫，简直就是易如反掌，很快即可学会。但前提是，你要在山林之中涤荡一二十年，把你胸中的妄念尘虑全部销融散尽之后，我才能教你，那时你才能学成。邵雍之意是说，"过河须用筏，学道须立志"，你先平心敛气，自内打通自己，然后方能贯通外面。

若非得道者，怎能说出如此通透之言呢？！

邵雍评价章惇："以君之才，于吾之学，顷刻可尽。"（《朱子语类》）足见章惇是极为聪敏之人。

而事实也确实如此!

出身于世族的章惇（1035—1105 年），字之厚。其父为北银青光禄大夫章俞。但不知何故，"章子厚生时，父母欲不举，已纳之盆水，烛灭之而明者三，有大呼于梁者曰：'此相公也！'父母惧而止。"（明代蒋一葵《尧山堂外纪》）出生时，父母一度不想留下他。及长，章惇博学善文，相貌俊美，官至宰相，但却极具个性，"高傲自负"——嘉祐二年（1057 年），章惇进京参加科举考试，一举进士及第。但在此次考试中，其族侄章衡却考中了状元！章惇觉得名次在侄子之下，脸面无光，便不受敕。于是，两年后再考，以第一甲第五名的身份入仕！由此可见，章惇才华之横溢以及性格之刚介。尤其是他独相的七年时间，从未利用宰相权力赠官爵予亲信，"虽风波并起乎畏途，而金石不渝于素履"，尽绽其为官公私分明之威。

章惇明察秋毫的识鉴能力也是高人一筹——《宋史》的编修者脱脱赞其"敏识加人数等，穷凶稔恶"。章惇在陕西期间，就看清了苏轼临大事无有担当之力的缺陷，而他在见到端王赵佶后，更断言"端王轻佻，不可以君天下"。所言皆验。而他在陕西任职期间与苏东坡交往时对苏东坡的点评，也是一针见血，耐人寻味。

自古以来，才高者往往多有通艺，章惇也不例外。其书法非同寻常，自谓为"墨禅"，后世亦对其评价颇高——北宋晚期重要的文字学家、书法家黄伯思誉其书法："近百年来，书法家中惟有章惇能表达笔意，虽然精巧方面不如唐人，但笔势上超过了唐人，意境在初唐四大家中的褚遂良、薛稷之上，暮年愈妙，神采像王羲之。"元朝陶宗仪《书史会要》评价其："作书意象高古，莫年一以魏晋诸贤为则，此其正书，殊类王逸少（王羲之）。"明朝赵顺《石墨镌华》载："章子厚《草堂寺题记》用卧笔，间作渴笔游丝法，亦遒劲。"章惇存世书迹有《草堂寺题记》石刻、《会稽尊候帖》。其《会稽尊候帖》被台北"故宫博物院"收藏。

王安石评价章惇"才极高","有机略,胜王韶"。邵伯温赞道:"内翰、忠宣、子厚虽贤否不同,皆聪明晓吏治,兼知南北风俗,其所论甚公,各不私于所主。"苏轼评价其"子厚奇伟绝世,自是一代异人,至于功名将相,乃其余事"。章惇任职地方时政绩非常显著——经略南北江时,平定湖北,大规模开发湖南,设立州县,开拓西南,统一内地割据势力,对江南的发展做出卓越贡献,并为北宋取得对西夏战争的优势奠定了重要基础。

他是北宋历史上具有划时代意义的人物,宋哲宗赵煦给他做了如下评语:

"章惇器博而用远,宝茂而声宏。内有论道经邦之实,外有开疆复宇之体,无壅爱及叩关之请,坐臻偃革之期,畴成效于一时。器博以大,志刚而明,才之所施,则酬酢万变而无穷;学之所造,则贯通百家而不惑。蚤席华问,寖登近班,自结圣神之知,荐登丞弼之地。佑我昭考,格于丕平,肆予缵服之初,身任受遗之托,定策社稷,底宁邦家。方政令出于帘幄,权柄归于廊庙,善政良法,多所纷更,正色危言,不惮强御。十年去国,一德保躬,虽风波并起乎畏途,而金石不渝于素履。"

怎么样?这赞誉之高,对臣子而言几乎无出其右了!

可是,如此聪睿的章惇,邵雍为什么还说要"但须相从林下一二十年,使尘虑销散,胸中豁无一事,乃可相授"呢?

那是因为,"章丞相惇性豪迈,颇傲物"(宋代蔡绦)。这个"傲物",就是章惇抵达智慧一途的致命障碍。

清代曾国藩曾说:"天下古今之才人,皆以一傲字致败!"人心有傲气,则心中必定不平,心不平则不能抵达"洁、净、精、微"之境,更不能与天地万物打成一片,因而也就学不得邵雍之学。这就是邵雍对章惇说"尘虑销散，胸中豁无一事，乃可相授"的原因所在了！

其实，邵雍所言"尘虑销散，胸中豁无一事"，就是强调要清除自己的"偷心"，荡去缠缚身心的俗念，从而葆有全然清净能照的"明镜心"。

当年，宋代宝觉禅师语重心长地对死心新禅师说："你所要寻的安乐处……需要你死掉无量劫以来的偷心才可以。"而元代国师中峰明本禅师亦说："凡做工夫不灵验者，往往只是偷心未死。"可见这"偷心"是能否证道的最大障碍。

那，什么是"偷心"呢？明代蕅益大师作如是解："即是一辈怯弱之人，虽具半点学好念头，无奈信法不及、信人不及、信己不及。无始我相习气放不下，名利关锁打不开，希望于佛法中讨一适性便宜的路头，不肯彻底向一门中透去。于是禅不禅、教不教、律不律、行门不行门，依稀仿佛将就苟且。遇著不知的人，则件件在行；遇著作家，则面面相觑。如此混过一生，毫无真实利益，百千万劫，依然还在生死窠臼，有甚了期？"（注：作家，有真本事者）阐释得多精妙啊！

是的，"功夫不灵，乃偷心仍炽，道心不固，见解不澈所致，其结果，必举身积伪！"（《会心》）

这个能去除"偷心"的功夫，是古人见道的基础。唐代曹洞宗二祖道膺禅师说得好："不见古人道，学处不玄，尽是流俗。"而"流俗"就是诚意不足，就会"学而不化"——"学而不化，非学也。"（宋代杨万里《庸言》）没有完全消化的学习，是不会有真实无伪的觉证功夫的！

换言之，只要"偷心"还在，就会"流俗"，就会"功夫不灵"！所以邵雍会跟章惇说："但须相从林下一二十年，使尘虑销散，胸中豁无一事，乃可相授。"

前文说过，在邵雍看来："为学养心，患在不由直道，去利欲。由直道，任至诚，则无所不通。天地之道直而已，当以直求之。"做学问和提升心性最大的障碍就是不直取万物天道的本源，不用十足的诚意去除利欲之心。古往今来，悟道一事，"虚其欲，则神将入舍"（《管子》），不可投机取巧，皆要从心地下功夫方可证道。

邵雍所言"尘虑销散，胸中豁无一事"，是要章惇除去"偷心"，不让自己的肉身"反客为主"！这才是得道者的高见。

人生，一定要学会自己向内清淤。因为，没有诚敬的心，就学不到殊胜的法！尤其是当你遇到明师之后，则更应如此。

可惜，章惇根本做不到！

为什么呢？

明代高濂《遵生八笺》中这几句话可解其要——

《象山要语》曰："此道非争竞务进者能知，惟静退者可入。"

又曰："君子役物，小人役于物。夫权皆在我，若在物，则为物役矣。"

"学者不可用心太紧，深山有宝，无心于宝者得之。"

"利害、毁誉、称讥、苦乐，能动摇人，释氏谓之八风。"

这其中的"争竞务进""用心太紧""利害""毁誉""称讥"等滞碍，章惇皆备。

邵雍望着眼前表情诧异的章惇和邢恕，又直截了当地说道："章子厚、邢和叔，心术不正，挟此将何所不为？"你俩心术不正，学会了就会无所顾忌、无所不为的！最终，邵雍也没有传授他俩任何内容。只不过，邵雍为章惇占了一卦，卜其一生，竟不差一字！（《宋人轶事汇编》）

邵雍与章惇的故事，宋代吕本中《吕氏童蒙训》又作如下记载，可供一观："康节先居卫州共城，后居洛阳。有商州太守赵郎中者，康节与之有旧，常往从之。章惇子厚作令商州，赵厚遇之。一日，赵请康节与章同会，章以豪俊自许，论议纵横，不知尊康节也。语次，因及洛中牡丹之盛，赵守因谓章曰：'先生洛阳人也，知花为甚详。'康节因言：'洛人以见根拨而知花高下者，知花之上也；见枝叶而知高下者，知花之次也；见蓓蕾而知高下者，知花之下也。如公所说，乃知花之下也。'章默然惭服。赵守因谓章曰：'先生学问渊源，世之师表，公不惜从之学，则日有进益矣。'章因从先生游，求传数学。先生谓章：'十年不仕宦，乃可学。'盖不许之也。"（宋代胡仔《苕溪渔隐丛话后集》亦载）

与章惇一起拜见邵雍的邢和叔，后来在一次邵雍生病时，还亲自为邵雍尝粥药，但邵雍却笑着说："我不是黄石公，不会因张良跪进一履就倾囊相授的。你并无诚心，去道已远，学它干吗呢？虽然你自比为诸葛亮，但我也不是黄石公呀，你还是好自为之吧！"邵雍说完，邢和叔说："我的内心都被您看出来了，真是不好意思。"邵雍随后又劝诫了他几句。（邵伯温《易学辨惑》）

你看，邵雍心如明镜，活得真是清清爽爽，明明白白！

邵雍评价"天下聪明过人者"，章惇排第二，程颐排第一。常有人问："那程颐究竟比章惇高明在哪儿呢？"

前文说过，章惇最大的缺点就是"傲物"，而程颐最令人赞佩之处则是"敬"天地万物的功夫。

程颐认为："涵养须用敬，进学在致知。"（《河南程氏遗书》卷十八）对于"敬"字，程颐也有着自己独到的理解，他说："入道莫如敬。未有能致知而不在敬者。今人主心不定，视心如寇贼而不可制，不是事累心，乃是心累事。"这段话的背景，是缘于有一次他在书房写字,一个门生刚好看到,便问:"先生在练字呀?"程颐停笔答道:"我不是在练字,我是体会人在写字时心中那种'敬'的态度,以此来培养自己的恭敬之心。"门生十分感叹!又问:"我还想请教先生:做学问、研究道学,该如何入手?"程颐答道:"入道莫如敬,如我练字一般,要先培养自己的恭敬心,才能抵达智慧之境,才能学会待人涉事之道。今人大多心神不定,心里如有贼寇一般而不能制伏,不是因事累心,而是其心为事所累,这种人怎能静下心来做学问呢?"

又有一次,程颐坐船过汉江,风很大,几乎翻船。船上很多人都吓得哭泣起来,但只有程颐正襟安坐不动声色。等上岸之后,老父亲问他:"刚才船那么危险,你还正襟端坐,这是如何做到的呢?"程颐答道:"我只是心存诚敬罢了。"(《宋人轶事汇编·东山谈苑》卷九)对此,朱熹评价极高:"秦汉以来,诸儒皆不识'敬'字,只有程子方说得明白!"

而更为值得一提的是,那个被后世传颂不已的"程门立雪"成语,讲的就是程颐与门人杨时和游酢的故事,其中所体现的就是一个滂沛的"敬"之大义。

程颐焚膏继晷的精进之力,得到了司马光赏识。在司马光的力荐下,他"以布衣被召,任秘书省校书郎,崇政殿说书",去训导年幼的哲宗,成为了一代帝王之师!

说到此,我们便能从程颐的"敬"与章惇的"傲"中,看出二人的不同之处,因而也就清楚邵雍所言"天下聪明过人唯程颐,其次则章惇"的原因所在了。

而对于"傲"字,明代王阳明还有"谦者,众善之基;傲者,众恶之魁"(《传习录》下)的名句传世,也是福佑人心的善意提醒。

而朱熹《伊川年谱》与《古今事文类聚》(南宋祝穆、元代富大用、祝渊等汇编)所载的一件事情,也可以管窥程颐的睿智:"一日雷起,(邵雍)谓伊川曰:'子知雷起处乎?'伊川曰:'某知之,尧夫不知也。'先生愕然,曰:'何谓也?'曰:'既知之,安用数推之?以其不知,故待推而知。'先生曰:'子云知,以为何处起?'曰:'起于起处。'先生哑然。"好一个雷起于起处!竟然让邵雍都无言以对,只能笑赞。在程颐看来,窗前之草,池盆中之鱼,驴之鸣,雏鸡之啄,鸢之飞,一切莫非活泼天机。但人为万物之灵,有时却转失了天机。因此他说:"喜怒哀乐未发时,心上浑无喜怒哀乐,但喜怒哀乐却浑然全在里。"

"养得胸中无一物,其大浩然无涯。……胸中宽平快乐,静中有无限妙理。"(明代高濂《遵生八笺》)用这句话来形容程颐,是非常妥帖的。

《朱子语类》卷一百《邵子之书》论及邵雍学问时,说他:"似老子。只是自要寻个宽间快活处,人皆害它不得。后来张子房亦是如此。方众人纷拏扰扰时,它自在背处。"这个邵雍,已经活到了身心俱透的境界!用程颢与程颐的话来说,邵雍就是"空中楼阁","四通八达"。而这种境地,皆来自于他随时随地可以超然物外的翱翔功夫所致。

自古以来,能化通天地者,皆可布道传经——导之以理,诱之以情,说之以文,表之以法。邵雍就是这样的典范。

近代林纾说:"守法度,有高出法度外之眼光;循法度,有超出法度外之道力。"又说:"入者,师法也;出者,变化也。"这两句话对邵雍而言,十分洽宜!

邵雍行事多有出人意料之处,他虽师承李之才,学术上也有建树,但其成长,更多的则是源于自己的体悟,即程颢所言"所自得者多"。对此,《宋史·邵雍传》则讲得更为精确:邵雍"乃事之才,受河图、洛书、宓羲八卦六十四卦图像。之才之传,远有端绪,而雍探赜索隐,妙悟神契,洞彻蕴奥,汪洋浩博,多其所自得者"。邵雍虽然跟老师李之才学习河图、洛书、伏羲六十四卦的内容，但邵雍只要求老师"微开其端"，稍微给一个指引和框架，余下则依靠自己的体悟来步步扎实地走向学问顶峰——渐渐建立起他的以"数"为框架的格物智慧中的先天之学体系——这是邵雍对中国文化和中国哲学的巨大贡献！

人之所以伟大，一是有卓绝的人格精神能够滋溉后人，二是有卓越的体系创造，可垂范后人，但后人又难以为继。此两点，邵雍并具！

四、良徒几许

凭邵雍的功夫与为人，我们可以想象得到：当时希望师事邵雍者应该不少。但邵雍选取门生的方式，虽有教无类，但却有拒有收。

据二程弟子谢良佐载："尧夫之数，邢七要学，尧夫不肯曰：'徒长奸雄。'"（《宋元学案》卷三十三《王张诸儒学案》黄氏原本、全氏补定）你看，心性不好者，他一概不教！

除邢七之外，还有两位奇葩。据邵伯温《易学辨惑》载：秦玠，字伯镇，曾在兵部为官；郑夬，字扬庭，为孟县主簿。当时，司马光认为郑夬对《易》很精通，而秦玠好学，便向邵雍推荐郑夬与秦玠做其弟子。但邵雍见完之后，便跟司马光说，郑夬这个人"志在口耳，多外慕，能去是而诚心一意，然后可以语此学"。古往今来，外慕者常移其业而操守弗固，志在口耳者，常为纷华势利动耳目、诱心志，从而不能处之以自裕。加之喜欢巧舌如簧，虚荣有加，怎么能学得好我的学问呢？而对于秦玠，邵雍认为他又太喜欢权谋和使用伎俩，非为道中之人。因此，将二人均拒之门外。（《宋元学案》）

没过多久，秦玠告诉郑夬，王豫独传邵雍之学，郑夬便去找王豫想尽一切办法求取，但王豫始终没同意。不久，正赶上王豫生病去世，郑夬便马上贿赂其家的仆人，在卧室中将其所学记录内容窃来，当作是自己的研究成果，并在此基础上写出《易传》《易测》《宋范》《五经明用》等书，但实际上都是破碎妄作、穿凿无据之作。至于他所写的《变卦图》，实为抄袭邵雍的《先天图》，并且还将其拿给秦玠看，秦玠还很羡慕他。郑夬拿着干豫的学术资料到国子监参试，有不明就里者，认为他是奇才，使得他一下子就登第做官了。可是，江山易改，本性难移，但又是"天网恢恢，疏而不漏"。不久，郑夬就因为枉法败露而获罪。

后来，以《梦溪笔谈》闻名于世的沈括，见到郑夬的《变卦说》后，十分怀疑，不相信郑夬能够写出此书。于是便问秦玠，郑夬这书是怎么来的。但秦玠却假装不知道，一问三不知。沈括非常气愤地说道："他是从哪里得来的这个方法呢！我曾经遇到一个奇人，学过这种历数，推古验古，全部准确，我经常恨自己没有学到这个方法。我所知道的，只有邵雍精通此法，能洞知吉凶之变。而郑夬这个人把其内容写成了书，一定会遭受天谴的！这些内容怎么能是普通世人所能学的呢？！"

沈括的气愤，更让人得见邵雍当年对秦玠与郑夬的识人之准！

对于收徒这件事，邵雍践行的是"得其人不教，是谓失道；传非其人，慢泄天宝"。（《黄帝内经》）并且，有的时候，方法还挺独特——邵雍迁居京师之后，"士大夫多谒之，问休咎"。有一人独问国家运数，先生喜曰："他人所问皆为己事，子何独上念国家？"十分赞叹他！然后对他说："予某日归，子可于某处相候。"你哪天走？我们可以约个地方见面。到了那天，那人如约而至，邵雍与其叙别，还从肩上的背袋中取出封好的文字一卷交给他，并说："毋即观，候至家发之，视毕焚之。"千万不要打开看，到家后再看，看完就烧掉。"其人奉教，归而发视，乃五代史晋书帝纪也。"（《宋人轶事汇编》）

这是一本什么内容的书呢？这是邵雍根据《旧五代史》中的《晋

书·帝纪》所作的国家与社会规律的总结!虽然那个人烧掉了,但是在宋代王应麟的《困学纪闻》中可管窥一二:"康节邵子《西晋吟》:'有刀难剖公闾腹,无木可枭元海头。祸在夕阳亭一句,上东门啸浪悠悠。'考之《晋史》,贾充纳女以壬辰,刘曜陷长安以丙子,相去才四十五年。奸臣孽女之败国家,吁可畏哉!近世贾妃之册以壬辰,而宋之祸亦以丙子,悲夫!"其中提到的"壬辰""丙子"规律之总结,启发了后来的南宋大学者洪迈——这位翰林院学士、光禄大夫、宰相级别的大官洪迈在其《容斋随笔·五笔卷十》中单独总结了"丙午、丁未,昭昭天象,见于运行,非人力之所能为也"。

关于邵雍的门生,在此亦略引数人——

谢麟,字应之,与王安石和黄庭坚交好,"先公视之犹子也",邵雍对这个弟子就像对待自己的儿子一样。

侯绍曾,字孝杰,官至殿丞。师事邵雍后,便发动朋友集资为邵雍买宅,使得邵雍迁居洛阳。

张仲宾,字穆之,官至太博,从还未考中进士时,就师从邵雍。并且,他也是推动、帮助邵雍成婚的人。

县令姜愚,字子发,比邵雍年长一岁,但仍师事邵雍。他见老师邵雍年已四十五岁,仍因贫未娶,遂与同门张仲宾等人商议为老师促娶。后来他考中进士后,官至六安令,将所得收入"分俸之半以奉康节"。他的家中曾经很富有,乐善好施,但出手实在是太大方,导致最后去世时,一贫如洗。

共城令周长孺,邵雍之师李之才之后的共城令接任者,"师事康节以古弟子礼,康节告以先天之学。先生少而性刚,遇事即发,既从康节,即淡然若无意于世者。其弟直孺怪问之,先生慨然叹曰:'此吾所得于师门者也。'"这个脾气刚烈暴躁的周长孺,自从成为邵雍弟子之后,性情大变,十分温和,搞得其弟弟都莫名其妙,问他什么原因导致的。他直言不讳地说：因为老师邵雍的教诲和影响！从中可见邵雍调教弟子水平之一斑。周长孺早于邵雍去世，邵雍不但将他的后事料理得妥妥当当，还安顿好了其子纯明的学业，并将自己的侄女嫁给了他。（《宋人轶事汇编》）

邵雍认为门生之中最"可语道者"是张峋。可惜，在熙宁十年春，赴调京师，官至太常博士。闻此讯后，邵雍"愀然色变曰：'吾老矣！不复能相见也。'及秋而卒。"可以想象，师徒之间当时一别是什么心情……

邵雍门生中，最具代表性的是张岷。他不仅继承了邵雍的学说，还系统整理了邵雍的著作，功不可没。尤其是他对邵雍的评价，使得人们对邵雍的了解更加深刻："先生研精极思三十年，观天地之消长，推日月之盈缩，考阴阳之度数，察刚柔之形体。故经之以元，纪之以会，参之以运，终之以世。又断自唐虞，迄于五代，本诸天道，质以人事，兴废治乱，靡所不载。其辞约，其义广，其书著，其旨隐。于是乎美矣！至矣！天下之能事毕矣！"

在张岷这段评语中，末句出自《易经·系辞》"引而伸之，触类而长之，天下之能事毕矣。"从一件事情中，就能够举一反三、触类旁通到更多元的向度，继而理解所有的事情！用程颐的话说就是："一物之理即万物之理。"一件事情的道理，就包含了所有事情的道理。而用佛教典籍《华严经》的话说，就是"一即一切，一切即一"。《易经·系辞》的表述是："其大无外，其小无内。"（大无边际，小无可见）无论万物如何变化多端，但其内在规律是永恒不变的。如同火的暖性和水的湿性一样，不管形式如何，但本性始终如一。用荀子的话说就是"千举万变，其道一也"。这个千年万里不隔毫芒的境界，就是"万里同前境"！（日本一休和尚）即便远在千年万里，也如同在眼前一样！

古人所说的"理通法自明"，就是这个道理。

而宋代元丰年间的进士，文学家晁说之，并未见载邵雍弟子之列，但"博极群书，通《六经》，尤精于《易》，传邵尧夫之学，著《太极传》"。（元代马瑞临《文献通考》卷二百三十七《经籍考六十四》）暂且不知其传承由谁而出，但至少能够说明邵雍的至深影响。

其实，邵雍心目中最理想的传人是程颢，"康节尤喜明道，其誉之于富韩公、司马温公、吕申公相等。"（邵伯温《邵氏闻见录》）当程颢说邵雍《皇极经世》所言"乾坤定上下之位，离坎列左右之门，天地之所阖辟，日月之所出入，是以春夏秋冬，晦朔弦望，昼夜长短，行度盈缩，莫不由此矣"是"加一倍法"时，邵雍大赞其聪明！此即邵雍在《观物外篇》所言"乾坤纵而六子横，《易》之本也。震兑横而六卦纵，《易》之用也。先天之学心也，后天之学迹也"。由此可见，体与用，密不可分，互为窍要。

而对于邵雍想教授程颢、程颐的想法，程颢也有记载："待要传于某兄弟，某兄弟那得工夫？要学，须是二十年工夫。"（注："工"通假"功"）《二程外书·传闻杂记》载："尧夫易数甚精。自来推长历者，至久必差，惟尧夫不然。指一二近事，当面可验。明道云：待要传与某兄弟，某兄弟那得工夫？要学，须是二十年工夫。明道闻说甚熟，一日因监试无事，以其说推算之，皆合。出谓尧夫曰：尧夫之数，只是加一倍法。以此知《太玄》都不济事。尧夫惊抚其背，曰：大哥你恁聪明！"

你看，他们都是高人！难怪均位列北宋五子。

及至宋元之际，陈直斋说："其记康节之言，十才一二而已，足以发明成书。"（《宋元学案》）可见邵雍对万物研究之精微、思考问题之彻底。他数十年来，纵观天地的消长，推演日月的圆缺规律，考量其中的阴阳之气数，体察刚柔变化的形体。因此，以"元"来经营架构，以"会"来贯穿法度，以"运"来参悟规律，以"世"来归纳概括。上至尧与舜的时代，下至宋代之前的五代十国，以天道运行规律为本，以人事变化对应来参辨国家的兴盛和荒废、治理和衰乱，无所不包。其语言简约，涵盖广博，他的书写很浅显，但宗旨却很隐秘，也正因如此，才成就了他的完美、他的极致！以至于天下所有的事情他都能理解！

邵雍出神入化的学问与境界，令元代大儒、易学大家胡炳文赞叹不已！他赞颂邵雍："问尧夫、数字自何来，俱参透。心胸里，罗星宿。"（《满江红》）在他心中，邵雍就是无所不达的高标所在！

"圣人之心如明镜，只是一个明，则随感而应，无物不照。故圣人只怕镜不明，不怕物来不能照。"（明代王阳明）自古以来，往圣先贤的心，就像明镜一样，只要镜子明亮无尘，就能澈照万物。因此，圣人担心的是自己的心镜不明亮，而不担心物体出现在面前时，自己不能澈照。换言之，欲要澈照人与物，就须先擦亮自己的心镜，让自己葆有能照的格物功夫。

除弟子张岷外，最了解邵雍学问精华的，便是其子邵伯温了。在论及父亲的学问时，他这样评价："先君先天之学，论天地万物未有不尽者。"（《宋史·邵伯温传》）我父亲的先天之学，论及天地万物，没有解释不清楚的！

是的，可以想象，一个儿子在评价不可思议的父亲时，那种别样的赞叹心情该是多么自豪与欣慰……

而远在中国福建省福州市的邵子祠中，朱熹是这样盛赞邵雍的：

天挺人豪，英迈盖世。驾风鞭霆，历览无际。
手探月窟，足蹑天根。闲中今古，醉里乾坤。

朱熹之赞，在明代大书法家董其昌传世行书《邵康节先生自署无名公传》又名《邵康节帖》（拓本，书于明万历丁酉年，1597年）中见载。

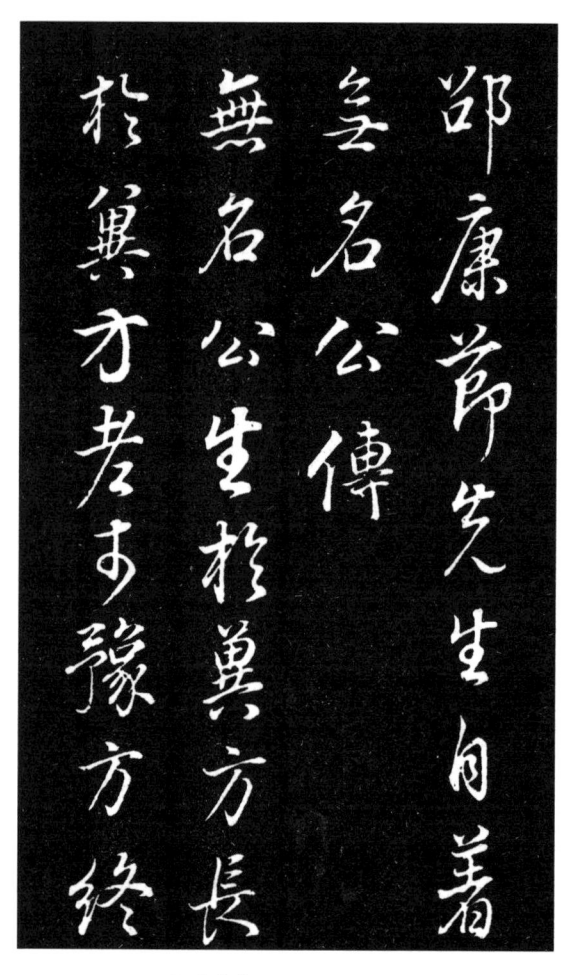

邵康节先生自署无名公传

"无名公生于冀方，长于冀方，老于豫方，终于豫方。"

附原帖文如下——

年十岁，求学于里人，遂尽里人之情，己之滓十去其一二矣。年二十求学今乡人，遂尽乡人之情，己之滓十去其三四矣。年三十求学于国人，遂尽国人之情，己之滓十去其五六矣。年四十求学于古人，遂尽古人之情，己之滓十去其七八矣。五十求学于天地，遂尽天地之情，欲求于己之滓无得而去矣。

始则里人疑其僻，问于乡人，曰：斯人善与人群，安得谓之僻？既而乡人疑其泛，问于国人，曰：斯人不妄与人交，安得谓之泛？既而国人疑其陋，问于四方之人，四方之人曰：斯人不器，安得谓之陋？既而四方之人又疑之，质之古今之人，古今之人曰：斯人始终无可与同者。又考之于天地，天地不对。当时也，四方之人迷乱不复得知，因号为无名。

云夫无名者，不可得而名也。凡物有形则可器，可器斯可名。然则斯人无体乎？曰：有体，有体而无迹者也。斯人无用乎？曰：有用，有用而无心者也。夫有迹有心者，斯可得而知也。无迹无心者，虽鬼神亦不可得而知。而况于人乎？故其诗曰："思虑未起，鬼神莫知。不由乎我，更由乎谁？"

能造万物者，天地也。能造天地者，太极也。太极者其可得而名乎？可得而知乎？故强名之曰太极，太极者其无名之谓乎？故尝自为之赞曰："借尔面貌，假尔形骸，弄丸余暇，闲往闲来。"人告之以修福，对曰："未尝为不善。"人告之以禳灾，对曰："未尝妄祭。"故诗曰："祸如许免，人须谄福。若待求，天可量。"又曰："中孚起信宁须祷，无妄生灾未易禳。"性喜饮酒，尝命之曰"太和汤"。所饮不多，微醺而罢，不喜过醉。故其诗曰："性喜饮酒，饮喜微酡。饮未微酡，口先吟哦。吟哦不足，遂及浩歌。浩歌不足，无可奈何。"所寝之室谓之安乐窝，不喜过美，惟求冬燠夏凉。遇有睡思则就枕。故其诗曰："墙高于肩，室大于斗，被布暖余，黎羹饱后，气吐胸中，充塞宇宙。"其与人交，虽贱必洽，终身无甘壤，未尝作皱眉事。故人皆得其欢心。见贵人未尝曲奉，见不善人未尝急去，见善人未之知也，未尝急合。故其诗曰："风月情怀，江湖意气。色斯举矣，翔而后至。无贱无贫，无富无贵。无将无迎，无拘无忌。"闻人之谤未尝怒，闻人之誉未尝喜。闻人言人之恶未尝和，闻人言人之善则就而和之，又从而喜之。闻人言人之恶未尝和，且如闻父母之名。故其诗曰："乐见善人，乐闻善事，乐道善言，乐行善意。闻人之恶，如负芒刺；闻人之善，如佩兰蕙。"家贫未尝求于人，人馈之虽寡必受。故其诗曰："窘未尝忧，饮不至醉。收天下春，归之肝肺。"朝廷受之官，虽不强免，亦不强起。晚有二子，教之以仁义，授之以六经。举世尚虚谈，未尝挂一言；举世尚奇事，未尝立异行。故其诗曰："不佞禅伯，不谀方士，不出户庭，直游天地。"家素业儒，口未尝不道儒言，身未尝不行儒行。故其诗曰："心无妄思，足无妄走，人无妄交，物无妄受。炎炎论之，甘处其陋。绰绰言之，无出其右。羲轩之书，未尝释手。尧舜之谈，未尝离口。当中和天，同乐易友。吟自在诗，饮欢喜酒。百年升平，不为不偶。七十康强，不为不寿。"其斯为无名公之行乎？

程子传之曰："邵尧夫先生始学于百源，勤苦刻厉，冬不炉，夏不扇，夜不就席者数年，卫人贤之。"先生叹曰："昔人尚友千古，而吾未尝及四方，遽可已乎！"于是走吴适楚，过齐鲁，客梁晋，久之而归曰："道在是矣。"盖始有定居之意。

先生少时，自雄其才，慷慨有大志。既学，力慕高远，谓先圣之事为必可致。及其学益老，德益劭，既心高明，观天地之运化，阴阳之消长，以达乎万物之变，然后颓然其顺，浩然其归。

在洛几三十年，始至，蓬荜环堵，不蔽风雨，躬爨以养其父母，居之裕如。讲学于家，未常强以语人，而就问者日众。乡里化之，远近尊之，士人道之，过洛者，有不之公府而必至先生之庐。先生之德气粹然，望之可知其贤。然不事表襮，不设防畦。正而不谅，通而不污，清明坦白，洞彻中外。接人无内外贵贱亲疏之间。群居燕饮，笑语终日，不取甚异于人，顾吾所乐何如耳？病畏寒暑，以春秋时行游城中，士大夫家听其车音，倒屣迎致，虽儿童奴隶，皆知欢喜尊奉。其与人言，必依于孝悌。乐道人之善，而未尝及其恶。故贤者悦其德，不贤者服其化。所以厚风俗，成人材，先生之功多矣。

又曰：先生之学得之于李挺之，挺之得于穆修伯长。推其源流，远有端绪，今考穆李之言及其行事概可见矣。而先生纯一不杂，汪洋浩大，乃其所自得者多也。

朱子曰："或问康节诗云：'施为欲似千钧弩，磨砺当如百炼金。'问如何是千钧弩，曰：'只是不妄发。如子房之在汉。谩说一句，当时承当者便须百碎。'"又有诗云："当年志气欲横秋，今日看来甚可羞。事到强为终屑屑，道非心得意悠悠。鼎中龙虎忘看守，棋上山河废讲求。"俱非等闲语。

赞先生像曰："天挺人豪，英迈盖世。驾风鞭霆，历览无际。手探月窟，足蹑天根。闲中今古，静里乾坤。"

适庵年馆丈，为康节先生二十二世孙，与余乡会，同榜读中秘书，每具陈先世家学。先是涑水司马公为之志其墓，东坡书之，世称双绝。至正间，戎马生郊。邵氏不戒于火，墨宝烬无复存。然先生学贯天人，羽翼孔孟，直与天壤为不敝，应不假碑板传也。适庵必欲表扬，令德不欲使先代家乘汨于无稽，因以先生自著《无名公传》及程朱夫子传赞属书于余。余后学何能摄齐堂庑？直以懿嗣孝思，不敢重负，乃以三藏圣教序笔意为竟此册，真可留之云。仍知理学渊源，圣贤为徒，虽有金章紫诰不得出乎其右矣。

万历丁酉暮春既望，董其昌书并识。

尤为值得一提的是，上述题写《邵康节先生自署无名公传》的董其昌，极为崇拜陈继儒，而陈继儒还专门写有《邵康节先生外纪》（四卷）……

"秦甸山河半域中，精英孕育古今同。古来贤杰知多少，何代无人振素风。"（邵雍《和凤翔横渠张子厚学士》）邵雍在这首写给张载的诗中，道出了代代皆有来贤的客观规律。而他本人的功夫与智慧，亦为后世留下了无数照亮前程的指引。如，宋代刘衡，"晚年弃官，潜心邵雍之学"。（天一阁《建宁府志》卷十八）清代深得康熙皇帝赏识的李光坡（文渊阁大学士李光地的四弟），《清史列传》载其"论学主程、朱，论易主邵子……"平生论学，以程、朱为主，论《易》以邵雍为主，兼取汉代扬雄《太玄》的观点，以此为依托，来发明性理，阐述大义。

类似这样的后学，比比皆是。并且，"书不尽言，言不尽意"。

五、以德兴教

自宋代以来，人们对邵雍的礼敬程度逐日提升。元代著名大儒元好问《元遗山集》诗句"高风希四友，古学守三玄"中的"四友"，指的便是东汉著名高士严光、东晋陶渊明、唐代白居易和宋代邵雍。足见邵雍所受尊崇之高！

不仅在中国有多处邵雍的祭祀及纪念场所，海外一些地区对其尊崇程度，更是达到了登峰造极的地步。

当今世界，宗教自由，新兴教派林立。在新加坡，就有一个新兴的倡导"教不离德，德不离身"的宗派——"德教"。该教对邵雍极为尊崇。其立教经书《中外普度皇经》(即德教之真经)共三十六章,每章注解开篇均首称"邵圣注曰",即:圣人邵雍注解说。

这个缘起于中国广东省汕头人杨瑞德所创的新兴宗教,已成为世界性华人宗教。其教义的传扬已遍达美国、澳大利亚、新西兰以及东南亚部分地区。在新加坡除了有德教联合总会之外,还有德教太和观、星洲德教济云阁、德教会紫经阁等立教场所,全球有德教组织200余个,并且还有自己的慈善医院、病老院、学校等机构,润养无数生民。

据泰国紫真阁出版的《德教起源》可知,德教的宗旨是"以德教民,积善累德"。

由此可见:德教之所以尊崇邵雍,是因其创教根源与邵雍的思想理念和智慧向度,完全相契相合!而在邵雍的著作中,《皇极经世》是最能体现这种思想高度的。

难怪德教会将邵雍尊称为教圣。

而这,亦可见证先贤邵雍令人刮目的魅力所在!

高山仰止。

第三章 一代传奇

邵雍之高，远非常人所能想象！

自古以来，大智之心参与天地，小聪之明注重名利。邵雍是前者的代表。

《宋史·邵雍传》载："观夫天地之运化，阴阳之消长，远而古今世变，微而走飞草木之性情，深造曲畅，庶几所谓不惑，而非依仿象类，臆测屡中者。"观看天地的气运变化，阴阳的此消彼长，大至久远的古今世道变化，小至飞禽走兽草木的本性和感情，邵雍都体悟得十分深入流畅，没有什么能够难住他的。邵雍这种格物智慧，绝非那些模拟形象，偶尔揣测准确事物规律者，所可以比拟的。因为邵雍是一位了知天道绝学功夫的人！

邵雍的好友张载写出了自宋代以来中国知识分子共同的心声："为天地立心，为生民立命，为往圣继绝学，为万世开太平。"（《横渠四句》）张载所说的"为天地立心"，立的是恭敬平等之心；"为生民立命"，立的是护法、护生的慧命；为"往圣继绝学"，继的是证道的方法；"为万世开太平"，开出的是无有染污的清净太平之世。

值得一提的是，张载没有对"绝学"二字做出解释，而我的理解是：随取一法，蕴于心中，便可以安身立命！这便是"绝学"。而能"为往圣继绝学"，才能真正体证到传统文化的神韵和精妙之智。

汉代司马迁在《史记》中评价先秦时期"稷下诸子之首"邹衍时，说他："其语闳大不经，必先验小物，推而大之，至于无垠。"他的话，看起来不合常理，近乎荒诞，没有根据，但却十分精准。他强调要想达到这样的水平，就必须先从小的事物上去实践验证，然后慢慢扩展到大的事物上，然后再扩充到无边无际的事情当中去，这样才会拥有非凡的智慧。这是"谈天衍"邹衍先生对格物智慧的应用总结。而邵雍对此也有同感，他说："观物戏验者，虽云无益于世，学者于此验数而知圣人作《易》之灵耳。物之于世必有数焉。"观看万物，像玩游戏一样，体验其中的万物之理，虽然看起来对社会没有什么益处，但是，真正学习的人，通过这种方法来体践万物气数运行的规律，从而可以印证圣人所作《易经》的灵验啊！因为，万物在世上的显现，都是有其内在的运行规律的！

我在十翼书院授课时，要求门生牢记"表象即表法"（任何现象都有其内在规律）这句话，要让自己能在点点滴滴的生活细节中，践行"经天纬地、必作于细"的学风，这样才能增长大智慧。

程颢曾经感叹："尧夫《易》数甚精……一日因监试无事，以其说推算之，皆合。"他说邵雍非常精通《易》道，为此他还举了一个例子：有一天，自己在工作之余，按照邵雍所传授的方法推演了一件事的经过，结果全部准确！这就是实践出真知啊。

而程颢弟子谢良佐对邵雍的评价则更是细致，他说："尧夫精《易》之数，事物之成败始终，人之祸福修短，算得来，无毫发差错。如揩此屋，便知起于何时，至某年月日而坏，无不如其言。"邵雍对《易》道的精通，已经达到完全可以知晓万物的成败、终始以及人的吉凶祸福，皆能十分精准地表述。就好比占卜这间屋子一样，预知何时建造，何时毁坏，完全如其所言。

及至清代，纪晓岚在其《阅微草堂笔记》卷十二《槐西杂志二》中记载了这么一件事：

"许文木说，康熙末年有一个叫李鹭汀的古董商人，精于六壬，每天早晨都要给自己占一课，但是他却不给别人算卦，因为他相信，泄露天机，会惹来神明的憎恶。有人问他'你和北宋五子的邵康节相比，水平如何？'李鹭汀认为自己水平仅是邵雍的六七分而已。他举了一个例子，说自己曾经占课断得某日会有仙人扶竹杖来，并会饮酒题诗而去。于是，早早就焚香等候，果然有一个人拿着一个竹雕的中国民间传说中的八仙之一、道教仙人吕洞宾（吕纯阳）像来兜售，吕洞宾的雕像是斜倚在一个装酒的葫芦上，并刻有吕洞宾的'朝游北海'一诗。你说，邵雍怎会有这种失误呢？"

这些令人听起来不可思议的评语以及后人对邵雍的崇敬，都充分说明了邵雍学问功夫的不可思议！

任何成功，都离不开方向和方法。对中国文化而言，"天人合一"是中国文化的核心精蕴和学习方向，而诚意、勤奋和格物智慧，则是抵达的方法。

并且，自古以来任何一个伟大的人物，都是依靠其打动人心的力量来传世的。这个打动人心的力量源泉，其核心就在见地和功夫上。见地，是超越常人的智慧所在；功夫，是传奇震世的证道方法。二者是知行合一、相辅相成的。而关于邵雍所葆有的格物智慧方法，我的总结是：他建立在《诗经》"有物有则"的格物智慧基础上，来对天道进行探究，然后以人道证天道，再以天道引领人道。具体是通过应机、取象和识势的多元格物方法，来判断事物变化规律的。

在下述案例中，我们就可以体认到邵雍格物智慧多元体系的运用能力，并且展示了不同时代和人物所呈现的多元格物方法，让我们领略中国历史上文化最鼎盛时期格物智慧遍地开花的繁荣面貌。

第一节 谁是身后立传人

据宋代朱济《曲洧旧闻》记载：欧阳修的三子欧阳棐，考中进士后，在赴任之前，去看望亲属。他遵从父亲的话，进城看望姑妈时，先去拜访邵雍先生。到了邵雍的安乐窝，敲门，开门的书童见他穿了一身青衣，便说："我家先生早上就嘱咐过了，中午会来一个穿青衣的人，果真来了！"欧阳棐听完，有些莫名其妙。邵雍见到他后，便问："你是谁啊？来我这里有何贵干？"欧阳棐答道："我叫欧阳棐，我父亲是欧阳修，他要我前来拜访先生。"邵雍说："哦，我知道你父亲的大名，可惜还未曾见面。你来我这儿有什么事情吗？"欧阳棐答道："没有什么事情，只是拜访而已。"邵雍说："好，那就听我讲吧。"于是，邵雍便开始详细介绍自己的平生经历，并且每讲完一段便会问一下欧阳棐："记住了吗？"

要知道，古代读书人都是背书长大的，记忆力非常好。欧阳棐连声说："记住了，记住了！"就这样，时间过得很快，临近夕食（申时）时，邵雍已将自己的身世、学习经历、思想观点以及对整个世界的理解、人物交往关系等等全部讲完。因为还要赶往姑妈家吃饭，欧阳棐见时间不早，遂起身告辞。[在唐宋时期，人们是一日两餐：朝食（辰时：7:00~9:00），夕食（申时：15:00~17:00）]。

送客到门口时，邵雍又嘱咐道："我今日所讲，可一定要记住啊。"欧阳棐连声答道："请您放心，我已经铭记在心。"话虽这么说，但欧阳棐并不知晓其中玄妙的深意所在。

而这个深意，是要与另外一个故事一同观待的！

据宋代廉宣《清尊录》、宋代江少虞《事实类苑》及明代陆楫《古今说海》等书记载，宰相富弼在家养腿伤，无法出门。有一天，心中烦闷，便让书童去请邵雍来聊天。邵雍进门后，看了看富弼面前的座椅，问道："今日请了几人来？"富弼说："只有您一人。因为腿伤心里烦躁，即便是儿子来了，我也要让他走。"邵雍道："座椅不够。"富弼疑惑不解，问："为什么呀？"邵雍道："今日午时，会有一位绿衣少年，骑着白马来看您。您一定要见他。因为此人未来必定秉笔执书，负责修史，也会为您立传，载您入史。"富弼闻言，相当惊讶！但基于对邵雍的了解，却又不得不信。马上嘱咐家人："今日若有客人来，不管贵贱,立即告诉我。"等到中午,果然范祖禹(参与编撰《资治通鉴》)来看望他,并且其衣着、马匹和颜色,与邵雍所说完全一样!富弼大喜,拉着范祖禹说:"我已年老,身体又患病,平生碌碌无成,但仍怀有一片忠心,也曾为国家做过一些事情。待你将来为我写传记时,还要麻烦多劳神费力。"这么突兀的话,让范祖禹受宠若惊,连忙起来行礼。他以为是客气之言呢!

是啊,这种事儿哪是常人的想象力能够抵达的呢!?望着满脸费解的范祖禹,富弼指了指邵雍,说道:"这是先生说的……"

在当时,只要说是邵雍先生说的,人人都信!

后来,在公元1087年,在邵雍与富弼去世十年后,朝廷命国史院修撰范祖禹和太常博士欧阳棐负责为当时的贤人们作传——《裕陵实录》。朝廷安排以抽签形式写传,未承想,他们两人所抽到者,分别是富弼和邵雍!

两人面面相觑,惊讶不已!

时隔千年,此事依然为世人所不可思议。

看到这,知道为什么司马光、程颢、程颐、王安石、苏东坡、富弼等达观名流都尊崇邵雍了吧!

不得不佩服高人呀!

至于邵雍是如何判断出这两位是身后写传之人的,文献未见记载。一如邵雍临终前也并没有说明村西邻家的小女孩为何能够守护住他的墓地不被挖掘一样,至今仍令人匪夷所思!

并且,邵雍对自己身后事的安排,如同编排好的戏剧一样,既有结构,又有节奏。

据明代何孟春所撰《余冬序录》记载:明朝代宗景泰六年(1455年,邵雍已辞世378年),洛阳城南两位农夫因耕田掘得一方大石发生争执,起诉到官府。当时的洛阳知府虞廷玺升堂后,聆听两位农夫的

第三章　一代传奇

各自陈说。其中一位农夫说，石头是自己在耕地时得来的；而另一位农夫则说对方是在他的土地中挖出来的。虞廷玺觉得很奇怪，这是一块什么样的石头能使两个朝夕相处的邻居诉诸公堂呢？于是，便命人将那块石头抬上来，仔细一看，发现石头上还刻有一行字："大明景泰乙亥知府事，虞廷玺为我复兴此窝。"这一年正是景泰乙亥年，而虞廷玺也马上反应过来——原来，几百年前的邵雍，早就预言了自己会为他在此地重建"康节窝"（邵雍谥号"康节"）！于是，虞廷玺便将此地收归官府，心甘情愿地在原址为邵雍修建了祠堂。

怎么样？邵雍从自己的死期，到守墓的小女孩，到为自己写传之人，再到后世祠堂的建立者，以及提前指引儿子邵伯温到蜀国去避难……这种种人生重要的身后之事，每件都办得妥当有序，恍如神人！

纵观中华大地，数千年来，生命能得如此大境界、大圆满，能如此独树高标者，遍观古今，十分罕见！

而相比之下，我们对于宇宙、时空和生命的认知，还相当匮乏与局限……

幸好，江山代有人杰。

在中国历史上，像邵雍这样能知晓生前身后事者，还是代不乏人的——

春秋时期，楚国令尹（宰相）孙叔敖得了重病，临终前嘱咐儿子："我死后，你的日子必然困顿，在你走投无路时，就去找优孟，告诉他你是孙叔敖的儿子。"

优孟是谁？是当时楚国的一个艺人。

孙叔敖去世后没几年，儿子的生活贫困交加，竟然沦落到靠卖柴为生。有一天，他卖柴时刚好碰到了优孟，便对他说："我是孙叔敖的儿子。父亲临终前，嘱咐我贫困之时告诉您我的身世。"

优孟闻言很惊讶！沉思了一会儿，说："我知道了，你等我一年。"

之后，优孟便换上了孙叔敖穿过的衣服，戴上孙叔敖的帽子，模仿孙叔敖的音容笑貌，认认真真练习了一年，最后竟模仿到几乎与孙叔敖生前一模一样！

不久，楚庄王大摆筵席，优孟便打扮成孙叔敖的模样前去赴宴。楚庄王见到后，大吃一惊，这世间竟然会有跟孙叔敖如此相似的人啊！于是，楚庄王便想请优孟做令尹（宰相）。

优孟答道："大王，请允许我回去和夫人商量一下，三天后给您答复。"

三天之后，优孟再次来到楚王面前，楚庄王问道："你夫人什么意见？"

优孟答道："我夫人不同意！"楚王不解，问道："为什么？"优孟答道："她说楚国令尹不值得做，之前的令尹孙叔敖一生兢兢业业，辅佐大王称霸，但死后，儿子却连饭都吃不上，只能靠卖柴为生。如果我的后代也跟他一样，我还不如自杀！"

楚庄王听完，非常诧异，这才了解到孙叔敖儿子的现状，顿时心中惭愧不已，连忙派人召见孙叔敖的儿子，把寝丘四百户人家的税负封给他，并且传承十代——苦日子一下子就翻身了！

一晃，时间已经过去两千六百多年了，人们至今也不解：孙叔敖是如何知道自己死后优孟能够帮助到自己子孙的？！并且，自古以来，君王大都不喜逆耳之言，而优孟所采用的迂回方法，在不动声色中让楚庄王自己发现了过错，也确实是个高人！

中国历史上从来不缺少这种具有穿越时空智慧的人。宋代宰相吕蒙正也是一例。

据《宋史·列传第二十四》载："富言者，蒙正客也。一日白曰：'儿子十许岁，欲令入书院。'蒙正许之。及见，惊曰：'此儿他日名位与吾相似，而勋业远过于吾。'令与诸子同学，供给甚厚。言之子，即弼也。后弼两入相，亦以司徒致仕。其知人类如此。"

是说，富弼的父亲富言，在宰相吕蒙正的手下做事。有一天，跟吕蒙正说："我儿子已经十多岁了，希望能够到您管理下的书院去读书。"吕蒙正同意了。当见到富弼时，吕蒙正非常惊讶，对富言说："你这个儿子，将来的官职和名声会跟我一样啊，并且功业还会超过我！"富言听了很意外。于是，吕蒙正便让自己的几个儿子与富弼在一起读书，并且所有开销都由吕蒙正资助，十分丰裕。后来，富弼在老师范仲淹（范仲淹初见富弼就感到很惊讶，认为他是"辅佐帝王之才"）的影响下，精进不懈，直至两度出任宰相！

吕蒙正如此精通鉴人之法，实在是从事人力资源工作的好典范。

当年，吕蒙正的儿子跟他说别人非议他，并且权力也多被同僚们瓜分。吕蒙正笑着对儿子说："我确实无能啊，哪有什么才能？皇上之所以提拔我，是因为我善于用人而已。我做宰相，人若不能尽其才，才是我真正的失职啊！"

清代《海国图志》（日本明治维新必读之书）的作者魏源说："不知人之短，不知人之长，不知人长中之短，不知人短中之长，则不可以用人，不可以教人。"是说，如果你不了解一个人的长处和短处，以及长处中的短处，短处中的长处，就不能够做官驾驭人才，也不能去教书，因为你没有因材施教的能力！这样会毁了人家的慧命和前程的。

如此精通鉴人智慧、知人长短、胸襟宽大的吕蒙正，确实是个当宰相的好人才，而历史也真就没有辜负他！

宋代是中国文化发展的巅峰时期，人才济济，而精通格物智慧的人，更是数不胜数，并且方法多元。比如，精通《易经》、保护了《资治通鉴》的谏官陈瓘。

古往今来，有权力的地方，时间久了，就一定会有小人。当宋代六大奸臣之首的蔡京还是一个正三品官员时，在每日早上等候上朝期间，被陈瓘发现了一个习惯——他谁都不理，就在那"视日不瞬"，眼睛直视太阳，不仅时间长，而且还不眨眼。这个看似不起眼的行为，却让陈瓘发现了大秘密，他断定："此人必大贵，然以区区精神敢抗太阳，他日得志，必为天下患。"（元代《十八史略》，亦流传到日本）陈瓘说，蔡京敢以一个人微不足道的精气元神来对视太阳，说明他的神气充足，古语云："一分精神，一分富贵！"这种人将来一定会得到大富贵！但是，他将来一旦得了志，便是小人得志，便会猖狂，便会祸害天下。于是，一向光明磊落、疾恶如仇的谏官陈瓘，立即将自己的判断上报给皇帝，蔡京因此而被罢官。

你想想，蔡京这种看太阳的行为，放在时下，有谁会去考量其背后的规律呢？

人在道中不知道，鱼在水中不知水，都是当局者迷呀！

洛阳府尹王宣徽是邵雍的好友，他的儿子王茂直当时负责监督西京粮科院。有一天，王茂直邀请邵雍与吴处厚、王平甫一起吃饭，但却被邵雍以身体欠佳为由，称病推辞。第二天，王茂直就来问邵雍："为什么要推辞饭局？"邵雍说："吴处厚喜欢议论，经常公开讥讽批评执政新法，口无遮拦；而王平甫是王介甫（王安石）的弟弟，他虽然不太赞成他哥哥的做法，但是若遇到别人当面骂他的哥哥，那场面一定会很不堪的。所以我就推辞了。"王茂直听完，非常感叹，说："先生您真是料事如神啊！昨天，吴处厚在席间果然大肆诋毁王安石，王安石的弟弟王平甫愤怒之至，把这些话一条一条记下来，想要到官府举报吴处厚。我在中间调解得十分辛苦，好久才平息。饭也没吃好！"对这件事，明代冯梦龙感喟道：哇，邵雍因道德高尚受到时人的尊崇，真不是浪得虚名啊！哪怕平时深居简出，甚至是一顿饭食，都能够想得这么周到和谨慎，其识人之明真是令人赞叹！（明代冯梦龙《智囊·明智部·邵雍》）就连王安石也赞叹："邵尧夫之贤不可及矣！"

自叹弗如!

其实,邵雍的识人之明,早在其《戊申自贻·虽老仍思鼓缶歌》中就有表述:"似箭光阴头上去,如麻人事眼前过。中间若不自为计,所捐其来又更多。"你不解决这些当下的人事问题的话,烦恼就会越来越多的!当然,能否真正解决问题,那就要看你的格物功夫如何了!

"善与善遇,相得益彰。"(清代周安士《安士全书〈文昌帝君阴骘文〉广义节录》)

《左传》记载季札语叔孙豹之言,说他:好善而不择人,是不会得到好结果的,后殃必至。而北宋大儒张载更是说:"《易》为君子谋,不为小人谋。"(《张子正蒙·大易十四》)因此,给不义之人输血,就等于是给这个世界继续增加黑暗与不堪,实为共孽。而古代那些传奇的高师们,其所言所行之所以能够得验,实际上皆是因为对方是清官、孝子、贞节、善人之流,所言之事才得以实现的。换言之,关键都是对方的德行在发挥效用。也就是说,我们所谓能帮上谁或预言成真,无非是人家本身就有这个福报,而一切所成也不离其福气所允许的范围。譬如做官,福气允为宰相,就绝不会是帝王。如此简明易懂之理,因世人多贪执,故而能彰其理者不多。因此,我们需要多努力培福。

美国电影《教父》有一句名言:"在一秒钟内能看到本质的人,和花半辈子也看不清一件事情本质的人,自然是不一样的命运!"此句的精彩,在邵雍身上体现得淋漓尽致!

而对于这个"能看到本质"的能力的缺失,究其实质,往往是因为人的生命中贪、嗔、痴的发达,导致消减了感知万物的智慧。

难道不是吗?!

第二节　闻声知情的功夫

这世上，一切都有迹可寻！如果，你能看别人看不到的，听别人听不到的，想别人想不到的，做别人做不到的，你就是高人！

中国文化研究一切与天地相通的学问。周代函谷关关令尹喜说："凡有貌、象、声、色者，皆物也。"可见，这个具有无量义的声音之道，隶属于格物智慧范畴，也是探究生命轨迹的一个方便法门。对此，《黄帝内经》曰："天有五音，人有五脏；天有六律，人有六腑。此人与天地相参。"又"天有五音，人有五藏；天有六律，人有六腑"。又"角为木音通于肝，徵为火音通于心，宫为土音通于脾，商为金音通于肺，羽为水音通于肾"。又"百病生于气而止于音"。可见，声音之道，自古皆有法门津梁。

在中医体系中，从情志角度而言：脾主忧思，忧思过度便会生脾病。宋代欧阳修曾勤于政事，过于忧心，导致形体消瘦，医治数次无效。因为"宫为土音通于脾"，索性后来便每天听古曲《宫声》数次，心情逐渐由忧郁转为畅达，没多久，竟然不药而愈。而同时期的张载便强调："声音与天地通"。是天地间的宫音之力治好了欧阳修的疾病。可见，声音对人的影响是多么厉害。那些噪音，本身就是一种无形的杀伐力量。但可惜的是，很少有人精通其内在的道理，导致"日用而不知"，错失很多纠偏的良机。

中国文化是圣化的教育，最强调"内圣外王"的功夫。其中，"圣"的功能，首先就是强调耳朵要有功夫，其次是能够准确表达，然后才展现治国安邦的王道！所以，《易经》才强调："圣人南面听天下，向明而治。"（注：日本明治天皇的名字即出于此）而此句中的"听天下"便是圣人"知音"的功夫。古人将这个"闻声知情"的功夫，称为"知音"。而自古医易同源，"望而知之谓之神，闻而知之谓之圣，问而知之谓之工，切而知之谓之巧。"（《难经悬解》）这是清代御医黄元御的慧见。

通过听声音便可以判断人与事物的发展节律的功夫，听起来似乎很玄，但中国历史上的精通者，三千多年来，大有人在，并且远超今人之想象！

《大戴礼记》载曾子之语："汤取人以声……以治天下如此。"商代的第一代国君商汤，就是通过声音来甄选人才治理天下的。

汉代司马迁《史记·秦始皇本纪》记载："（尉）缭曰：'秦王为人，蜂准，长目，鸷鸟膺，豺声，少恩而虎狼心，居约易出人下，得志易轻食人。……不可与久游。'乃亡去。"古代著名军事家尉缭子，从眼睛细长、鼻尖像蜜蜂、胸部突出、声音如同豺狼这几方面来判断秦始皇具有虎狼之心、不讲情义、不能与他长久交往。其中，声音就成为一个判断的标准。

邵雍是陈抟的四传弟子。陈抟曾说："上士听音，中士望气，下士看相。"强调上等的君子，皆有听音的功夫；中等君子是善于观气色；下等君子是精通看相。宋哲宗赵煦评价章惇时就说："章惇器博而用远，宝茂而声宏。"特别提到了声音的特质。足见古人对声音的重视程度。

而本书第一章"邵雍识乱"通过杜鹃鸟的声音判断后来的王安石之乱，这就是运用声音方法进行判断的案例。类似的内容还有不少。譬如，有一天邵雍与友人在村中散步，突然听到远处田地间有老牛在叫，于是，他叹了口气，告诉友人："此牛三周之内必被杀。"友人听完很神奇，便去找到这头鸣叫的牛，然后暗暗记住……三周后，村中有人家办事犒劳众人，恰好买去此牛杀掉。此事传开后，人人都惊讶先生的功夫。

这是如何知道的呢？怎样才能训练出来呢？

关于"音声法门"的熏习，我的总结是——

心要诚静

要能做到《礼记·经解》所言"洁、净、精、微，易教也"的境界。《易》道便是从这四个字中熏习出来的。任何学习和修行，如果能做到洁、静、精、微四个字，智慧才能得到固化，生命才会落在实处，才能拥有与万物融为一体的功夫。

熟练掌握格物智慧的三十二字窍诀

同声相应、同气相求，事事相关、物物相应，近取诸身、远取诸物，其大无外、其小无内。不掌握这个基础原则，就无法契入到格物智慧中去。

精通五音

了解五音（宫商角徵羽）中所对应的不同声音的五行归类，以及它们与四季不同时期五行的时空关系。尤其要学会对人的声音的五行能够做出精准归类判断。这就是《易经》所说的"道在百姓日用之中"。

关于五音的训练，可以从大自然中熏习——道法自然。唐代李筌《太白阴经》介绍了如何细分辨五种风的形态："宫风声如牛吼空中，徵风声如奔马，商风声如离群之鸟，羽风声如击湿鼓之音，角风声如千人之语。"接下来介绍的是，这五种风发作时是何等预兆——"宫风发屋折木，来年兵起；徵风发屋折木，四方告急；商风发屋折木，主兵；羽风发屋折木，米贵；角风发屋折木，主有急盗、战斗。"自己经常熏习，久而久之，可得其妙！

训练聆听日常声音的弦外之音

战国时期的尸子说:"钟鼓之声,怒而击之则武,忧而击之则悲,喜而击之则乐。其意变,其声亦变!"(尸佼《尸子》)可见,声音与人的所思所想,有着紧密联系。

以下略举数例,可增进对声音之道的了解:

例一:孔子学琴

邵雍曾作有《瞻礼孔子吟》:

> 执卷何人不读书,能知性者又何如?
> 工居天下语言内,妙出世间绳墨余。
> 陶冶有无天事业,权衡治乱帝功夫。
> 大哉赞易修经意,料得生民以后无。

全诗通篇都在赞叹孔子智慧的高妙无比。但吕洞宾曾言:"由来富贵原是梦,未有神仙不读书。"可见,圣人也是由凡人一点点精进而来的。当然,孔子也不例外。

当年,孔子为自己的理想四处奔波。一天,在卫国时,孔子正在院中敲着磬,有一个挑着筐子走街串巷的卖货郎从门前走过,突然又回转身来,望向院中的孔子,说道:"这个击磬的声音很有深意呀!"顿了顿,又说:"磬声硁硁的,可鄙呀……"这是你慨叹无人了解你的内心呀!无人了解自己,那安心就好了呀,何必这么纠结呢?!

这位荷蒉者,担心自己表达得不彻底,又引用《诗经》之句来比喻:"过河时,若遇到水很深,那就索性不顾衣裳,抓紧走过去;若遇到水浅,就撩起衣裳走过去。"言外之意,是提醒孔子做事要顺势而为，不要纠结，安心做好当下。孔子听完后，很尴尬！心中纳闷：二人素昧平生，可他是怎么听出来的呢？！

于是，孔子开始发愤学琴，拜师当时著名琴师师襄。

其间，师襄教了他一首曲子，孔子连学了十天，也未增加新曲。后来，师襄对孔子说："可以学新曲了。"可孔子却答道："老师，虽然这首曲子我已熟悉，但我还未能熟练掌握琴技。"过了不久，师襄又来检查学业。听完后，跟孔子说："你的琴技已经娴熟了，可以学新曲了。"可孔子又答道："老师，我还没有领会乐曲内在的情感意蕴，还需要继续深入练习。"过了不久，师襄又来了，问孔子："现在怎么样了？"孔子答道："我还没有体会出作曲者是怎样的一个人呢？"师襄很是赞叹，欣然离去。又过了不久，师襄又来了。这次，孔子神情肃然，似在深思着什么，突然又表现出心旷神怡、志向远大的样子，对老师说道："我终于体会出作曲者是一个什么样的人了！他肤色黝黑，身材高大，目光明亮而深邃，好像一个统治四方诸侯的王者，除了周文王，又有谁能够有如此的气象呢？！"师襄恭敬地离开席位，给孔子稽了首，赞叹道："恭喜你啊！你知道吗？我的老师之前跟我说过，这首曲子叫《文王操》，作曲者就是周文王呀！"师徒大喜。

《史记·孔子世家》所载这段孔子学习琴曲《文王操》的过程——从老师师襄处得其曲（曲调），再到明白其数（结构），再到明白其意（意蕴），再到明白其人（为人），以至于最终达到了解其类（体貌）——弹奏文王之曲而知文王之人！至此，孔子对声音的领悟，已经达到人琴合一的妙境了！后来，"《诗》三百五篇，孔子皆弦而歌之"。（《史记·孔子世家》）是说，《诗经》中的每一个篇章，都是伴随着琴乐，被孔子一首首唱过去的……

这种通身遍布法喜道悦的生命，何其激动人心啊！

例二：颜回辨音

据《孔子家语》卷五载：孔子在卫国时，有一天清晨，远处传来哭声。孔子问弟子颜回："你知道他为什么哭吗？"颜回答道："这个声音中，不仅仅是死别，而且还有生离！"孔子紧接着问："为什么呢？"颜回说："我听过桓山之鸟，生了四只小鸟，羽翼既成，将分于四海，其母悲鸣而送之，其哀声与这个声音很相似啊。"孔子于是派人去问哭者，结果果然就像颜回所说的一样："父亲死了，家里太穷了，没有钱下葬，所以就卖掉孩子换钱来葬父亲！"

你看，这孔门师徒，真是神一样的存在！

颜回能从哭声中听出事情的规律来，今人望尘莫及！

而对于颜回，孔子一直是赞叹有加的。

当年，弟子黄诚甫请教王阳明：孔子弟子中，子贡和颜回的学问差在什么地方？王阳明说：子贡博学多识，经常在见闻上下功夫，颜回则多在存养心性上下功夫，所以，对于孔子所问的问题，子贡的回答往往只是停留在知识见闻上，孔子因此慨叹和惋惜。而颜回做事，不会迁怒于别人，并且同样的错误也不会犯两次，这一点只有具备了"未发之中"的功夫才能够做到。因而，孔子更欣赏颜回。

而从这个例子中，我们也会发现：人啊，并不是长了耳朵就能听懂人话的！

顺便分享一个"颜回说马"的故事。

据《孔子家语·颜回十八》载：东周时期各国诸侯之间特别喜欢赛马，国君养马者非常普遍，田忌赛马的成语就出现在那个时期。有一天，鲁定公问颜回说："东野毕擅长驾驭马车吗？"颜回答："擅长倒是擅长，但他的马一定会逃跑。"鲁定公听了很不高兴，不欢而散。鲁定公进入内室后还对左右的人说："君子中也有在背后说别人坏话的呀！"三天后，一名校尉来拜见鲁定公，说："不好了！东野毕的马，跑了！车两旁套马的缰绳也断裂了，只有两匹马回厩了。"鲁定公听完一惊，越席而立，说："快驾车去接颜回。"颜回来到后，鲁定公问："前天先生说东野毕的马一定会逃跑。不知先生是如何知道的？"颜回答："臣是根据政事得知的。从前舜很巧妙地使用人民，而造父很巧妙地使用马匹。舜不用尽民力，造父也不用尽马力，所以舜手下没有流民，造父手下也没有逃跑的马匹。如今东野毕的驾驭，上车就拉紧马辔头，马衔扣安排得很正；迈开步子快速奔跑，都已调习而合乎礼仪了，历尽艰险到达很远的地方，马的力量用尽了，可是东野毕还要求马不停地跑。物无美恶，过则为灾，我根据这些就知道他驯的马会逃跑。"鲁定公说："嗯，说得很好！还可以再进一步讲讲吗？"颜回答："臣听说：鸟被逼到尽头就会啄人，兽被逼到尽头就会抓人，人被逼到尽头就会欺诈别人。从古到今，还没有把自己手下逼到尽头而自己不危险的。"鲁定公听完很是赞赏！

后来，鲁定公将此事说与孔子。孔子对曰："夫其所以为颜回者，此之类也，岂足多哉！"孔子说，这算什么呀？颜回之所以是颜回，就是因为在他身上类似这样的事情太多啦，没什么新奇的！听得鲁定公一脸的惊愕……

从孔子对颜回的评价中，可以看出：颜回的格物功夫也非同寻常！

孔子弟子中，有很多人追随子贡。为了服众，孔子曾当着众人的面，问子贡："你和颜回比谁厉害呀？"子贡说："我是举一反三的人，而颜回是举一反十的人，我不如他！"孔子点点头，笑了！

后来，子贡评价孔子的学问时，说他"如万仞高墙"——走进去之后，富丽堂皇，应有尽有！

例三：蔡邕知音

三国时期的曹操，也喜欢琴，学习也很用功，并且他还有一个很牛的老师——蔡邕。

这个蔡邕确实不一般！当年，蔡邕在吴地，某日夕食时，他在村中行走，恰遇一户人家烧桐木生火做饭——古称"烧爨"，北京市门头沟区就有一个村叫"爨底下村"。蔡邕从这户人家门口经过时，突然间停了一下，愣了稍许，然后返身进院，对主人说道："快点儿把烧的木头拿出来！"主人问："怎么了？"他说："快点拿出来！"然后就跟主人一起把正燃烧的桐木拽了出来。主人不解，他说："你知道吗？我听到这个木头燃烧的声音极佳，是做琴的好料！"然后，就问："这个木头，我要买下来，要多少钱？"主人说："这要什么钱，所有柴禾都是从山上就地取材来的，又不花钱，再说也烧了，你要就送给你吧。"蔡邕如获至宝，高高兴兴地就把这个木头拿走了，回去就用它做了一把琴，琴声异常精妙，从此琴不离身，走到哪儿带到哪儿。因为桐木已部分被烧毁，做成琴后，该琴琴尾有烧焦的痕迹，时人谓为"焦尾琴"——这便是中国古代四大名琴之一"焦尾琴"的来历。

但蔡邕的耳朵，不仅仅会听焚木的声音。当年他在家乡陈留时，有一日，好友约他第二天中午到家中餐叙。次日中午，蔡邕赴约。当他快走到友人宅院门口时，忽然听到院中有人弹琴，便立定脚步听了一会儿，听着听着，焕然转身急返，几乎是跑着回家的！进了自家院子，把门一关，还从里面反锁了。直至午餐时间已过，蔡邕也未赴约。而蔡邕那位朋友还在疑惑：明明约好的时间，为何蔡邕一直没来呢？便带着童子到蔡邕家一寻究竟。到了后，敲门不开，朋友就隔门问蔡邕："为何没有赴约？"蔡邕答道："你根本就不是请我吃饭，你是要杀我！"朋友闻言，更是莫名其妙！惊诧地问："我俩关系交好，且无冤仇，我请你吃饭，怎会杀你？"蔡邕说："我走到你家院子篱笆墙外时，听到院中有人弹琴,那弹琴者是不是你?"朋友说:"是啊。"蔡邕又问:"那你所弹的琴声中为什么充满了杀机?"朋友更是不解,说:"我的琴声中怎会有杀心?不会的呀!"蔡邕又说:"我是害怕你杀我才跑的呀!你仔细想想,你弹琴时究竟动了什么心念?"这个朋友听完,回想了一会儿……突然哈哈大笑,说道:"哎,真是误会,我来给你解释一下吧!你还未到,我就在院中边弹琴边等候你。可弹琴时恰好看见琴桌对面篱笆叶上,有个鸣蝉正往上爬,时值我院中植物今年遭遇虫灾,叶子被虫子吃掉很多,我一直很愤恼。恰在这时,鸣蝉后面又出现了一个螳螂,我边弹琴边想:螳螂快点把虫子吃掉,别让它跑了!然而,蹊跷的是,鸣蝉可能是太胖的原因,突然从叶子上掉了下去,落在了下面的枝叶上!但螳螂并没因此放弃,又悄悄地从后面接近鸣蝉,举起前臂,准备捕食。当时的场景,看得我心随起伏!由于担心螳螂捉不到蝉,我就一边弹琴一边想:这回可别让它跑了,把它吃掉!可能你听到的正是我此时的琴声吧!我心中这些念头,通过手指传到琴音中去了,这应该就是你所感受到杀心的原因所在吧?"蔡邕听完之后,心中一下子释然:原来是这样啊!不是他想杀我,而是祈盼螳螂吃掉鸣蝉……

看来,一个人的思想、意识以及运气完全是可以从其所做的事情中传递出去的!

例四:闻声知人

《黄帝内经·素问·宝命全形论》专门载有声音与疾病关系的内容:

"岐伯对曰:……弦绝者,其音嘶败;木敷者,其叶发;病深者,其声哕。人有此三者,是谓坏府,毒药无治,短针无取,此皆绝皮伤肉,血气争黑。"

其中所言"弦绝者，其音嘶败；病深者，其声吵"。是说，通过听声音，便可知道病情轻重程度。这两种声音，其结果就是"坏府，毒药无治，短针无取"。

古语云："声音一烂，必遭其乱。"这句话指的不仅仅是对疾病的判断，在现实社会的公共场所、小区、人群聚集地等环境中出现的声音，均可依此下结论。有些地区是非或疾病多发等，也可以通过该地的常态声音来反思。这就是"其大无外、其小无内"。

据《三国典略》记载：后魏末年，"有吴士，目盲而妙察声"。这个吴地来的士人，精通声音之道，从中可预判祸福。丞相高欢的世子渤海王高澄请他来试听验证。他听了刘桃枝的声音后说："当代贵王侯将相死于其手，然譬如鹰犬，为人所使耳。"当代的贵人王侯将相都将死于此人之手。但此人却像鹰犬一样，总是听他人命令而行事。又听了赵道德的声音，说道："这也是位贵人啊。"听了太原公高洋的声音后，说道："你将来能当君王。"但在听完高澄的声音后，就不言语了。崔暹暗中掐了他一下，他才违心地说了假话："也是国王啊。"高澄听了后，骄慢地说："连我家里的仆人都是极富贵，更何况是我本人呢？！"后来，北齐诸王及大臣皆被处死，多数都是由刘桃枝斩首的。而高澄也遭遇了兰京之祸，被家中做饭的仆夫兰京所杀。"声音一烂，必遭其乱。"我估计高澄就是这个烂声。而至于高洋，则是在取代了后魏之后，自封为文宣王，成为北齐的开国君王。

这个吴士当年的判断，个个准！你说，他的耳朵怎么就这么神奇呢？

可见，人，不是长着眼睛就能看懂人心的，也不是长着耳朵就能听懂人话的，要有功夫才行。"眼耳鼻舌身意，个个都是证道的法门，要问问自己：几十年来，它们都是如何被你荒废的？！"(《会心》)

古语云："为人父母者，不懂医为不慈；为人子孙者，不懂医为不孝。"怎么不孝了呢？是说，作为子女，若有一天父母说话的声音发生了变化，会听音的子女，便会知道父母的身体内在生病了，要及时调理、治疗；若不会听音，便会错过调治的最佳时机，以至于最后大病铸成，再送医院……古人称之为不孝！这也是古代科举不仅考经典、才艺，还考中医的原因——首先要你能明孝道和葆有自知之明的功夫！

例五：闻声知病

声音之道，落实在中医，就是诊病方法"望闻问切"中的"闻"，即通过听闻人的说话声音来判断疾病。在日本，"闻"的意思与东汉《说文解字》中对"闻"的解释完全相同——"闻"即"听"。

清代乾隆皇帝是满族人，祖籍中国辽宁，因而有很多亲戚都在辽宁沈阳一带。有一年，沈阳有个王爷，儿子重病，四处求医无果，遂求助乾隆皇帝。乾隆阅信后，命当值御医黄元御（传世有《四圣心源》）连夜前往。三日后，王爷在门口降阶相迎御医黄元御，延请至中堂落座后，王爷跟黄元御说："先生一路奔劳，是否先休息一下，之后再出诊？"黄元御答："不用休息了，看病要紧。"王爷非常感动，说："那就有劳御医了！请随我去病人处。"不料，黄元御却端坐未动，说："王爷且慢！有一事需跟您确认，刚才我进府后听到东厢房有哀号之声，那声音是否为患者所发？"王爷说："正是呀，那是我的儿子！"黄元御凝思片刻，说："如果王爷您确认是他的话，那我就不用去治了。"王爷大惊，问："为什么呀？"黄元御说："根据他的声音，我断定他的肺已经全部烂掉了，无法治愈，且很快就会死掉。"王爷听完，问："您确认吗？"黄元御说："如果您确认那个声音是患者的，我就能确认！"王爷愣了半天，没想到等御医却等来了这个结果……思忖良久，王爷请黄元御稍坐，起身就出去了。不到半个时辰，突然有人进门，手中还捧有一个托盘。黄元御一看，盘中有一坨烂肉，上面还有血和白色的沫子，并且散发出刺鼻的腥臭味。黄元御正要问这是什么的时候，王爷随后也进来了，手里还提着一把刀，刀上有血在缓慢滴着。王爷没等黄元御说话，便说："太医，你太厉害了。你说的都对！这盘中就是我儿子的肺，已经全烂了！"黄元御一时间没有反应过来，还问了句："那，人呢？"王爷答道："我把他杀了，把他的整个肺都挖出来了，正如你所言，全部烂掉了。"闻听此言，黄元御心中大惊——自己虽然能做出准确判断，但王爷的做法，却让他毛骨悚然……黄元御随后告辞，连夜返程了。

"肺为声音之门，肾为声音之根。"（宋代杨士瀛《仁斋指方论·声音方论》）"肺主出气，肾主纳气，阴阳相交，呼吸乃和。"（清代石寿棠《医原·闻声须察阴阳·论》）从御医黄元御这个闻声诊病的案例，我们足可得窥中医之伟大！

而黄元御这个案例，较之于战国时期的扁鹊、文挚等名医，读来更令我震撼，震撼于他"闻声知情"的知音功夫！

黄元御之所以能有如此高明的医术，是源于幼年所患的一次眼疾。庸医不仅误诊，治坏了眼睛，又殃及了脾胃。自那之后，他发愤学医，终成一代名医。传世有《四圣心源》等医学著作，给后世留下了宝贵的医学财富。其第五代传人麻瑞亭，仅从黄元御的药书中，摘取一副药方，就用了一辈子，治好无数病人——这副药至今仍广为流传，名叫"板蓝根"。

以上数例，均是对格物之学中声音之道的践行。邵雍曾说："天听寂无音，苍苍何处寻？非高亦非远，都只在人心。"（《天听吟》）上天能够于寂静无声之中听闻万物的规律，可对于常人而言，在这苍苍茫茫中如何去寻觅呢？它既不在高处也不在远处，它只在人的内心里啊。

邵雍之叹，是在强调"道不虚行只在人"，因为"道不远于人，乾

坤只在身。谁能天地外，别去觅乾坤。"（邵雍《乾坤吟》）

邵雍以诗传道的高意，真正能领悟的人并不多，尤其这后两句，往往被当作一种无法挣脱世事罗网的感喟——明代画家陈录就曾经直接引用这两句为自己《中秋拨闷》的尾句：

> 晚有悲秋意，秋来此夜分。
> 可怜清夜酌，尽是白头人。
> 紫盖终携病，朱陵愿卜坟。
> 谁能天地外，别去觅乾坤。

人要明道，才能有自力更生的能力，才能自我救赎。

而"遇事能断，才是真君子"（《会心》），能解决问题，生命才会有热气腾腾的气象。

第三节　一切有迹可循

> 格物智慧象为先，识势识因妙难言。
> 但能做得主中主，超凡入圣赛神仙。

《诗经》曰："有物有则。"万物都有其成住坏空的规律，都可以通过不同的格物方式去判断。但所有方法，都是建立在格物智慧三十二字窍诀基础上的。能够透过身边事物感知当下时空的势能属性，然后做到与时偕行，顺势而为，才是高人。

高人都有自信的特质。那，自信是从哪里来的呢？自信就是来自于能随时随地令生命"腾空而起"的翱翔功夫！

有一日，邵雍与友人同游嵩山。两人走累了，便在一树下休息。友人忽然心血来潮，指着树问："先生知道此树何时枯吗？"邵雍却一反常态，沉默不语。友人心想：不会是被难住了吧？便问："先生为什么不说？"邵雍不慌不忙地说："不是不答，我是在等树告诉我呢。"没过多久，树上有片叶子落了下来。邵雍见状，便说："等我们返程后，这棵树就死了。"结果，二人还没到家，就有人把那棵树给砍了。邵雍这次是以叶落时间来推断树的死期的。（元代王恽《玉堂嘉话》卷四）这种方法，听来令人十分诧异！

　　并且，邵雍这个案例，与前述三国时期的吴范通过"军中小旗被风吹动"判断"关羽被抓到"的案例，颇有异曲同工之妙！

　　但最重要的是，人们对邵雍这种种神验，都怀有同样的疑惑：他究竟是怎么知道的呢？！

　　对此，清代《易》学翘楚江永在其传世之作《河洛精蕴》中专门阐释道："邵子《易》数甚精，如通一物，超数算之，便可知是物何时而始，何时而终。但必有动处，方能起算。如见一叶落，便从落叶之时起算。"江永一语道破其中的玄机所在——"必有动处，方能起算。""一动一静之间有自然之数。不动不占，不因事不占。故皇极之数专在动上求之。"（明代杨向春《皇极经世心易发微》）并且，"非高亦非远，都只在人心"。（邵雍《天听吟》）心为万法之门，一切法皆由心造！

　　杨向春与江永之论，皆阐发了邵雍对格物智慧践行的大旨——世间万物皆在阴阳动静之间，不外《易·系辞》所言"一阴一阳之谓道"。真正的大智慧就蕴于这虚实、显微、动静之间的抉择，道不虚行只在人。而人们常说的"心动法生"，即是往圣们对这种实践智慧的提炼。

　　这种关于"有无之间的沟通"，展示了中国文化"天人合一"践行的种种道径。即便是民间至今仍繁衍流传的扶乩、占卜、跳傩等古代方法，其心旨亦无出其外。想必这也是邵雍能成为新加坡、马来西亚等地"德教"教圣的要因之一吧。

先秦典籍《吕氏春秋》说："有道之士，贵以近知远，以今知古，以所见知所不见。故审堂下之阴，而知日月之行，阴阳之变。见瓶水之冰，而知天下之寒，鱼鳖之藏也。"掌握大道规律的人呢，最令人称赞的就是他能通过近处的显象，了解远处的事情；通过所看到的内容，了知没有看到的结果。所以，这种人看到厅堂下面的阴影就知道日月运行以及阴阳的变化；看到瓶子中的水结冰了，就能够知道天下开始寒冷了，鱼和乌龟等水族都要藏起来过冬了。《吕氏春秋》这段话强调的就是世间万物都具备"物物相应"的天人规律，并且，"同声相应，同气相求；其大无外，其小无内；运用之妙，存乎一心"——道理完全相同，没有大小的局限，如何运用，就全靠你的内心了！这就是人们常说的"道不虚行只在人"，大道的规律一直都真实地存在，能否掌握，就看每个人自己的水平了。

当年，王安石被罢免宰相之职后，吕惠卿受到重用，主持朝政。有一天邵雍看到富弼后，见他面有忧色，知道他是因为吕惠卿上位而为朝廷担忧，便劝说道："你怎么能认为吕惠卿的执政手段就一定会比王安石更严酷呢？"富弼说："我认为会的。"邵雍说："不用担心。王安石与吕惠卿，本来就是因为权势和利益所向而走到一起的，如今二人在权势和利益的取向上已经敌对了，必定会成为仇敌，根本顾不上陷害他人。"不久，吕惠卿果然背叛了王安石。而明代冯梦龙对这件事的评价则更能令人得到深入了解，他说："当年王安石推行新法时，提拔新人上任。司马光给他写信说：'那些忠信之人，在你当政时虽然看起来龃龉可憎，但以后必定会大受其益；而那些谄谀之人，虽然现在看起来让你有顺利合宜的愉悦感，但你一旦失去权势，他们中一定会有出卖你而自赞自保者。'"其实，司马光说的就是吕惠卿啊。（明代冯梦龙《智囊·明智部·邵雍》）最后，给王安石背后捅刀子的，就是他最信任的吕惠卿。司马光一语成谶！

在这个问题上，邵雍与司马光二人是英雄所见略同，他们都是"知几知微"的高人。

古语说："近朱者赤，近墨者黑。"当你与高人在一起时间久了，往往你也会成为高人。富弼就是一例。当年，翰林学士苏轼在离任之际，推荐大诗人、大书法家，洪州分宁县（今南昌市分宁县）人黄庭坚接任。他热情地赞扬黄庭坚是"瑰伟之文，妙绝当世；孝友之行，追配古人"。在苏轼眼中，黄庭坚之才之德，在当时是鹤立鸡群，亦毫不逊色古贤。但是，宰执天下数十年的富弼，却对黄庭坚不以为然！他说："起初，我还以为黄某人是何等出色人物，原来只是分宁一茶客！"你看，富弼与苏轼二人对黄庭坚的看法截然相反。苏轼看的是才华与孝举，而富弼看的是政治与担当。他从两个方面就看出了黄庭坚未来仕途的无望。其一是，黄庭坚七岁时写了一首《牧童诗》："骑牛远远过前村，短笛横吹隔陇闻。多少长安名利客，机关用尽不如君！"苏轼等人看到这首诗，都大赞妙绝，认为他小小年纪便能看透人情世故、功名利禄，十分睿智。但是，富弼却不这么认为。他认为黄庭坚小小年纪，就把官场看成名利场，把天下官员都看成勾心斗角的权谋之士；再加上青年时期的黄庭坚自称为"清风客"，认为他对国家不会有基本的责任感与使命感。其二是，有一年，黄庭坚以洪州第一人的身份来到京城参加科考，没想到却意外落榜。黄庭坚看着榜文，面静如水。对于这种表现，富弼认为，淡泊名利固然高雅，但若人人标榜清高，国计民生谁来担任？！富弼的判断果然没错。这个恃才傲物、时常讥讽他人惹祸上身的黄庭坚，到最后，无论贵人如何相助，其官职亦变迁多次，却依然卑微到老——官位最高时也不过是员外郎，连知州也没做几年，除了编修史书，政绩几无。

因此，有才华者，未必有道。在富弼看来，黄庭坚便是此类。

世间大智者，于隐幽几微之处，亦能无愧于青天。邵雍便是这样的贤达。

邵雍非常重视知"几"。他说："何者谓之几，天根理极微。"（《冬至吟》）什么是"几"呢？就是极微妙处。如果你能在万物的极微妙处，都看得清清楚楚，梳理得妥妥当当，你就拥有了"知几"的功夫。而有了这个真实无伪的"知几"功夫，就能抵达孟子所言的"穷则独善其身，达则兼济天下"（《孟子·尽心上》）之境了。

而当你一旦抵达了这种境地，就拥有了知几、应机、取象、识势的格物功夫，就能真正体悟到"安分身无辱，知机心自闲。虽居人世间，却是出人间"（邵雍《安分吟》）的洒脱与无为之智。

针对邵雍的种种神验，程颐认为："其心虚明，自能知之。"邵雍的心非常安静，虚澈清明，所以能了知万物的势能变化规律。而朱熹也说："他气质本来清明，又养得纯厚，又不曾枉用了心，他用心都在紧要上。也正因为他静极了，所以把天下都看得事理精明。""尝于百原深山中辟书斋，独处其中。王胜之常乘月访之，必见其灯下正襟危坐，虽夜深亦如之。若不是养得至静之极，如何见得道理如此精明！"对此，南宋张行成进一步解释道："惟至诚存心者，其心虚明。有心之用，无心之累，不累于物，乃能如神。"（《皇极经世·观物外篇衍义》卷八）只有诚意十足的人，他的心才能达到虚明的状态。人心无欲而用的时候，就会抵达于事无心的状态，即便身体劳累，但心却不会劳累，这样的人有如神助一样。

对此，当年邵雍给儿子邵伯温讲过的一个故事，更能令人加深理解。他说：京城曾经有一位道士，每天在街上喝酒，喝醉之后，经常告诉别人："今天某人会来。"最后都会如其所言。此后，他说其他事情也都能屡屡言中。有人问他："是用什么方法判断的？"他答道："无心罢了。"可是，人们不懂，便又问："没有心，怎么能学呢？"他说："刚刚要使人学无心，就已经有心了。"（邵伯温《邵氏闻见录》卷十九）

《易经·系辞上》载："易，无思也，无为也，寂然不动，感而遂通天下之故。"不去思维，不去造做任何事情，让内心寂静不动，这样你就能感知到天下万物势能变化的规律了。这个无心之感，是格物智慧的最高境界。《黄帝阴符经》说得好："人心若与天心合，颠倒阴阳只片时。"人心与天心相融洽契合的时候，事情从因推果，从果知因，就都是很简单的了。

但是，这种"虚明"的境界，不能是空洞的，它必须有所承载。对此，宋代张耒在《续明道杂志》中讲得最清楚："（邵雍）其学得诸《易》数，谓今五行之外复有先天五行，其说皆有条理，而雍用之，可以逆知来事，其言屡验。"邵雍的学问根底源自《易》道，但于应用，邵雍却别有创见，强调在现有五行之外，还有一套先天五行机制，并且阐释也非常有条理，应用起来更是可以推演事物的前因后果，屡屡准确应验。

明白了吗？邵雍这个能随时"应机"的功夫根底，是伴随其"虚明"之心境，才得以在不动声色之中，令人惊心动魄的！

而这，也是他"其言屡验"的核心保障。

关于邵雍运用《易》理、通过五行和八卦占验的案例，在清代《故宫珍本丛刊·术数》中所录《梅花易数》一书中记载较多。例如：

一个辰年的十二月十七日申时，邵雍正在观赏梅花，突然间看到两只麻雀在树枝上争闹，争打过程中又掉到了地上。邵雍说："《易》中讲得很清楚：'不动不占'。世间事，不发生变动就不去推验。现在两只麻雀因为抢占枝头而坠落到地上，比较奇怪。推演一卦，看看预示着什么？"于是，他就用干支排序对应数字的方法占卦。用辰年数字

5，十二月数字12，十七日数字17，三者相加5+12+17=34，34除以8，求得余数为2，2为兑卦，作为上卦。前面的数字34再加上申时对应的数字9，所得总数43，43除以8，求得余数为3，3为离卦，作为下卦。上下卦合得为"泽火革"卦。另外，上下卦总数为43，除以6求动爻，余数为1，这个1便是动爻。1在前述所得革卦中对应初爻，初爻为动爻，阴阳互变，变为"泽山咸"卦，互卦有乾卦和巽卦。

邵雍分析道："详此卦，明晚当有女子折花，园丁不知而逐之，女子失惊坠地，遂伤其股。右兑金为体，离火克之。互中巽木，复三起离火，则克体之卦气盛。兑为少女，因知女子之被伤，而互中巽木，又逢乾金兑金克之，则巽木被伤，而巽为股，故有伤股之应。幸变为艮土，兑金得生，知女子但被伤，而不至凶危也。"仔细看此卦，明晚应有女子来折花，园丁误以为女子是小偷而追逐她，使得女子惊慌失措跌落到地上，会摔伤右侧股部。兑金为右边为体卦，离火克兑金之体主不吉。在互卦中，巽木生离火，又使得火克兑金之体的势能很旺盛。兑金为少女，由此可知是少女受伤。而互卦中的巽木又被乾金和兑金相克，巽木受克而导致受伤，巽为屁股，所以会伤在屁股。幸好此卦中的巽卦变卦为艮卦，兑金卦得艮土卦相生，由此可知，虽然女子受伤，但不至于凶险危及生命。后来，邵雍所言全部应验！

后世参学者，常有人问：为什么乾卦是园丁，巽卦是股？

是因为，乾卦代表管理者。园丁就是花园的负责人，所以用乾卦代表。而巽卦代表股，是因为《易经·说卦传》载："巽为风，为绳直"，巽卦像风、像绳子一样可曲可直，而人的屁股，是食物排泄的出口，大小便的动态形状如同"绳直"之状，且人的"屁"亦是如风一样呈现。因而"屁股"属于巽卦。这些象理皆从自然中取象而来。

以上就是历史上最经典的占验案例：观梅占。而书名《梅花易数》也是由此而来！

在邵雍的诗作中，有一篇与《易》道联系紧密的《梅花诗》传世——

荡荡天门万古开，几人归去几人来？
山河虽好非完璧，不信黄金是祸胎。
湖山一梦事全非，再见云龙向北飞。
三百年来终一日，长天碧水叹弥弥。
天地相乘数一原，忽逢甲子又兴元。
年华二八乾坤改，看尽残花总不言。
毕竟英雄起布衣，朱门不是旧皇畿。
飞来燕子寻常事，开到李花春已非。
胡儿骑马走长安，开辟中原海境宽。
洪水乍平洪水起，清光宜向汉中看。
漫天一白汉江秋，憔悴黄花总带愁。
吉曜半升箕斗隐，金乌起灭海山头。
云雾苍茫各一天，可怜西北起烽烟。
东来暴客西来盗，还有胡儿在眼前。
如棋世事局初残，共济和衷却大难。
豹死犹留皮一袭，最佳秋色在长安。
火龙蛰起燕门秋，原璧应难赵氏收。
一院奇花春有主，连宵风雨不须愁。
数点梅花天地春，欲将剥复问前因。
寰中自有承平日，四海为家孰主宾。

后世对此诗内在所蕴之意，颇有玄妙之解。见仁见智，各怀其观。而《梅花易数》书名之缘起，是否也曾受到此诗之影响，可作一思。

此外，因上文谈及乾卦，就此再延展一个故事以作资鉴——

当年邵雍与富弼还有这样一段值得玩味的对话："富彦国问尧夫云：'一从甚处起？'邵曰：'公道从甚处起？'富曰：'一起于震。'邵曰：'一起于乾。'"（《上蔡语录》）

富弼问邵雍："'一'从何处所起？"邵雍反问道："你说从什么地方起呢？"富弼说："'一'起于震。"邵雍回答道："'一'起于乾。"

笔者认为，富弼所言"'一'起于震"，当时取震卦为一阳生之意，讲的是物之象（用）。而邵雍所言"'一'起于乾"，是因为乾卦为天，是生万物者，为一切所出。邵雍强调的是物之理（体）。在那个理学大兴的宋代，当然是应该"穷理尽性"才是。"邵尧夫详论圣人体用，究其极一归于理。人知邵子之妙于数，而不知其精于理。即理而数在焉，非有二也。程子尝问知数为知天？抑知理为知天？邵曰，还是知理为知天。斯其所以为邵子也。学者皆以邵学专主数，不知言数原不外乎理也。"（清代陈宏谋《学仕遗规》）

"康节之学本于明理。"（宋代朱熹、李幼武撰《宋名臣言行录》）不明天理，何能言数？！这就是邵雍"以天自处"（《上蔡语录》）的道慧所在啊！

第四节　法法不相违

明代张岱《夜航船》卷十四载有"王远知制玄女课，邵尧夫拆字观梅数"之句。其中，后句所指系邵雍的《梅花易数》。日本于明代景泰年间（1450—1457年）对该书即有翻刻，日本江户末期的1680年，大田平右卫门版的《梅花心易明鉴》与和刻本的《梅花心易掌中指南补卷》（中根松伯，生于1893年）成为当时最流行的版本。而后者，是日本易学研究的重要代表作。此外，日本三密堂书店于1972年出版的薮田曜山的《译注梅花心易》也颇有代表性。

清代《故宫珍本丛刊·术数》中录有《梅花易数》（五卷），标注为邵雍著，书中有清初大儒黄宗羲所作之序。该书是后世借由邵雍之径学习格物之学最为普及的入门书籍，书中所涉方法均以汉代象数《易》学体系为主，兼有观物歌诀、字占等多元内容。后世对该书作者是否为邵雍，多有存疑。笔者认为该书系后世汇总邵雍案例并结合时例而成，非为邵雍亲作（内有南宋朱熹"八卦取象歌"可证）。但该书内容及其核心应用方法，亦不离邵雍之学的基本窠臼，经年以来亦成为世人学习和实践其学的纲领性著作——可谓有"如贫得宝、如暗得灯、如饥得食、如旱得云"（《警世通言》卷九）之功，再加之世人对邵雍之学契入角度之不同，伴随着多元的解读，该书的传播越来越广，而外延也越来越多元，影响更是越来越深巨——数百年来，日益枝繁叶茂，硕果累累，荫庇着无数爱好者的精神家园，滋养着中国智慧的精神力量。

笔者一直认为：真谛在行间，不在唇间。有营养的东西就有价值，我们需要汲取先人们留给我们的经典文献的意义和价值，以"取好用之"的态度，力争把能够遇见的所有的优秀，都带入自己的血液中，并持续地供给未来，这才是最应有的学习态度！

"不易流行，取好用之。"这个源自江户时代俳句大师松尾芭蕉的名言，强调的是：首先要继承好，这叫"不易"；然后是保持创新，这叫"流行"；再其次，顺应时代所需，学习一切有益于自己进步的内容，这叫"取好用之"。日本明治维新之后，其社会教育的核心是"取好用之"——向全世界学习一切先进优秀的内容。

世间事，万象森罗，无有十全十美，但求取好用之，并应从当下开始。

我们继续增加对邵雍格物智慧更滂沛的认知：

一、传书致金

清初大儒黄宗羲在《梅花易数》书序中记载：有一天，邵雍（时年41岁）午休，睡意正浓之际，突然一只老鼠跑到床前来，扰醒了他。仓促之际，邵雍便用头下的瓦枕，投向老鼠。可是，没打着老鼠，但瓦枕却摔碎了。而令人惊讶的是，邵雍在瓦枕碎片中，赫然发现一个字条，上面竟书写着："此枕卖与贤人邵雍，并于某年某日某时，击鼠枕破。"（一说"枕中有字曰：'此枕当卯年四月四日巳时见鼠而破。'"）邵雍非常讶异，便找到卖瓦枕的制陶主人家问个究竟。制陶主人说："以前有一老人手中拿着一部《周易》，坐在这个瓦枕上休息，那几行字一定是他写的。他已经很久没来我这了，但我还记得他家地址。"于是，制陶主人便带着邵雍找到了那位老人的家。可惜，家人告知老人已经过世了。在说明来意之后，他的家人捧出一册古书，告诉邵雍："老人临终时曾留言：'某年某月某日某时，有一位秀气的士人来访，你们便将此书送给他，此人一定能完成我的志业！'没想到老人家所言果然不虚，今天您来了，请接受他老人家一生的心血之著吧！"邵雍双手捧过书一看，发现这是一部研究《易经》的文稿，并且还附有口诀和实例。邵雍当场根据书中所言进行推演，非常准确（雍曰："物皆有数"）。邵雍用书上记载的方法推演后，告诉这家主人："您父亲在世时，曾把一瓮黄金埋藏在睡床西北方的地下，你们可以用它来料理老人的后事。"这家人按照邵雍所说的去办，竟然真的得到了一瓮黄金！邵雍带着老人的《易》书，也欢喜地回去了，终日细心研读，获益匪浅。

无独有偶。邵雍的这个经历，与西晋的隗照有着异曲同工之妙——

据宋代《太平广记》第二百十六卷载，西晋的隗照精通《易经》，临终时对妻子说："以后即使遇到了荒年，也不要卖掉咱们的这个房子。五年以后，有个姓龚的朝廷诏使路过我们家，你就让他偿还他所欠我的金子。到时候，他如果要凭证，你就把我写的这块书板给他看，这样就可以了。"妻子疑惑不解。

隗照死后没两年，天降大灾，蝗旱相连，家中度日艰难。但隗照妻子牢记丈夫的话，坚持不卖房屋。等到了第五年，有一天，果然有一个姓龚的诏使路过他家。隗照的妻子按照丈夫的嘱咐，将他请到家中，向他讨要欠隗照的金子。那个姓龚的官员感到迷惑不解，便问隗照妻子："你凭什么说我欠你丈夫的钱啊？"隗照妻子于是将丈夫留下的书板拿给他看。那个诏使看完书板后，还是不懂原因所在。最后，他自己当场占了一卦，看后，惊叹道："真奇妙啊，隗照！"说完，便对隗照的妻子说："我不欠你金子，是你这位善良的丈夫生前自己埋藏着金子，准备等你有困难时再拿出来用。他知道我擅长《易经》，所以就让你这样做，让我帮你找到金子——他在一个青瓷罐中装有五百斤黄金，就埋在你家的堂屋里，在离墙一丈远的地方，深有九尺。"隗照妻子闻言大惊，深觉不可思议！但还是掩饰不住惊喜，马上按照姓龚的诏使卜卦所言位置去挖土，果然得到了一罐黄金！真是喜从天降……

你说神不神？！

这件事情，细细分析，也许隗照怕自己提前告知之后，家人会把钱花掉，导致后面过苦日子或者因财生祸，所以就用如此玄妙的控制钱财使用节奏的方式，来照料家人的未来生活。这无影的功夫，真是令人匪夷所思啊！

人世间，真正的高手，往往展示的都是"以虚致实"的大智慧。

二、"西林"改字

有一天，邵雍无意中走到了西林寺，抬头看到中间的"林"字无钩，觉得奇怪，便起卦占验。然后，告诉寺中和尚："此寺内会连续发生女人的祸患。"和尚听完很吃惊，告诉邵雍确实如此，并请他指点迷津。

邵雍说：只要将"林"字中的两个"木"的竖笔，添上二钩即可，这样就会灾祸消失。

和尚按照邵雍所说的去做，果然寺院就从此平安了。

那，邵雍是如何判断的呢？

他是以"西林"二字起卦，因"西"字在书写的笔迹中有断笔，因此笔画按照七画计算，七为山为艮；而"林"字的笔画是八画，八为坤为地；二者组合起来便是"山地剥"卦。剥卦之义是群阴辱阳。而寺庙是属于纯阳（男性僧人）之地，遇到群阴辱阳的卦象，据此判断寺院中会出现女人所引发的灾祸。

而至于为什么"林"添上二钩就可以解除灾祸？那是因为：添上二钩后，"林"字的笔画就变成了十画，原来的"山地剥"卦就变成了"山泽损"卦。寺院是修道之地，损卦就是"为道日损"，正好势能相应！因此，寺院便平安无事了。

可见，妙法只要三两句，无师传授枉用心。

三、十七天后有婚喜

某年，在壬申日的中午时分，邵雍看到一个年轻人从正南面走来，脸上微微泛出欣喜之状，邵雍问他有什么好事？他说没有。

邵雍便依据人物和方位的对应卦象来占验——少年为艮卦，从南方来，对应方位为离卦，组合起来就是上艮下离的"山火贲"卦。艮为7，离为3，再加上午时为7，合为17，除以6，余数为5（动爻）。"山火贲"卦第五爻辞："修饰丘园，整束布帛"——修缮房屋田园，整理打扮服饰，代表有成亲之喜，再加上变卦又是"风火家人"卦，便有成家之喜。

于是，邵雍告诉他：十七天之内，有订婚之喜。青年人将信将疑，问到为何，邵雍不语。果然，还没到十七天，父母恰好为他找到了一个中意的女子，二人旋即举行了订婚仪式。

像邵雍这样，只讲判断结果，不讲过程的人，后世屡见不鲜。据清代黄协埙《锄经书舍零墨》记载：有一人，隐居城市，精通邵雍之术。另有一人，烟管已经用了多年，据前一人断言，明日中午应当折断，但他不讲烟管折断的原因。对方便将烟管放到柜子上，专门看守，看它如何折断。等到中午，有一位武官突然跑进来，大声呼喊该人，要买他的东西。由于此人专注地注视着烟管，武官连喊数声，仍然充耳不闻，毫不理睬。武官大怒，跑上去，抢下烟管便摔到地上！该人连忙弯腰去拾，发现烟管已经裂为两半了。

看来，邵雍所传的方法是非常准确的。因此才有了程颢的感叹："以其说推算之，皆合！"

因此，自明代开始，学习《梅花易数》的人越来越多，迄今影响尤甚。

四、今日动静

《易经·系辞》说："道在百姓日用之中。"是的，我们从邵雍的案例之中，就可以体味到：真正的大道，不在远方，就是在每天的日常生活之中。邵雍认为，人的所学，一定要能解决当下的问题。《国语》

说:"君子能勤小物,故无大患。"邵雍的一生,就是这句话的写照。

某日,一人问邵雍:"今天会有什么经历?"邵雍对此人说:"今天会有人请你吃饭,但客人不多,酒也不会喝醉,吃的食物也只是杂粮而已。"到了当晚,果然如此。

邵雍这个结论的得出,是根据来人说话的声音和字数来起卦占验的——得出"地风升"卦,按照时辰得出六爻动,变为"地天泰"卦,互卦中有震卦和兑卦。升卦有登堂入室之意,互卦中有震卦和兑卦,对应东、西方位,有东、西设席的象征。卦中兑为口,坤为腹,象征口腹之事,因此知道有人相请。但因为坤卦的土独自立在上面,没有同类比合和相生,故断言"客不多"。升卦的大象虽然为坎水之象,但受到坤土卦的相克,且酒为水,所以酒不多,因此"酒不醉"。坤卦为"味止杂黍",又无相生之气,故断食物是杂粮。

你看,如果邵雍不是精通《易经》以及"其心虚明",无论如何都难以精确到如此地步呀!

五、傍晚有人借斧

有一年冬天,某日傍晚时分外面下着大雪。邵雍正在教儿子邵伯温学习先天之学,突然听到有人叩门,先敲了一声,又连续敲了五声,然后听到邻居喊话,说是来借东西。

为了使儿子能够学以致用,邵雍马上让其用所学《梅花易数》推断一下:邻居要借何物?邵伯温旋即按敲门声起卦,得"天风姤"卦,四爻动而变为"巽为风"卦,因此断言:"是来借一个器具,形状是木长金短,应该是锄头。"邵雍微微一笑,说:"不对,他是来借斧子的。"并且,让儿子把斧子拿到院门口去。果然,邻居是来借斧子的!

邵伯温回来后,很不解,问原因所在。

邵雍说:"'天风姤'的卦象,是上为乾金,下为巽木,变卦又为巽卦,因此断定是来借金木之物,且金短木长。虽然这个取象的方向没错,但要加入时空因素一起分析才能更准确——现在是傍晚下雪,正是劈柴起炉烤火之时,不是下田锄地之时,因而断定邻居是来借斧劈柴。"

邵伯温听完十分折服。

你看,像邵雍这样将时空融入一体来格物的智慧,才是正法!

这叫"不离当下"。

再举三个辅例来加深认知——

其一:清末,商丘马步云年少失明,父母为使其将来有一生路,便安排他拜师学习四柱,至十四岁便得出师。他自测命中有帝王星(有帝王之应),将于二十岁时得绽。可到了二十岁时,一切依然,无任何变化。马步云十分不解,于是重新推占,结论是二十五岁时或可实现。可到了二十五岁时,一切依旧,毫无应帝王的征兆。心中非常困惑。

后来,他听说陈州(河南淮阳)有一盲师四柱水平出神入化,遂满怀希望前去拜访,行程十余日方抵达。到了之后,未承想盲师名震四方,来访者如过江之鲫。及至第三日,马步云才见上面。他报上自己生辰后,盲师沉吟片刻,说:"此时辰出生者,若生南方,为一代帝王;若生北方,是占山为强;若生中方,则与我同行。"什么意思呢?就是,你这个生辰,若是出生在南方,就是一位帝王;若是出生在北方,就是占山为王者;若是出生在中原河南地区,则与我是同行!

话一说完,令同为中原出生的马步云大为讶异,佩服得五体投地!遂匍匐在地,当即拜师。(《陈州县志》)

其二:当年,宋徽宗在微服私访途中遇一落魄李姓书生,问其生辰,竟与宋徽宗同年月日时出生!(《齐东野语》载:"原本宋徽宗生于五月五日,但因忌讳此日,遂改为十月十日。")

宋徽宗怜悯这个落魄书生,问他是否想当官。书生说:"当然想,并且还想去四川做官。"宋徽宗说自己认识四川官员,可以写信给他,推荐书生做官。于是,这个书生便拿着推荐信去了四川。四川主官一看,是皇帝的信件,当即就给书生安排了官职。可是,万万没想到,仅仅为官两日,这书生便一命呜呼了!远在京城的宋徽宗听说此事后,很诧异,便将对方生辰交给了太史局,令其推算。而太史局给出的结果是:"生于金屋为帝王,生于茅檐为庶人。"出生在皇家就是皇帝,出生在平民家就是百姓。

你看,只有出生时间还不行,还与出生的环境息息相关!

其三:乾隆时期的著名学者钱大昕也经历过类似事情。嘉定官员钱大昕家有一位深得器重的仆人,体格魁梧,为人勤快。南京一位四柱高手断定仆人应在军队求取前程,且可做到三品武官。可多年过去,仍无应验。后有人将此八字辗转递给皇宫钦天监推验,结果很快得到反馈:此人命造很好,若生北方有三品武官之运,若生南方,为官贵之贴身。

实际上,该人于浙江出生,随钱大昕数十年,而钱大昕就是太子詹事,辅翊太子。

以上案例,可以帮助我们解惑:为什么会同命异运?究其原因,是初始力不同所致。因为出生时的初始势能不同而导致未来势能发展变化不一。如,同性别、同年月日所生者,由于父母内在势能不同,就会导致同四柱、同卦者,命运亦不同(或多胞胎同时生者,面世先后的时空势能亦有差异)。倘若他们命运相同,那就会出现两人在同一时空节点,做同样之事——比如,在同时同地,娶同一女子为妻。但实际上,这样的情形绝不会出现!

六、字里藏机

汉代以来，精通"字占"之法者，屡见不鲜。《梅花易数》卷一中，亦有"字占"之法。并且，其应用体例，讲得简洁分明。

民间关于邵雍"字占"的案例，所传颇多，但《梅花易数》及其他史料均未见载。因书中涉及此法，在此略举邵雍同时代者及清代案例数则，以供广开视野。

案例一：字以载道

据宋代苏轼友人何薳在《春渚纪闻》卷二记载：谢石，字润夫，宋代四川成都人。在京城以字占为生，通过来人所写之字便可知道祸福，极其神妙。不久，他的名气传到了宫廷之内，宋徽宗听后很感兴趣，便写了一个"朝"字，派中贵人（皇帝所宠幸的近臣）去试一试。中贵人来到谢石面前，将皇帝写好的字交予他勘验，谢见过此字后，仔细看了中贵人一眼，说："这个字不是你写的。但如果我讲了这个字的结果，恐怕我自己的祸福就不好说了，好则飞黄腾达，坏则发配边疆。所以我实在是不敢乱说。"中贵人听了谢石的话，心中暗暗佩服，说："你不用害怕，只要你说的有理有据即可，大可放心。"谢石说："这个'朝'字拆开，就是十月十日。写这个字的人除了十月十日出生的当今皇上，不会再有其他人。"话一说完，围观者都惊呆了。中贵人立刻回到宫中把消息禀告给宋徽宗，宋徽宗又写了一个"问"字，请谢石继续判断。谢石见字后，说："'问'字拆开后，左右均为君，圣人万岁。"说完后，谢石赶紧跪到地上，高呼"吾皇万岁"。第二天，谢石就被召进宫内，为皇上的大臣和嫔妃们拆字，谢石对每个字的解答，都既合理又精辟，宋徽宗皇帝非常惊叹他的水平，便任命他为承信郎。

自此以后，谢石名声振动朝野，四方来求占者日日不绝。有一朝中官员，其妻怀孕已经十三个月，尚未产子，便持其妻所写的"也"字，请教谢石。谢石见字后，问道："这是你的夫人所写的吧？"官员很惊讶，忙问："怎么知道的呢？"谢石说："在语言中，焉、哉、乎、也，都是说话的语气助词，因此便知道是你的夫人所写。"谢石又说："你现在想换一个官职做，但是换不成。因为'也'字添水为'池'，添马为'驰'，你要调动官职，但池中无水，陆地无马，所以就动不了。"紧接着，谢石又说："您夫人家中近亲都已过世，财物也散尽了，因为'也'是'他'字去掉了'人'，'地'字去掉'土'，所以家中既无地也无人了。"官员万分惊叹，全被谢石说中了！你看，谢石这举一反三的能力，也真是绝了！

又据宋代无名氏《瑞桂堂暇录》及元代元好问《续夷坚志·相字》载：在经历了"靖康之耻"后，皇帝宋高宗南渡到了杭州，恰好谢石也到了杭州。宋高宗便微服私访，见到谢石后，他用脚在地上写了一个"一"字。谢石看完，大吃一惊，说："'土'上加'一'是个'王'字，您不是一般人啊！"宋高宗没说什么，又继续写了一个"同"字，"令其相之，笔体两侧俱斜而飘飞"。让谢石看，字体的两侧都呈现飘起飞翔的形状。谢石看后，大惊失色，说："左看是君，右看是君，您必是皇帝。"说完跪地便磕头。宋高宗说："你不要声张。"

第二天，宋高宗又写了个"杭"字，谢石看了之后，说了一句："兀术且至矣。"兀术很快就来了！（时隔不久，金军侵犯宋朝，宋高宗逃跑了，而金军的首领就是金兀术！）

宋高宗又继续写了个"春"字让谢石看，谢石说："'春'字的'秦'字头太重，压得下面的'日'无有光芒。"这正符合当时当权的宰相秦桧独霸朝纲以及陷害岳飞一事。后来，知道消息的秦桧大怒，便找借口将谢石发配去了岭南（广东）。

谢石在岭南时，遇到一个道士，写一"同"字请他来断。谢石说："这个字，门虽大，只一口。"道士十分佩服。原来，道士所居的道观，虽然有数个童仆，但全观道士只有他一人。道士心中好奇，便又写了一个"器"字，谢石看后，说："人口空多，皆在户外。"虽然童仆不少，但都不在道教之籍，道士听后更加钦佩。

你看，高人在哪里都是高人啊！

案例二：无处可立

明代张岱的《夜航船》记载：南宋奸相贾似道见到一个会字占的异人，就用马鞭子随便在地上写了一个"竒"字。此异人看了看，叹了一口气，说："相公的征兆不妙呀！这个'竒'（同"奇"）字：上'立'是不'可'立，下'可'又'立'不成。"贾似道听完，一言未发，心事重重地离开了。

常言道：言由心生，字如其人。不学无术的贾似道，被人称为"蟋蟀"宰相，一生无论做人还是为官，都应了那个"竒"字，就是难"立"难"可"，误国误民。面对元军，他胆小如鼠，在逃亡途中，被手下弄死在厕所里，落得个可悲的下场。

案例三："因"有三途

据晚清徐珂《清稗类钞》载，乾隆丁卯年（1747年），福建的乡试结束后，考生谢廷光听说洪山桥有个精通字占的人，便与友人一道去拜访，请占乡试结果。

谢廷光写一"因"字，对方说："国内一人，今科解首。"说他能考中第一名！谢廷光听完非常高兴。而同来的朋友在一旁听完，一时兴起，也写了一个"因"字。对方说："他的'因'字是出于无心，你的'因'字是出于有心。你此科恐无分，后有恩科，可望得志。"他的字是无心而写，而你的字是有意而为，无心在道中，有心落地上。你这次会落榜，等以后再考时，才有希望考中。

这时，旁观者中有一人，手拿折扇，用扇子指着"因"字，说："用这个字也断一下我吧。"字占者想了想，说："你的扇子适加因字之中，乃为困象，一生也就做个秀才而已了。"你的扇子加进了"因"字中，扇子是竖直的木制品，"因"字就变成了"困"字，这辈子也就做个秀才（等于现在的专科生）而已。

后来，这三人的前程，果然如其所说！

案例四：字中有生死

据清代徐昆所著的《柳崖外编》记载，清代的傅山（1607—1684年），字青主。他与顾炎武、黄宗羲、王夫之、李颙、颜元一起被梁启超称为"清初六大师"。并且，他与当时的著名画家"八大山人"朱耷关系也极好。更有趣的是，他在一些武侠小说里，被描写为武侠高手。例如，在梁羽生的武侠小说《七剑下天山》中，傅青主就被说成是"七剑之首"。傅山除了书法成就之外，在医学上也极有建树，著有《傅青主女科》《傅青主男科》等传世之作，在当时被尊称为"医圣"，人们称他为"仙医"。

有一次，傅山酒醉后，写了一幅草书，写完便睡着了。其子傅眉也善于书法，看见父亲刚写的书法作品，便模仿了一幅，并悄悄将父亲书法替换走，想看看父亲醒后能不能分辨出来。哪料想，傅山醒来后，看到桌上的书法，许久闷闷不乐。儿子见状，便问父亲为何不高兴？傅山叹了口气，说："我昨天醉后偶书，今天起来看了看，中气已绝，大概我将不久于人世了。"傅眉听到中气已绝这个死亡之兆，大惊失色，连忙将自己换掉书法作品的事告诉了父亲。

傅山听完，心中更是难受，叹口气说："如果真是这样，恐怕你等不到新麦上场（注：新麦上场，指的是收割的春麦）了。"结果，果如傅山所言，其子在春天去世了！

以上案例，只是"微开其端"，中国历史上数不胜数。

自古以来，在天人之学的道路上，"路路不相左，法法不相违"，字占之法只是格物智慧的方便法门之一。庄子说："道在屎尿中"，连屎尿都有道，更何况是其他万物呢？因此，一个真正的有道者，他所遇到的一切，都是法器！万物都是他证道的工具。

所以，"道不虚行只在人"——

万物都在说法，看你如何着眼？
一切均是考验，试你如何用心？

第五节　宋代伟大的哲学翘楚

中国文化四个坐标时期中的文化巅峰时期，起于"北宋五子"而至南宋朱熹集大成，世谓"宋明理学"，亦称"程朱理学"，日本将之称为宋学。宋学的产生，标志着中国本土哲学及中国古代思想文化发展到了又一高峰。日本著名学者铃木大拙认为"宋学是中国人心理的精华"。而中国宋学对日本所产生的重要影响，离不开南宋时期到中国求法的日僧圆尔辩圆禅师——他于端平二年（1235年）入宋求法，在中国江浙一带遍参名师，最后入杭州径山寺参临济宗杨岐派高僧无准师范（1178—1249 年）禅师，终得印可，嗣其法，成为日本临济宗杨岐派的始祖。圆尔辩圆禅师于宋淳祐元年（1241 年）带了近千册中国典籍（涉及佛典、医典、《易》书、文化、建筑、艺术等）回国，因其横溢之才与学养之深，历任日本当时诸多名刹的住持，并赢得了朝野当权者、公卿贵族、广大僧俗的敬崇，纷纷皈依其门下。圆尔辩圆禅师及其弟子们以东福寺为中心，除了传禅之外，圆尔辩圆还广泛传授在南宋所学到的繁荣、发达的多元文化内容，因此他被称为"日本宋学传入的第一人"。"北宋五子"就是在这种背景下，成为日本人所崇敬的中国哲学家。其中，邵雍因其格物智慧之高妙，而居于"五子"之首，尤为殊异。

众所周知，智莫大于知来。

哲学的本义是"爱智慧，爱奥秘"。也就是说，葆有先见之明的功夫，知悉事物发展变化的规律，并能够真实无伪地做到顺势而为，这才是哲学的功用。那些讲哲学道理却不能知行合一者，都不是真正的哲人。

任何一个真正的哲人，都有与自己见地相匹配的格物功夫。并且，这种功夫，非常人所能及，因而称之为"绝学"。

北宋张载的"横渠四句"——"为天地立心，为生民立命，为往圣继绝学，为万世开太平"成为自宋代以后中国知识分子共同的心声和旅途。但张载这首诗中的"绝学"二字，是无数读书人难以抵达的壁垒所在……

而邵雍作为身怀绝学的代表——无论世间如何变动不安，他都了然于心，坦荡如砥，纹丝不动，在物而心不染、处动而神不乱，行事如入无人之境，胜物而不伤，这便是"绝学"的境界所在！

他活泼泼地立在百姓日用之中的洞察力，在饱含温馨与柔情的同时，也展现了万物之理，使之在自自然然之中，上升为哲学之智。

唐代李世民《帝范》曰:"取法于上,仅得为中;取法于中,故为其下。"宋代严沧浪亦曰:"工夫须从上做下,不可从下做上。"(《沧浪诗话·诗辨》)足见学问之道,必须从源头开启。否则,一个个"待机"的生命,不知道何时才能被激活。

作为中国文化中的群经之首、中国哲学的代表作《易经》,邵雍无疑是这部作品中最高境界"天人合一"思想的最可贵的践行者!他的生命,在《易经》格物智慧"三十二字窍诀"里浸润和游刃——"同声相应,同气相求;事事相关,物物相应;近取诸身,远取诸物;其大无外,其小无内"成为他生命不断成长的源泉和气象。要知道,对中国文化而言,若不能熟练掌握和运用这三十二个字,却想葆有中国文化的功夫,那就如同旱地行船一样,徒劳一生。而邵雍,却无时无刻不在为此表法!

他为中国文化而生,他为中国智慧而来——他抱道一生,循理而行,不断地迸发出哲思的火花,并通过他那一首首简约平易的诗作,一展中国哲学之风采。

世间事,万化俱现,无有所藏,且皆有常道。2500多年前,老子就在《道德经》中说"知常曰明",知道万物常道规律的人,才是明白人。由此可知,世人所谓的"无常"二字,是留给无知的人准备的。

邵雍曾有诗写道:"万物备于身,乾坤不负人。时光嗟荏苒,事体落因循。"(《万物吟》)万物的规律,人们都可以获知,天地从来都没有辜负过人类。时光往复,事体轮回,皆有既定之规律。这诗中都是他对"常道"的体悟之言。

可见,经典中的每句话,都没有为难我们,都是在用真心对待我们,都能在我们走投无路时给予回光返照般的洞见。因此,值得我们用生命去珍惜、去践行、去合二为一、去浑然一体!

借用宋代禅师释善能之语就是:"万古长空,一朝风月。不可以一朝风月昧却万古长空，不可以万古长空不明一朝风月。"（宋代释普济《五灯会元》卷二）万古长空与一朝风月，你中有我，我中有你，互相见道，互不辜负。

可是，这世间，"人误圣人人不少，圣人无误世间人"。（邵雍《弄笔吟》）辜负圣贤的人不计其数，但圣贤的精神和教导却从未辜负过任何人！

《宋史》记载邵雍"于书无所不读"，他的弟子张岷也说"先生治《易》《诗》《春秋》之学……"邵雍所读的这些书，都是中国古代经典中的经典。

但同样是读书，邵雍是属于"读过书"的人。对此，有人会问："读书人"和"读过书的人"有什么区别呢？

明太祖朱元璋是中国的草根皇帝，出身于贫民之家，曾经一度以放牛为生，更未曾读过书。当上皇帝后，有一天，朱元璋在朝会上看着满朝饱读诗书的大臣们对自己行叩拜之礼，便骄慢地说："看看你们这些读书人，读那么多书有什么用，还不是要臣服于我吗？果然百无一用是书生呀！"大臣们面面相觑，不敢作声。此时，刘伯温站出来，说："陛下，臣不是读书人。"朱元璋很惊奇地问："你不是读书人，那你是什么人？"刘伯温答道："臣是读过书的人。"朱元璋听完哈哈大笑，问道："读书人和读过书的人，有什么区别？"刘伯温答道："读书人，读得广，却读不通，穷不能独善其身，达不能兼济天下；而读过书的人，读的不一定广，但却读得通，能经世致用，举一反三，故能辅佐陛下一统天下。"

朱元璋听完，非常钦佩，从此就再也没有取笑过文臣。并且，自此之后，朱元璋踏上了终身学习之路。直到 71 岁去世，朱元璋常常是"戴星而朝，夜分方寝"，每天处理日常政务后，就是读书，有时更是在"万机之暇"中废寝忘食。《明史纪事本末》记载"太祖……身在行间，手不辍书"，描写的就是朱元璋的读书画面。不仅如此，朱元璋还叫儒臣把古人做事成功失败的经验书写在皇宫大殿壁间，以供他"随时省览"。他也成为明代最爱读书的皇帝。

可是，这世间会读书的人，却并不多。

朱熹在他的《观书偶感》一诗中写道："半亩方塘一鉴开，天光云影共徘徊。问渠那得清如许，为有源头活水来。"坐在院中读书，半亩大的水面上，一束阳光照到上面，阳光与云的倒影在水面上徘徊流连。若问为什么这池塘的水这么清澈呢？是因为这满池塘的水，有它自己的源头，不断地供给才导致这样清澈的。那对于读书而言，哪些书是源头之书呢？就是经典！

因此，读书一定要从读经典入手。因为经典是纯阳之物，读经典能补阳气！（人生在世，是阳气不断减少的过程，最后死去时被称为"阴人"。）

就像人和鱼一样，总想着如何护持自己，却永远也想不到生命中最离不开的是空气和水。而对空气与水而言，无所谓遗忘与被遗忘，因为在它们的眼里，并没有人和鱼的概念。而这种关系，就好似经典与人一样。

那，有人会问：读经典除了能补阳气，还有什么好处呢？

当然有！邵雍作为一个读过书的人，最具有代表性——我们从他的为人、品德和智慧中就可以看到：读经典，可以让人失去很多东西。比如，失去愤怒、纠结、狭隘、挑剔、指责、悲观、沮丧、肤浅、短视、计较……直至让生命输出了品质、修养和功夫！这就是他作为一个"读过书的人"的伟大示现。

要知道，这世上从来不缺喊口号、说概念、指方向的人！缺的是明道、力行、通达、柔韧、慈悲的过来人。当年北京大学的教授梁漱溟先生说："什么是学问？学问是用来解决问题的。什么是真正的学问？真正的学问一定是能够解决自己的问题的。"

真正的学问是什么境界呢？用邵雍的诗来表达就是："到性始知真气味，入神方见妙功夫。"（《谢富相公见示新诗一轴》）到什么性呢？就是能置身于万物本性之中；入什么神呢？就是能将物性了知清楚，看得明明白白，并能出神入化地驾驭，做到胜物而不伤的神妙功夫境地。

管子曾说："虚其欲，则神将入舍。"只有把欲望空掉，神明才能回到身体中来，人才能成为"万物之灵"！因此，这就需要好好治心——"不能治心，焉能治身？不能治身，焉能治人？"（邵雍《治心吟》）苏轼之父苏洵也说："为将之道，当先治心。"（《权书》）因为"圣贤师心不师迹，虽百世而道同；后世师迹不师心，虽时同而术异。"（宋代李邦献《省心杂言》）这就是君子所见略同。

邵雍又说："会弹无弦琴，然后能知音。"（《黄金吟》）能看清虚无、出入于显微无间者，才能真正活脱脱地安立于天地间，才能葆有《易经》所言"夫大人者，与天地合其德，与日月合其明，与四时合其序，与鬼神合其吉凶"的大人气象！

这种气象，就是中国哲学巅峰之境的特质。而伟大的邵雍，便是稀有的抵达者！

这就是我为什么说邵雍是宋代最伟大的哲学家的原因所在：天地万物之理，他不仅能够看到、说到，更能够"知行合一"地做到！

古语云："天欲久其道，世必生其人。"（宋代释宗晓《四明尊者教行录》）邵雍是中国文化"天人合一"思想践行的典范，他通达有无之间的大用，活脱脱地展示着方寸之间的智慧，让自己成为了天下的触须！

这种境界，才是大哲之境！

先秦典籍《吕氏春秋·下贤》说："以天为法，以德为行，以道为宗。与物变化而无所终穷，精充天地而不竭，神覆宇宙而无望，莫知其始，莫知其终，莫知其门，莫知其端，莫知其源。其大无外，其小无内，此之谓至贵。士有若此者，五帝弗得而友，三王弗得而师，去其帝王之色，则近可得之矣。"是说，天地间事物发展变化的势能，是以天为法则，以德为行动，以道为根本。势能是随着万物的变化而无所终极，精气充满天地而不衰竭。精神覆盖宇宙没有边界，势能当中所拥有的道，没有人知道它是从什么时候开始，又在什么时候终结的。它的门在哪？边界在哪？没有人知道源头！可是，它又显微无间，无所不包，异常珍贵。如果一个君子能够掌握大道的话，五帝也得不到他们当朋友，三王也得不到他们当老师。那，如何才能得到他们为友为师呢？只有去掉身为帝王的尊贵和骄慢之气——以虚下、谦卑之心相求，才可以得到！

对照这段话的标准，邵雍便是文中所言的"至贵"之师。

台湾友人严心镛的叔叔严长寿先生有句名言："不要想着把事情做大，要想着把事情做伟大！"这句话至今仍令我深受砥砺。

在中国古代，书院的院长被尊为"山长"。那是因为，一个好的老师，就像一座山一样，可以令每一位走近的人，都能够获得成长，故谓山长。如若将宋代理学文化比喻为一座山的话，那邵雍便是那一山之长。"时则康节邵子，游神先天，阐扬理数，横渠张子得于见闻，沉潜尧舜之域，以相羽翼，斯道大明于世。"（明代陶安《陶学士集》）

"伟大的人，不是生下来就伟大的，而是在其成长过程中渐渐显示出伟大的。"（美国电影《教父》）

邵雍的一生，有着广阔的心灵和直指人心的亲切力量。他洞若观火，出神入化，靠勤奋和体悟抵达先见之明的格物功夫和天人合一的绝学境界，并能揭示格物智慧的精髓。他以践行于百姓日用之中的惊妙案例，来摄受群品，激起人们对中国文化的鲜活感受并渐渐盈科而进……这些,都是他成为先知、成为圣贤的引擎所在!

也正因此,他为后世留下了光耀千年的无量智慧。

可是,"学易真宗已失传,尧夫踵后再无贤"。(清代丹家刘一明)

邵雍去已久,何人继其踪?

千载之后,一个与他心心相印的人,在不动声色中承继着他的学问与功夫……

引用当年太虚大师盛赞宗喀巴上师的一首诗,以表达我千年之后的致敬——

唯师与我,志趣相当,

千年万里,不隔毫芒!

第四章 《观物洞玄歌》

"物有声色气味,人有耳目口鼻。万物于人一身,反观莫不全备。"(邵雍《乐物吟》)

《观物洞玄歌》出自清代《故宫珍本丛刊·术数》之《梅花易数》卷二,是对汉代《易》学中取象之法高度实践的歌诀,更是对格物之学"表象即表法"的具体指引,其中万物皆为我所备,万法"存乎一心"的运用之妙,令后世学人代代相传。

第一节　歌诀解读

《观物洞玄歌》原文:

洞玄歌者,洞达玄妙之说也。此歌多为占宅气而发。昔牛思晦尝入人家,知其吉凶先兆,盖此术云。是故家之兴衰,必有镇详妖孽之谶,识者鉴之,不识者昧之,故此歌发其蕴奥,皆理之必然者,切勿以浅近目之也。

世间万物无非数,理在其中遇。
吉凶悔吝有其机,祸福可先知。
五行金木水火土,生克先为主。
青黄赤黑白五行,辨察要分明。
人家吉凶何堪见,只向玄中判。
入门辨察见闻时,于此察兴衰。
若还宅气如春意,家室生和气。
若然冷落似秋时,从此渐衰微。
自然馨香如兰室,福至无虚日。

鸡豚猫犬秽薰腥，贫病至相侵。
男妆女饰皆齐整，此去门风盛。
家人垢面与蓬头，定见有悲忧。
鬼啼妇叹情怀消，祸福到阴小。
老人无故泣双垂，不见日愁悲。
门前墙壁缺砖瓦，家道中渐歇。
溜漕水势向门流，财帛去难收。
忽然屋上生奇草，益荫人家好。
门户幽爽绝尘埃，必定出高才。
偶悬破屦当门户，必有奴欺主。
长长破碎左边门，断不利家君。
遮门临井桃花艳，内有风情染。
屋前屋后有高桐，离别主人翁。
井边倘种高梨树，长有离乡士。
祠堂神主忽焚香，火厄恐灾殃。
檐前瓦片当门坠，诸事愁崩破。
若施破碗坑厕中，从此见贫穷。
白昼不宜灯在地，死者还相继。
公然鼠向日中来，不日耗资财。
牝鸡司晨鸣喔啼，阴盛家萧索。
中堂犬吠立而啼，人眷有灾厄。
清晨鹊叫连声继，远行人将至。
蟒蛇偶尔入人家，人病见妖邪。
雀群争逐当门盛，口舌纷纷定。
偶然鹏鸟叫当门，人口有灾连。
入门若见有群羊，家主病瘟黄。

舟船若安在平地，虽稳成淹滞。
　　他家树荫过墙来，多得横财来。
　　阶前石砌多残缺，成事多衰灭。
　　入门茶果应声来，中馈主家财。
　　三餐时候炊烟早，勤俭渐基好。
　　连宵灯火不成时，人散与财离。
　　千门万户难详备，理在吾心地。
　　斯文引路发先天，深奥入玄玄。

　　上《洞玄歌》与"灵应"，同出而小异。彼篇多为占卜而诀，盖占卜之际，随所出所见，以为克应之兆。此歌则不特为占卜之事，一时而入人家，有此事，必有此理。盖多寓观察之术也。然有数端，人家可得儆戒而趋避之，或可转祸为福。偶不知所因而宥有于数中，俾吾见之，则善恶不逃乎明鉴矣。

【解读】

　　洞玄歌，就是洞察抵达玄妙之境的歌诀。这个歌诀主要是为探究住宅环境的气机而阐发的。从前牛思晦先生就是运用这个歌诀，每到一户人家，都能判断出或吉或凶的先兆，运用得神乎其神。总之，这种方法是说：一个家道的兴与衰，都是有其吉祥与祸妖的先验迹象的，那些能够识鉴的人心中就会明白其中的道理，而那些不能识鉴的人，就会困昧在其中，茫然无措。这个歌诀展示了环境中所蕴藏的奥妙，歌诀中对应的所有现象，你都会得到与之一致的确定结论，所以千万不要认为内容浅显而不以为然。

两千多年前的先秦典籍《吕氏春秋·恃君览·观表》说得好："圣人之所以过人以先知，先知必审徵表。无徵表而欲先知，尧、舜与众人同等。"圣人之所以能超过一般人，就是因为他具备先知先觉的能力。而要想做到先知先觉，就必须先要能够审察事物的征兆和表象。没有了知征兆表象却想做到先知先觉，即使是尧、舜两位圣人也与凡人一样不可能做到。

邵雍这个《观物洞玄歌》展现的就是圣人先知先觉的功夫，更是中国格物智慧中取象表法功夫的精微展示。

"世间万物无非数，理在其中遇"

"物理窥开后，人情照破时。情中明事体，理外见天机。"（邵雍《窥开吟》）

世间万物，各有其运数，所有的成住坏灭之理，都尽在事物各自的运数之中。因此，《诗经·大雅》曰："天生烝民，有物有则。"告诉人们，上天生化万物，万物都有其内在的运行气数规律。《吕氏春秋·季秋纪·审己》曰："凡物之然也，必有故。而不知其故，虽当，与不知同，其卒必困。"万物都有其内在的规律，但如果不了解它，虽然你做得很像，但其实也跟不懂是一样的，到最后，一定会为其所困。

一千六百多年前的东晋僧人僧肇在其《肇论》中就说："圣人会万物为己。"圣人把万物与自己看作是一个整体，认为万物是自己生命水乳交融的组成部分。

足见，在中国智慧中，人与自然之间，是一个生物链，相互之间紧密依存、互相影响。诚如三国曹操《观沧海》所说："日月之行，若出其中；星汉灿烂，若出其里。"世间一切得失、生灭的变化，都在大道之中。"道不虚行只在人。"（邵雍）能否明白，全在于你自身的格物能力。

文化和文明的核心，就是要人有功夫和境界。而这个功夫，就是先见之明的智慧。

想要了解中国智慧，就要熟悉中国文化的脉络及其智慧抵达路径。总结有九条：

第一条　中国文化发展的四个坐标时期

（1）先秦子学（2）两汉经学（3）魏晋玄学（4）宋明理学。

简要概述如下——

（1）先秦子学

先秦是中国哲学和中国文化的策源时期，奠定了中华民族思想的方向和民族文化的基础。我们熟悉的诸子百家就在这个时期出现，如孔子、孟子、庄子、管子、墨子、鬼谷子、孙子等等，他们的思想结晶凝聚成为中华民族的精神和智慧源泉。今日我们所能得见的诸部经典，绝大部分都是在这个时期策源而成的。

先秦典籍以六经"诗、书、礼、乐、易、春秋"为代表。其中，《易》指的是《周易》，并非《易经》；而群经之首是《诗经》。

先秦典籍《大学》的出现，让我们知道中国文化强调格物的智慧。《易经》属于儒学八目"格物、致知、诚意、正心、修身、齐家、治国、平天下"中的"格物"学范畴。格物包括天、地、人三个维度，即仰观天时、俯察地理、中通人事。讲儒家文化，必须清楚什么是儒。对此，汉代大儒扬雄有着明确的定义："通天、地、人者，为儒。"也就是说，作为儒者，天文、地理与识鉴人，至少要精通其中一个向度。

（2）两汉经学

两汉是中国经学的集大成时期。汉代有"经神"之美誉的郑玄

（字康成），是汉代经学代表性人物。他十二岁时，便能诵讲儒家"五经"（《诗》《书》《礼》《易》《春秋》）。并且他还精通天文学，掌握"占候""风角""隐术"等以气象、风向变化而进行占卜的方法。他"念述先圣之元意，思整百家之不齐"，著书百万余言，世称"郑学"。

经典是民族智慧的精华所在，是每个民族的精神源头，是安身立命的基础，更是纯阳之物，也是学人精进的核心所在。"采经"可以补阳，中华民族和中国文化、中国智慧就是依靠一部部经典生生不息地流传至今并影响世界的。

（3）魏晋玄学

是指魏晋时期所出现的具有中国文化最显著特质的"三玄之学"，即以"老庄解《易》"（以《道德经》和《庄子》来解读《易经》）。代表人物为王弼，其代表作有《老子注》《老子指略》《周易注》《周易略例》《论语释疑》等。

王弼的另一大贡献便是《易》学。我们今日所读的《易经》版本就出自于他——他将《周易》与《易传》合二为一，形成《易经》，在中国文化史上逐渐取代《诗经》地位而成为群经之首。他注《周易》，不用象数，而以老子思想解《易》，并阐发自己的哲学观点，在学术上开一代新风——"正始玄风"，史称"王弼扫象"。

（4）宋明理学

是指中国文化在经历前面三个时期的铺陈之后，在宋明时期借由理学的出现而达到的巅峰之世。"华夏民族之文化，历数千载之演进，造极于赵宋之世。"（陈寅恪）这段时期，不仅仅是文化，就连经济也是有史以来的最富裕时期。此时的宋人嘲笑唐人为"贫眼"——"唐人作富贵诗，多纪其奉养器服之盛，乃贫眼所惊耳"。（宋代沈括《梦溪笔

谈·艺文一》）

其人物，是以北宋五子（周敦颐、程颢、程颐、邵雍和张载），以及朱熹、陆九渊、王阳明等人为代表的。

其中，南宋朱熹所著的《周易本义》，在元明清三代被立为官学，对后世影响极其深远。

明代王阳明的"阳明心学"，是宋明理学的末章。王阳明曾直言自己的"心学"是上承孟子，而且他也是孟子之后最关注"良知"的学人。孟子曰："人之所不学而能者，其良能也；所不虑而知者，其良知也。"（《孟子·尽心上》）王阳明说："良知即是《易》，'其为道也屡迁，变动不居，周流六虚，上下无常，刚柔相易，不可为典要，惟变所适'。此知如何捉摸得？见的透时便是圣人。"（《传习录》下）一个概念的提出，由本人来阐释是最接近本质的。由此可见，王阳明是从《易》而抵达良知之境的！

而当年王阳明父亲王华本着"易子而教，可以避溺爱；易地择师，可以免雷同"的原则，将顽皮的王阳明送进了豫章学馆，遇到的启蒙塾师，名字就叫辛得理。可见，宋明时代理学对人们的影响之大。

以上中国文化发展的四个重要坐标时期，是中国文化的经脉主线，从中可把握文化整体之变迁规律，掌握格物之学的核心：《易》学。历史上诸多学者，都是《易》学领域的中流砥柱，并且《易》也是他们安身立命的最重要引擎。只有了解了这一点，才能得悉中国文化、中国智慧的路径之所在。

第二条　中国文化的特质

可用十个字表达——内圣外王，天人合一，中庸。

意思是说，对内要向圣贤学习，对外行王道，以德应世、治国；天人合一就是顺时施宜，按照时空的法则做事；用恰当的方式，内不伤己外不伤人地做事，即为中庸。

北宋大儒程颢就以"内圣外王之道"评论邵雍之学，以"振古之豪杰"评论邵雍其人。

第三条　中国文化是圣化的教育

圣人之道有四——察言、观变、制器、卜占。(《易经·系辞》)

察言，就是依据言语表达来判定势能发展规律。如，《论语》中所载孔子根据言谈评价门生的案例，以及中医"望闻问切"中闻声知疾的功夫。

观变，就是通过观察事物变化而得知规律。如，一叶落而知秋，风雨欲来时的燕子低飞、蚂蚁搬家等等，都属于观变的范畴。

有一个"识势制衣"的故事，更能帮助我们理解"观变"的大用。

明代嘉靖年间，北京有一知名裁缝，其所做衣服，长短宽窄无不称身，个个得赞。曾有一御史叫他裁制圆领衣服，裁缝跪问御史进入官阶的资历，御史感问："做衣服为何还要问这个？"裁缝答："人们刚开始担任要职，意气高昂，身体总是微微上仰，衣服就应该前长后短；过了一阵，意气渐平，衣服就要前后一样；等到任职较长又要升迁时，他会谦虚自守，身姿微微下俯，衣服就应该前短后长。因此，如不晓得做官的资历，做的衣服就不能称身。"你看，观察得多明白呀！各行各业都有其道呀。

制器，是制作器物的高境。如，《庄子》中"梓庆做鐻"所展示出来的物我合一、出神入化的境界。

卜占，是通过占卜方式，来了知事物发展规律。

以上四途，路路不相左，法法不相违。但，道不虚行只在人！

第四条　中国智慧抵达路径

宗经、涉事、守先、待后。

（1）宗经

经典是纯阳之物，读经典可以补阳气，这叫"采经补阳"！因此你的生命一定要能守住一部经典，依此来安顿自我的灵明，成为你灵魂的支撑、行为的指导、价值的引擎、生命的高标。

读书贵在能够应用，开卷有益亦有毒，不可不慎！如果什么书都读，没有智慧选择就是祸害生命。因此，古人明确了读书的路径——宗经。

任何一个民族的优秀文化传承都是从宗经开始的。天地之道，异曲同工。犹太民族就是典范之一——犹太人有1400万，占全球人口不到0.3%，但是全球诺贝尔奖得主近900位，犹太人超过了1/5；全球富豪犹太人占一半；全美200名最有影响力的人中，犹太人占一半；全美名牌大学教授，犹太人占1/3；全美文学、戏剧、音乐界的一流人才，犹太人占60%。犹太人的小孩子两三岁时，父母就会在经书《圣经》或《塔木德》上滴几滴蜂蜜，小孩子接近后，会下意识地用舌头去舔，舔完之后，发现是甜的，于是便对《圣经》等经典产生了亲近感，从此他的生命就种下了一个磅礴的种子：经典是甜的！之后，父母亲也会有意地为孩子们讲读其中的故事……渐渐地，经典就在孩子的幼小心灵中扎根了！这就是他们独特的教育方式。并且，通常不超过10岁，很多孩子都能将经典背下来。

由于宗经教育是从童蒙开启的，于是经典便成为生命饱满和昂扬的源泉。

日本人口仅为中国的十分之一，经济发展位居世界前列，这是如何做到的呢？

我认为这与1868年日本的明治维新密不可分。

当时明治天皇颁布了五条誓文——

① 广兴会议，决万机于公论；

② 上下一心，以盛行经纶；

③ 文武一途，下及庶民，使各遂其志，勿使人心倦怠；

④ 破除旧来之陋习，秉持天地之公道；

⑤ 求知识于世界，以振皇基。

在"上下一心，以盛行经纶"这一条中，还附加说明："凡不懂《易经》者，不得入阁。"并且人人要读清代魏源的《海国图志》。施行不久，日本即步入中兴，经济指标成为亚洲经济之首，并在全球经济体排名第二的位置上，达四十年之久。

由此可见，日本和犹太民族的成功经验都与宗经教育有着密切关系——守住一部经典，就能够一经通、经经通，生命开始变化气质。南北朝时期颜之推在《颜氏家训·勉学第八》中告诉我们中国经典的大用："汉时贤俊，皆以一经弘圣人之道，上明天时，下该人事，用此致卿相者多矣。"汉代的那些社会精英和栋梁们，都是靠一部经典来饱满智慧的。他们上能知晓天文，下能知晓人事变化，并且，凭借这样的功夫而做到了宰相和卿大夫的人，实在是很多啊！

德国诺贝尔文学奖的获得者黑塞也强调："中国经典给我开启了一个新世界，无此新世界，真不愿苟活于世。"

古希腊三哲之一的苏格拉底说："像你这样只图名利，不关心智慧和真理，不求改善自己的灵魂，难道不觉得羞耻吗？"是的，传经就是传心，不是传文字、概念和欲望。我们今天学习经典，遇到很多挑战，最大的就是：由于虔诚心不够饱满，导致我们的生命还不能被智慧渗透！

传世经典，言不空发，字不妄下。一言一字，大有妙义。若能真实无伪地精通一部，便可举一反三。但这个功夫，须从涉事中熏习而来。

（2）涉事

涉事，是指在日常生活当中用经典的智慧来指导生活，让经典的智慧融化在自己生命之中，不断饱满自己。

这种融化，不是纸上谈兵、坐而论道，而是通经致用，能解决自己的问题，这就是证得道用！要知道：凡事都可以在不动声色中见道，无论富贵贫贱都不妨碍你载道的功夫，这叫不让时间变质。

人的一生，天生的占了99%，无须学习，比如呼吸、喝水、排便……余下1%的归我们自己管，但若管不好，就会成为生命灾难的源头。

这种对生命的管理，就是在"涉事"中完成的。古往今来，智者皆谙此道。譬如，明末清初中国画的一代宗师八大山人，就是将"涉事"作为自己的座右铭——时时醒砺自己如何圆活性命，如何庄严自身，如何如理如法，如何饱满而轻灵地活着……一直活出令世人赞叹不已的美不胜收！

（3）守先

就是守护和继承好往圣先贤的智慧。

这个能守能安能尊的动力，需要持之以恒地精进。但精进不是执着，执着是染污的，而精进是清净的，它能够体现生命的功夫所在——善护念。人的一生，智慧的建构，如开城门，不开则死，开则鱼龙混杂、泥沙俱下，而功夫就在于你如何护城，如何能让生命得到真正的安住与尊重。

古代青铜器中，那些叫"尊"的器物，都是供在那，如如不动，这叫尊重。

而精进,是尊重的外化,这是因为——万念印心!

(4)待后

待后,就是等待来者,得时智授,以发扬光大道统。这是功德。

山东邹城的孟子祠中,悬挂有清代雍正皇帝所写的"守先待后"。可惜,今人能看懂者,鲜矣!要知道,"人非觉者,即为刃靡",但凡用小聪明玩世者,世界对他都是先刃后靡!

问问自己:经典是美好的,你有何德何能能让这美好继续美好呢?!先贤说:"惟有德者能之!"

新人守旧土,方可言传承。《圣门十六子书》载:孔子晚年闲居时,有一次喟然叹息,孙子子思问他是不是担心子孙不学无术辱没家门。孔子很惊讶,问他是如何知道的。他说:"父亲劈柴儿子不背就是不孝。我要继承祖业,努力学习毫不松懈。"孔子听后,欣慰地说:"我不用再担心了。"

后来,子思果真没有辜负孔子——汉代司马迁《史记·孔子世家》载:"子思作《中庸》。"而《中庸》与《大学》《论语》《孟子》并称四书,为中国文化必读之书。

"宗经、涉事、守先、待后"这八个字是中国文化最基本的纲领,中国文化就是由此而开出圣化道统的!

当你知晓并能够践行这八个字的时候,你的天时就到了,生命亦从此开始发迹……

第五条 核心经典及其底色

中国文化核心典籍代表是六经:"《诗》《书》《礼》《乐》《易》《春秋》。"(《庄子·天运》)

它们是中国文化中，最重要的典籍群。其中，《易》被誉为群经之首，大道之源。

这些经典，都有着共同的底色——天人关系。它强调人与自然的和谐，是中国文化的核心。

第六条　中国文化抵达方法

依据四书当中《大学》的儒学八目来进阶。这八纲目分别是：格物、致知、诚意、正心、修身、齐家、治国、平天下。它们是依次递进关系，其中以"格物"立基，不精通格物智慧，则无以抵达中国文化之神韵。

第七条　中国智慧实践脉络——格物

什么是格？《说文》释曰"木长皃"，意即有别于其他树枝的特点。引喻为探究事物的特质。

什么是物？周代尹喜曰："凡有貌、象、声、色者，皆物也。"凡是有样貌（虚实均可）、形象（实象）、声音和颜色的，都属于"物"的范畴，都有规律可循。

什么是格物？格物就是探究事物势能发展变化规律的学问。它为人们提供先见之明、顺势而为、胜物而不伤的方法和智慧，使人能在生命的成长中具有各就各位、各自饱满的能力，也是抵达中国文化的圣人功夫和境界的路径。

宋代朱熹说："格物是梦觉关。格得来是觉，格不得只是梦。"（《朱子语类》）格物是迷梦和觉悟的玄关，能格物者是觉者，不能格物者，仍是迷梦中人。可见，格物之学，格的是物，知的却是自己。

格物的立论基础是"有物有则"。（《诗经·大雅·烝民》）

格物的维度有三：天、地、人。其中格天是天文（观天象），格地是卜居（堪舆、风水），格人是识鉴人。

格物之学，具体是探究事物"势"能的学问。古代典籍多有记载，如——

《孙子兵法》："转圆石于千仞之山者，势也！""择势而为，智也！"

《孟子》："虽有智慧，不如乘势。"

明代吕坤曰："天地间，惟理与势为最尊。""势之所在，天地圣人不能违也。"

北宋薛居正《势胜学》："不知势，无以为人也。"

格物之学要牢记"格物是功夫、明德是境界"的核心旨要，并须谨记南宋辛弃疾的提醒："物无美恶，过则为灾。"

第八条　格物智慧窍诀

在道法自然的基础上，践行"同声相应，同气相求；事事相关，物物相应；近取诸身，远取诸物；其大无外，其小无内。"（《易经》）

明白了"同声相应，同气相求；事事相关，物物相应"，就会明白：骗与被骗是一伙的！人与人之间，如同一条藤上的苦瓜，苦了你也甜不了他！也更会明白庄子所言"万物与我并一"及《华严经》"一即一切，一切即一"的真谛。它们都是"其大无外，其小无内"的另一种表达。

换言之，人的运气与所处环境息息相关。每一物都有自己的身体，都有其内在的天地乾坤与自身规律。要能知道世间万物均是与我一体、为我所备，但看你能否将天地人的三才观念从文字上脱落而出，于现实中立地生根（强调其道无二，但其象无限）。上天在太极这个阴阳合一的元体中分出体和用（道理和方法），人在心中升起运用的体系。天道与人道怎会有两种不同的义理呢？不会的呀！大道从不会虚伪空行的。你能否真正体悟和践行，就全在于自身的悟性了。

格物智慧的具体实践方法，是在"表象即表法"的基础上，运用取大、取奇、取动、取格局的方法来应机。邵雍是非常精通此道的——他在每个当下的应象中，运用眼、耳、心、触、法，通过取大、取奇、取动、取格局的路径来识鉴万物之机。并且他还在这种运用的经验中，写出了很多源于亲身感受的歌诀——譬如，《六得吟》：

眼能识得，耳能听得，
口能道得，手能做得，
身能行得，心能放得。
六者尽能，与天同德。
饮食起居，出处语默。
不止省心，又更省力。

值得一提的是，格物智慧的核心典籍是被誉为群经之首、大道之源的《易经》，在世界上影响十分广泛。就日本而言，日本第一部文学作品《古事纪》记载了自第一代神武天皇至第三十三代推古天皇，他们的名字都与《易经》有关；《日本书纪》中还载古代天皇与《易经》六十四卦序次表，比如第一代天皇神武天皇名字对应着"山水蒙"卦，第二代睢靖天皇名字"水天需"卦……此外，日本历代年号，也几乎都出自以《易经》为主的汉典。

第九条　格物智慧实践脉络

汉代司马迁说："《易》著天地、阴阳、四时、五行，故长于变。"（《史记·太史公自序》）阴阳，是中国哲学的核心基础；五行，是中国文化的基本结构；而天人合一，则是中国文化的命脉。

在中国文化中，阴阳五行的思想观念是无处不在的，它们是中国文化对自然界势能展示的表达。

随着时间的推移和交流的深入,这种哲学观念,也逐渐传到了日本、韩国、马来西亚、新加坡等国家和地区,并且影响深远。以日本为例,《大唐阴阳书》是日本保存的重要唐代典籍之一。现存日本的《大唐阴阳书》,是唐代《阴阳书》的手抄本。现馆藏于日本京都大学人文科学研究所,馆藏编号为"子部63–1"。唐代编纂的《阴阳书》最迟在天宝五年(746年)已经传到日本。《日本国见在书目录》明确记载"《大唐阴阳书》五十一卷、《新撰阴阳书》五十卷,吕才撰"。这本《阴阳书》在唐初很流行,唐太宗曾命(吕)才与学者十余人"共加刊正,削其浅俗,存其可用者,勒成五十三卷,并旧书四十七卷,十五年书成,诏颁行之"。(《旧唐书·吕才传》)据《旧唐书·经籍志》载:吕才撰《阴阳书》五十卷(《新唐书·艺文志》作五十三卷),王粲撰《阴阳书》三十卷。及至宋代则仅剩下吕才《阴阳书》一卷。而日本手抄本的《大唐阴阳书》保存到现在有七个本子,分别藏在京都大学图书馆、东北大学图书馆、国立天文台、国立公文书馆(旧内阁文库)、静嘉堂文库、天理图书馆内吉田文库以及茨城县的六地藏寺。

阴阳观成为人们认知和了解世界的基础学问,是精通中国文化必备的要素。邵雍《不知吟》说道:"不知阴阳,不知天地。不知人情,不知物理。强为人师,宁不自愧!"不知晓阴阳的变化,不了解天地的规律,不洞悉人情,不明白万物之理,还要勉强去做老师,难道不觉得羞愧吗?

古往今来,说食不饱,真谛在行间——"绘雪者不能绘其清,绘月者不能绘其明,绘花者不能绘其馨,绘泉者不能绘其声,绘人者不能绘其情,然则语言文字固不足以尽道也。"(宋代罗大经)《楞严经》曰:"理则顿悟,乘悟并销;事非顿除,因次第尽。"是的,明理和除障，并行不悖，否则就成了有向往却无能力的自我诽谤了。

所以，邵雍说"晓物情人为晓事，知时态者号知人"。(《晓物吟》)真正通晓万物之理的人，才是明白事情的人；能够了知时势运行规律的人，才能够知晓人运的变化。

以上所述，是中国文化脉络及其抵达方法，不可不知。因为，你不知道这个内容，就不可能了解邵雍的神奇智慧是如何铸就的。

邵雍在此强调"理在其中遇"，是有其灿烂的文化和时代思想为依托的——在宋代，中国儒家文化中的"理学"大兴。究其原因，是跟宋太祖赵匡胤有着密切关系的。

有一次，赵匡胤在朝堂上问群臣："天下什么最大？"大臣们的回答，他都不满意。于是，他转头问宰相赵普，赵普答道："天下道理最大！"赵匡胤听完，深以为然，击掌而赞！散朝后，一边走还一边说："好一个道理最大！"

确实，赵普的回答非常精辟——天地万物都有其道，都有天理运行其中，这就是自古以来强调讲理的原因所在。后来，北宋五子之一的程颐，认为"天下之物皆能穷，只是一理"，"一物之理即万物之理"，主张"涵养须用敬，进学在致知"的宗经涉事方法，为中国文化中的理学发展奠定了广阔的基础。因此，他还在著作中写有"顺理则裕"的名言(《程颐文集》)，而这句话，在900年后，漂洋过海，成为日本著名企业东洋纺的精神之源——家训(社是)！

享誉世界的东洋纺(TOYOBO)，成立于1882年，是日本纤维和纺织品的顶级制造商之一。其创始人，"日本产业之父""日本金融之父"涩泽荣一先生，将程颐的"顺理则裕"视为座右铭之一，并将其确定为东洋纺的"社是"(家训)，令企业生机盎然地传承至今！

"顺理则裕"是说，你能顺应天理，符合人心和时势来做事，就一定能繁荣昌盛。这种提倡在发展经济时，将伦理和利益两者兼顾的思想理念，是涩泽荣一先生道德经济合一学说的真髓。

"吉凶悔吝有其机，祸福可先知"

"吉凶悔吝"出自《易经·系辞上》第二章："圣人设卦观象……吉凶者，失得之象也。悔吝者，忧虞之象也。"悔，就是后悔；吝，就是心中有事，导致犹豫不决的忧虞之象。这句话是说，人生的吉凶得失、悔吝迟疑状态的呈现，都各有发机，有迹可循，因此，智者对于福祸之事是可以预先判断的。在中国《易经》出现的先秦时期，诸如《左传》《国语》等诸多典籍都记载了与"吉凶悔吝"有关的神奇预测案例。其实这些并不神奇，只要掌握了中国格物智慧，就如同蚂蚁知雨而搬家一样，能够具有先见之明。

对于这种功夫的建立，作为一个抵达者，邵雍说："心，一而不分则能应万变，此君子所以虚心而不动也。"（《宋元学案·百源学案上》）凡事不动心，则万化在我。而这，便是对中国文化最高妙功夫的概括！

"五行金木水火土，生克先为主"

阴阳是中国哲学的基础，五行是中国文化的基本结构，这个中国文化独有的智慧系统，被运用于经济、政治、饮食、医学、建筑、军事、社会等方面，指导了中华民族数千年的发展，使中华文明成为全球有史以来22个文明体中唯一没有断流的文化传承。

"五行"一词，最早见于《尚书·甘誓》。五行在古代，是治国的大法之一。商朝末年，商纣王暴虐无道，引发社会不满。公元前1046年，周武王姬发灭商，建立了周朝。姬发在治理国家之时，曾求教于商旧臣箕子，箕子便将治国安邦的"洪范九畴"告之武王，而九畴中的第一大法便是五行（见《尚书·洪范》）。无独有偶，《淮南子·本经训》亦云："圣人节五行，则治不荒。"是说，圣人善于调节运用五行来治理国家，而不致朝政荒废。可见，圣人是知道如何协调五行之规律以合于时势并善于应对变化的。

"五行者，金木水火土，五常之形气者也。在天为五星，在人为五藏，在目为五色，在耳为五音，在口为五味，在鼻为五臭，在上则出气施变，在下则养人不倦，故《传》曰'天生五材，废一不可'。是以圣人推其终始，以通神明之变，为卜筮以考其吉凶，占百事以观于来物，观形法以辨其贵贱。"这是《隋书·经籍志》对五行功用所作的更详细的总结。

孔子很佩服管子，《管子·五行》云："立五行以正天时，五官以正人位。人与天调，然后天地之美生。"强调了五行经国序民的大用。众所周知，当年孔子一再申明其理想是"吾从周"，其中便包含了周朝治国理政的方法，而五行便是其一。

孔子也精通五行，其五行思想见于《礼记·礼运》篇，其中记载了孔子向子游传授礼的运转之道。

其他古代典籍，关于五行的记载有——

《国语·郑语》："以土与金、木、水、火杂，以成万物。"

《左传》："天生五材，民并用之，废一不可。"

《白虎通义·五行》谓："言行者，欲言为天行气之义也。"

《史记·夏本纪》谓："五行，四时盛德所行之政也。"

《春秋繁露·五行相生》谓："五行者，五官也。"

《元包经传》谓："五行者，阴阳之精气，造化之本源。"

……

五行是天地间五种势能的形象概括。这五种势能，也称为五德，分别为："土曰稼穑，水曰润下，火曰炎上，金曰从革，木曰曲直。"意思是土有播种和承载的势能特性，水有润下的势能特性，火有向上的势能特性，金有创新和变革的势能特性，木有屈伸的势能特性。

五行间的关系有三种——五行中的每一"行"都与其他"四行"有着相互"生、克、和"的五种关系，即"我生"、"我克"、"生我"、"克我"和"相和"。这些关系是从自然界抽象出来的，是"类象"的结果。五行就是通过这种"生、克、和"的关系来反映万事万物间的普遍联系。

五行"生、克、和"关系的原理表述如下：

五行相生，是指一事物对另一事物具有促进、助长和滋生的作用。如《淮南子·天文训》中所云：水生木，木生火，火生土，土生金，金生水。相生的关系，在《难经》中被比喻成"母子"关系："生我"者母也，"我生"者子也。

一个人的生命范围——就是：他走过的路，遇到的人，见过的风景，动心的经历，收获的回忆，内在的出离度……有一年，我去西班牙，发现街头戴眼镜的人特别多！而那些林林总总的眼镜广告中，各色人戴着各式各样的眼镜，也都很漂亮。因此，每每遇到一个眼镜店，我都会怦然心动，迫不及待地去试戴。可是，一旦等我戴上后，就完全失去了憧憬中的美感。这个问题，一路上困扰我好多天。后来，我转飞到希腊，漫步在雅典大学的校园中时，忽然领悟——原来，我看到的那些广告中的男男女女，都是细长的脸形，都是木形人，而眼镜的五行属火，"木火相生，一片通明！"难怪他们眼镜怎么戴都有美感。而中国人的脸型，以土形人和金形人居多，无论是火生土还是火克金，都是泄气，因而心里涌动的美感便会被现实消弭。想到这，心中就有了小小的欣喜——很多时候，人在不同的地方，由于环境不同，内心投射的内容也不同。为什么呢？因为大自然化育的能量不一样，这就是"时位之移人也"。（清代周容《芋老人传》）

五行相克，是指一事物对另一事物的生长功能具有抑制和制约作用。如：水克火，火克金，金克木，木克土，土克水。

"克我"和"我克"的相克关系，在《黄帝内经》中被称作"所不胜"和"所胜"。所不胜，又称为"反侮"，如小刀砍大树，树未伤，但刀已受损。

五行相和，是指五行间的组合——金、金，木、木，火、火等相同五行的类聚，就是相和。

五行相互关系中，还有"制化"的现象。制是制约，化是化生。生中有克，克中有生，制中有化，化中有制，如此，事物的自然调控机制才得以完善。

但在五行生克制化的动能转换过程中，最令人费解的便是"化"字了。

古语曰：天高地下，万物散殊，合同而化。万物的生长发展到极端就叫做"变"；变而无碍便是"化"；变化的不可揣测，就是"神"；神的作用变化无穷，就是"圣"。神明变化的作用，在天是深不可测的宇宙，在人就是深刻的道理，在地就是万物的化生。

在中国古代文献中，涉及对"化"的阐述内容，当以唐末五代谭峭《谭子化书》（简称《化书》）为最。书中载有"六化"，即"道化""术化""德化""仁化""食化""俭化"。

《易》曰："在天成象，在地成形。"在天，为无形的六气；在地，为有形的五行。书中在讲到变化之理时，"德化"之"五常"载："儒有讲五常之道者，分之为五事，属之为五行，散之为五色，化之为五声，俯之为五岳，仰之为五星，物之为五金，族之为五灵，配之为五味，感之为五情……于是乎变之为万象，化之为万生，通之为阴阳，虚之为神明。"这种"一月普现一切水，一切水月一月摄"（唐代永嘉玄觉禅师）的"一即一切，一切即一"（《华严经》）之境，就是范围天地的化境。

第四章 《观物洞玄歌》 223

"化"境落实到人时，书中"仁化"之"知人"载："观其文章，则知其人之贵贱焉；观其书篆，则知其人之情性焉；闻其琴瑟，则知其人之道德焉；闻其教令，则知其人之吉凶焉。小人由是知唐尧之容淳淳然，虞舜之容熙熙然，伯禹之容荡荡然，殷汤之容堂堂然，文王之容巍巍然，武王之容谔谔然，仲尼之容皇皇然。则天下之人，可以自知其愚与贤。"这种触类旁通、了了无碍的功夫，即是世人所追慕的出神入化之境。邵雍便是这种化境的抵达者。

"化"境落实在生活中，书中"食化"载："庚氏穴池，构竹为凭槛，登之者其声'策策'焉。辛氏穴池，构木为凭槛，登之者其声'堂堂'焉。二氏俱牧鱼于池中，每凭槛投饵，鱼必踊跃而出。他日但闻'策策''堂堂'之声，不投饵亦踊跃而出，则是庚氏之鱼可名'策策'，辛氏之鱼可名'堂堂'，食之化也。"文中描述的鱼儿下意识的应声而至，也是一种生命的"化"境。

五行就是凭借其生克制化的功能，来保持系统的动态平衡的。譬如，木旺盛而无金，主虽有仁义之心，却成就不了造化；火旺盛而木衰残，纵使很有学识也难得到尊贵显耀；水多而遇旺土，土克水，土便可成就堤岸之功；木旺盛而逢强金，金克木，其势可作栋梁之美。水火相停，火旺阻水，便成为《易经》中的"水火既济"之卦；土逢旺木，才能够作稼穑之功；金火之气势均力敌，便可炼出锋刃之器。这些五行的造化，皆因那些幽冥不可见的势能而形成。

邵雍之子邵伯温说："金木水火土，致用也。以其致用，故谓之五行，行乎天地之间者也。"金木水火土是作用于万物的，也正因有此大用，才被称为是五种运行于天地之间的能量。而现实世界中的种种变化皆为阴阳之机所展现，若是阴召阳、阳召阴，则天地合正，五行气融。若是阳从阳，阴从阴，则"孤阳不生、孤阴不长"，这种阴阳偏出之情形，必会导致动静失序，无论是祸还是福，皆了了分明。因此，阴阳偏出，其造化是不能成就五行清奇势能的。比如，火多金少，聚散不得成形；火少金多，不但不能起到销铄的作用，还会反有淹灭之灾。其他例推即可。再比如，木败之因，在于丧却木德之仁而恣意妄作；金衰之由，乃是不见金德之担当反而寡义无恩；火灭之时，便见不遵礼法之徒；水浊之际，必是利令智昏之辈。土遭到木克，主所言经常失信；金多作鬼，常见算计、杀伐之事；水盛泛滥，必定多淫招乱。明代张三丰云："顺则凡，逆则仙，只在其中颠倒颠。"从以上所言五行的"败、衰、灭、浊、克"可见，"皇天无亲，惟德是辅"（《尚书》）——天不赋慧于无德之人，而失德者亦皆有迹可循。也更可知，《易经》所言"进德修业"实乃醒世的无方之药。

关于五行应用，体现在中医、军事、建筑、政治、社会、科技、鉴人法、文学作品等方面，文献中记载的案例也非常丰富。比如，在《西游记》中，唐僧师徒正式出场顺序即是按照五行相生的排序而来——第一回，孙悟空出场（红色）；第十一回，唐僧正式出场（黄色）；第十五回，白龙马正式出场（白色）；第十八回，猪八戒正式出场（黑色）；第二十二回，沙和尚正式出场（青色）。红色五行属火，黄色五行属土，白色五行属金，黑色五行属水，青色五行属木。唐僧师徒出场顺序依次是火生土、土生金、金生水、水生木的递进相生关系。足见《西游记》的作者吴承恩是精通阴阳五行之道的。

中国文化强调"以人为本"的智慧。而关于五行与人相匹配的方法，在隋代萧吉《五行大义》中早有记载。

汉代王充《论衡》和唐代虞世南编纂的《北堂书钞》记载了一个与前述《梅花易数》所载邵雍"傍晚有人借斧"相似的案例，讲的是孔子门人子贡作为使者到各地游说，到了归期仍未归来。孔子于是占了一卦，得鼎卦，以变爻九四占断，其爻辞为"鼎折足"。孔子的门人们依据这个爻辞推断："卦中说没有足，看来，子贡暂时回不来了。"

唯独颜回笑而不语。孔子问其故，颜回答道："子贡一定会回来，即使没有足，也会乘船回来。"颜回之所以说"乘船"，是因为鼎卦的下卦是巽，巽为木。后来果然如此。

所以，邵雍强调："五行金木水火土，生克先为主。"①

"青黄赤黑白五行，辨察要分明"

周代那个让老子写下《道德经》的函谷关关令尹喜说："凡有貌、象、声、色者，皆物也。"强调颜色也属于"物"的范畴，不离"有物有则"之理。中华文明数千年独特的色彩系统，其智慧包括从朝代到具体年景和季节，均有明确的法则——不同节气的五色势能不同，其运势发展的方向和展示效用就不同。

建立在阴阳五行、天干地支系统下的中国色彩智慧，涵盖了祭祀、政治、文学、绘画、医药、养生、艺术、心理学等诸多方面，其背后的应用法脉及其实践规律，对人们的生活产生了持续而深远的影响，以至于中国古代典籍和人物几乎都言及色彩。如：《诗经》《尚书》《庄子》《左传》《史记》《淮南子》等典籍；还有老子、孔子、孟子、庄子、荀子、韩非子、列子、扁鹊等耳熟能详的历史人物，都精通色彩智慧。

《史记·周本记》记载周文王的母亲太妊，对不正的颜色，既不看，也不使用。孔子在《论语》中说的"非礼勿视"，也包含了色彩向度，即不符合色彩礼制规定的事物不看。

最迟在周朝，色彩系统就已成为政治系统中的礼制之一。据《周礼·春官·大宗伯》载："以玉作六器，以礼天地四方：以苍璧礼天，以黄琮礼地，以青圭礼东方，以赤璋礼南方，以白琥礼西方，以玄璜礼北方。皆有牲币，各放其器之色。"在祭祀时，对器物、方位和颜

---

① 与"五行"相对应的"天、地、人"等内容，参见第309页附录三"五行归类表"。

色，都做了相应的规范。而《汉书·艺文志》亦云："故圣王必正历数，以定三统服色之制……"

中国古代服色制度详细规范了天子每年每月居于明堂何处、何室，驾何种颜色的马，车上插何种颜色的旗，穿何种颜色衣服，冠饰及所佩玉之颜色等等。先秦《吕氏春秋》记载：立春（五行属木）后，皇帝居住于明堂东部青阳的北室（北为水，水生木），驾青色大马，车上插青色绘有龙纹的旗，穿青色衣服，冠饰和所佩玉均为青色，食品是麦和羊，所用器物、镂刻的花纹粗疏，而且是由直线（对应八卦中的震卦）组成的图案。立夏（五行属火）后，皇帝居住于明堂左个（左属木，木生火），乘朱红色车子，驾赤色马，车上插挂有铃铛的赤色龙纹旗帜，穿朱红色衣服，冠饰和佩玉均为赤色。立秋（五行属金）后，皇帝居住在明堂西部总章的南室（此位置对应西南的坤卦，形成土生金的势能），乘兵车，驾白马，车上插白色龙纹旗，穿白衣，冠饰和所佩玉均为白色。冬季（五行属水），皇帝居住在明堂北部玄堂的西室（此位置对应西北的乾卦，形成金生水的势能），乘黑车，驾黑马，车上插黑色龙纹旗，穿黑衣，冠饰和佩玉均为黑色。

这一年四季，服饰如何随着时令的变化而变化，都记载得清清楚楚。

色彩在政治制度中，也用于惩罚。《尚书·尧典》《周礼》《白虎通疏证》等书，都记载以穿戴不同颜色和形式的服装，来作为惩罚的标志。

三国时期的曹操，最开始在守卫宫门的过程中，就将五色棒悬于大门左右。进出宫门的人如有犯禁者，无论是谁，背景多大，一律大棒"伺候"。

除此之外，色彩还与朝代对应。如《史记·秦始皇本纪》记载秦代的服色对应水德，以黑为尊，龙袍也是黑色。明代对应火德，其色为红，所以明代画像中的朱元璋、董其昌等人的服饰，都是以红色为主。

古人对色彩智慧的掌握，是非常娴熟和神奇的。唐代大书法家颜真卿在担任醴泉尉时，唐玄宗亲自主持科考。颜真卿考试之前专程向一尼姑咨询前程。尼姑说："此次考试一定会成功，一两个月之后就会到朝中做官。"颜真卿又问："那我最大的官位，是穿上五品的官服吗？"尼姑笑着回答："您的期望怎么这么低呢？"意思是说，你愿望中的五品官太小了。颜真卿说："做到五品官职，就可以穿粉色的服饰、佩戴银鱼了呀。我对此已经很满足了！"尼姑指着桌上一块紫色绸缎说："你官服的颜色，至少是三品以上的官职啊。"颜真卿听完一时不敢相信。后来，事态的发展，果然与尼姑所说的完全一样——颜真卿仕途一帆风顺，公服颜色也由碧而绿，再染为赤，最后直到官居二品，穿上了紫色官服。

仅就季节而言，每个季节都有每个季节的时令色，并且古往今来万变不离其宗——春绿、夏红、秋金、冬墨，季末为黄、棕、灰。这个对应时色称为正色，对应五行"木火土金水"。以春天为例，在古代，春天要穿符合春天颜色和款式的衣服——春服。对此，古书中有着诸多明确记载。《论语·先进》曰："暮春者，春服既成。"晋代陶潜在其《时运》诗中说："袭我春服，薄言东郊。"宋代梅尧臣在其《湖州寒食陪太守南园宴》诗中说："游人春服靓粧出，笑踏俚歌相与嘲。"明代张羽在其《三月三日期黄许二山人游览不至因寄》诗中写道："济济少长集，鲜鲜春服明。"就连苏东坡也在其《望江南·暮春》写道："春已老，春服几时成……"可见，对应季节的顺时应色已是一个常识。

除了以上政治、礼制、祭祀、游玩之外，五色在其他方面的应用也极其广泛。

在开蒙方面,《三字经》曰:"青赤黄,及白黑,此五色,目所识。"

在绘事方面,唐代张彦远《历代名画记》曰:"运墨而五色具,谓之得意。"中国敦煌的壁画色彩,就是建立在这个基础之上的。并且,日本很多古代绘画作品中榻榻米的颜色,也是遵循这个五色法则而来的,可惜今日已经失传。

在饮食方面,《隋书·安国传》载:"炀帝即位之后,遣司隶从事杜行满使于西域,至其国,得五色盐而返。"

在气韵方面,宋代的《麻衣神相·论气色》专门记载人的气色要与二十四节气呼应:"天道周岁二十四节气,人面一年气色,亦二十四变,以五行配之,无不验者。……春要青,夏要红,秋要白,冬要黑,四季月要黄,此天时气色也。"且对人的五行对应色彩讲得更为具体:"木形人要青,火形人要红,金形人要白,水形人要黑,土形人要黄,此人身之气色也。木形色青,要带黑忌白。火形色红,要带青忌黑。金形色白,要带黄忌红。水形色黑,要带白忌黄。土形色黄,要带红忌青。此五形生克之气色也。"

在医用方面,观色是重要的诊病方法。《黄帝内经·灵枢·脉度》强调:"肝气通于目,肝和则目能辨五色矣。"并且,《黄帝内经·素问》还进一步表述人体五色的详细相状:"五色者,气之华也。赤欲如白裹朱,不欲如赭;白欲如鹅羽,不欲如盐;青欲如苍壁之泽,不欲如蓝;黄欲如罗裹雄黄,不欲如黄土;黑欲如黑漆色,不欲如地苍。五色之欲者,皆取其润泽。五色之不欲者,皆恶枯槁色也。"其经又云:"又五色精微象见矣,其寿不久也。言五色固不宜枯槁,若五色之精华尽发越于外,而中无所蓄,亦非宜也。大抵五色之中,须以明润为主也;而明润之中,须有蕴蓄,若一概发华于外,亦凶兆也。察色之妙不过是矣。"

而唐代药王孙思邈也强调"察色"为医者基本功之一："夫为医者，虽善于脉候，而不知察于气色者，终为未尽要妙也。故曰：上医察色，次医听声，下医脉候。是知人有盛衰，其色先见于面部。所以善为医者，必须明于五色，乃可决生死，定狐疑。"足见医家对五色研究之久之深之精微！

除了诊法外，医药方面也重视五色的应用。如晋代葛洪《抱朴子·仙药》云："云母有五种……五色并具而多青者名云英，宜以春服之……"

在服饰方面，《荀子·正论》曰："衣被则服五采，杂间色，重文绣，加饰之以珠玉。"《礼记·玉藻》曰："衣正色，裳间色。"宋代苏东坡说："坤裳有正色，鞠衣亦令名。"宋代邵雍弟子张岷在诗中亦写道："平生自是爱花人，到处寻芳不遇真。祇道人间无正色，今朝初见洛阳春。"

在《庄子·田子方》所载庄子与鲁哀公的对话中，庄子说："周闻之，儒者冠圜冠者，知天时；履句屦者，知地形；缓佩玦者，事至而断。"我听说，儒者中头戴圆帽者，懂得天时；脚穿方鞋者，精通地理；用五色丝带系玉玦者，遇事有决断。

可见，色彩一定要正。《管子·水地》："素也者，五色之质也。"干净的素色，是选择五色的核心本质。正色是载道之色，可以"一正匡天下"，可让身心越来越清明，生命越来越焕然。

色正则正气足，色杂则杂事多。正色一定要以素色为主，这样会导致做事干净、利落、运气好。但凡色杂，做事也会杂乱。因为，色杂主诉讼是非，也包括他讼、自讼、自我纠结等势能指向。这叫"表象即表法"！

古语说"天下无礼乱穿衣"，如果衣服失去了章法，社会秩序中的方方面面就有了乱象，尤其是人伦礼法。今天很多设计师设计出来的衣服，便是无形之中的乱法者。

总之，中国色彩系统是非常完备的智慧体系，若欲精通，就必须精通阴阳五行、天干地支和《易经》应用体系，如果仅仅是泛泛了解，是不得其门而入的。

通过对以上色彩智慧的描述，我们就会清楚为什么邵雍在这里要强调"青黄赤黑白五行，辨察要分明"了——他就是在强调：你要能够随时明察所见事物的色彩势能，心中了知其内在的规律，自己才能活得更有智慧。

"人家吉凶何堪见，只向玄中判"

他人的吉凶如何判断呢？就是运用格物智慧，从显微无间的玄妙万象当中去做判断。

在这个世上，你能：看别人看不到的，听别人听不到的，想别人想不到的，做别人做不到的，你就是高人！

玄，在中国古代解释为"有无之间，谓之玄"。有，就是具象；无，就是无形的势能规律。

"入门辨察见闻时，于此察兴衰"

邵雍有诗写道："天地岂无情，草木皆有实。物本不负人，人自负于物。"（《秋怀》）是说，天地怎么能没有性情呢？就连草木都有其性情的势能规律呀。万物本来就没有辜负人们，是人们自己辜负了万物而已。邵雍这首诗特别强调：万物跟人之间的连接是息息相关的，很多人就是由于智慧不够，未能了解万物势能指向，而使自己深陷诸多烦恼之中。要知道，自己才是自己最大的障碍！

于是，邵雍便从人们最熟悉的家庭入手，列举了很多住宅内外物象所对应的规律，让人们自己去留心品应，增长智慧，从而改善生命质量。

邵雍说:"草枯山川贫,木落天地瘦。"(《秋怀》)强调事物的表象与内在的关系是息息相关的。因此,他在这个理念基础上,特别强调入手要先从大的气象开始,从刚进入住宅时所见所闻的总体气象契入,来判断这户人家究竟是兴旺还是衰落的大方向。

这与医生习惯于以来人气象作为健康判断的入手式,道理是相同的。而这,也是传统文化中所说的"医易同源"之理。

古代医生之所以手拿着医铃走街串巷去"行医",就是在疾病的诊断中,还要加入环境生态这一极其重要的要素!而古今中外,其理无二,西方医圣(西医之父)希波克拉底特别强调环境对人的影响,认为自然是人类生命的源泉,人与自然之间有着不可分割的联系。对此,他专门写有《论风、水和地方》的医学专著,论证自然环境对人体健康的影响。尤其指出医生进入一个城市的时候,首先要注意到这城市的方向、土壤、气候、风向、水源、水质、饮食习惯、生活方式等等,因为这些都会对人体健康产生影响。1948年世界医学会(WMA)在希波克拉底誓言的基础上,制定了《日内瓦宣言》。

因此,老子强调"人法地",而古代东西方医学对人类与环境的关系认知,完全是英雄所见略同。换言之,有些病,不一定来自于体内,而是来自外感,并且,还有很多是环境所导致的!

所以,朱熹最得意的门生蔡元定就特别强调"为人不可不懂地理和医药"。

"若还宅气如春意,家室生和气"

如果闻到这户人家中满室生香,像春天一样充满盎然的生机,那就是和睦、兴旺的气象。古语说"和气生财",指的就是环境和人都要和谐有生气才会真正有生发力,有旺气。而古人所说的"家和万事兴"，指的就是这种"宅气如春意"的气象。

"若然冷落似秋时，从此渐衰微"

《道德经》说："人法地，地法天，天法道，道法自然"。其中的"人法地"就是在强调人的运势，是受到空间势能规律的影响的，都是环境势能规律的展现。秋天是万物普遍衰落的季节，如果环境中的气象萧条，人员气色也冷若秋霜，这都是家道衰败的显象。

邵雍所言"时有代谢，物有枯荣；人有衰盛，事有废兴"，(《观物吟》) 阐明的就是这个道理。

"自然馨香如兰室，福至无虚日"

如果家内人情温馨，气息馨香如兰，不用多久，福气就会来临。

《易·系辞》曰："同心之言，其臭如兰。"中国古语亦言："家和万事兴"，细细想来，真是一剂跨越时空的良药！

试想：人心不齐，家内不和，又何来福至连绵、家业丰隆呢？

馨香之芳，令人山高水长。

"鸡豚猫犬秽薰腥，贫病至相侵"

如果宅院中有刺鼻的鸡、豚、猫、狗等动物的腥秽气味，那么，贫穷和疾病就会一并来临。这就是"贫病至相侵"。

邵雍在此告诉了我们一条生活规律：养动物可以，但一定要令其干净、卫生。否则，就会"同气相求"般受到负面影响，贫病的势能会渐渐相继而来。

关于"贫"的理解，除了指财运不佳之外，也代表与人交往的范围有限，性格孤僻。由此可见，好像你养的只是动物，但实际上却与你的健康、财运等息息相关。

这就是万物都有道，天下没有一物是废物。哪怕是经血它都是有用的（详见第五章）。

此外，家中养的动物不仅要整洁，还要尽量少饲养杂毛明显的动物——颜色越杂乱，主人的是非争讼越多。非常神奇！

"男妆女饰皆齐整，此去门风盛"

如果住宅中的男女穿戴都很干净、整齐、得体，就说明这一家门风会越来越好。

古语说："一正天下贵！"（正，就是齐整的意思）时时整齐得体，就会受到世人的尊敬，而家道也会因此逐渐昌盛！

但是，"物无美恶，过则为灾"（宋代辛弃疾），有的人养成穿戴整洁有序的习惯后，会将这种理念贯穿到生活的其他方面——对任何事情都要求严苛。比如，园林中，剪枝裁叶很频繁，要求极其精细，不让其自然生长。这种极强的控制欲，必定会影响植物正常生发，甚至产生强迫症，往往会导致家族中子孙多出焦芽败种，或者短命人。这就是中国古人所说的"子孙不继"。

而这种情形，在日本社会中表现得尤为鲜明。还是老子《道德经》说得好——要"道法自然"。

"家人垢面与蓬头，定见有悲忧"

如果这户住宅中的人，经常蓬头垢面，头发又长又乱，衣冠不整，则代表有悲忧之事在心中，哪怕表面看起来很快乐或开心，但只要你慢慢了解，就会发现背后一定藏着一个或悲或忧的风霜之事！日本丰臣秀吉曾说："主人心神不定，全家则会萎靡不振。"强调的都是万物内外之间密不可分的关系。

此外，时下有人喜欢在理发时，专门把头发理成蓬松式，类似爆炸头，或者散乱样式；以及，衣装经常穿着漏洞、破损的所谓流行服饰，这些都会导致类似的势能——心中定有悲忧之事缠身！

可见，世上流行的，未必是好的，就像流行病也是流行的内容之一，但对人类不好。

"鬼啼妇叹情怀消，祸福到阴小"

家中小孩经常半夜里哭或家人莫名其妙地出现带有类似哭腔的声音，都属于"鬼啼"；而家中妇女时常唉声叹气，则叫"妇叹"；当你无论跟她说什么，她都提不起精神，满是无奈、悲观、消极的心态，这就叫"情怀消"。那么，出现这些情形的祸与福的势能指向，会对应到谁的身上呢？答案是：首先是落到家中小孩身上，其次才是落到女人身上（阴）！

如果这个显象所呈现出来的势能较大的话，就会在小孩和女人身上均得到应验。

邵雍这种通过声音来判断吉凶的功夫，来自于中国古代格物智慧中的"知音"智慧。

对于格物智慧，前面讲了什么是"物"，即周代函谷关关令尹喜所说的"凡有貌、象、声、色者，皆物也"。可见，声音也属于格物智慧范畴，也是探究生命轨迹的一个方便法门。古人将这种"闻声知情"的功夫，称为"知音"——听声音便可判断人与事物的发展规律！

与孔子生活在同一时期，双目失明的乐圣师旷，仅凭听风的声音，便能预知战争结果。他听琴师演奏曲子，也能听出琴师所在国家的国运。这种事情，对今人而言，完全不可思议！

几千年来，文献中记载的听音识人、听音识灾祸、听音辨物、听音判断疾病的神奇案例，比比皆是。

（对这些内容更深入的解读，请见拙作《解密中国智慧》或《大易

至简》中"声音与天地通"一章）

"老人无故泣双垂，不见日愁悲"

我在十翼书院的课堂上经常强调"表象即表法"——种种现象，皆有其内在的势能规律，要有能力识得其本来面目，才是有智慧的表现，才能让自己活得明白！

邵雍对人事的观察是十分细腻的，他有与万物打成一片的功夫。在这里，邵雍跟我们分享他的格物智慧：在老人没有受到风吹、情绪波动等影响下，眼睛无缘无故地流泪，这叫"无故泣双垂"。预示过不了多久，就会有忧愁和悲伤事情来临。

通常像这种"无故泣双垂"的情形，人们平时很少关注，更遑论缜密思考了。而在这一点上，邵雍则起到了典范作用。

中国古代有很多相书，是专门对人身上各种显象的规律总结。古代读书人将此作为很重要的内容去学习和实践，案例很多。时下的学者，对此研究得很少，但在我熟悉的学者中，鲍鹏山老师是一个特例。有一次，他在一个地方讲《水浒传》时，说："古人看相，看肉相，看骨相。这都特其小小者耳，我看的是：气相。今天给你们讲两个'三'：眼皮下耷，两腮下瘪，嘴角下倾，谓之'三下'。三下者，下流人也。耳瘪，腮瘪，胸瘪，谓之'三瘪'。三瘪者，瘪三也。有人会说：鲍老师，这是肉相啊！这话就外行了。三下三瘪，都是先坏了气质，然后，肉就坏了！"是的，人相的核心就是"心性气质"，此言十分公允！

"门前墙壁缺砖瓦，家道中渐歇"

《庄子》说："万物与我并一。"邵雍认为：所在环境中的任一变化，都与对应之人的运势相关。

门为建筑空间的气口，不仅代表进财口，也是饮食与健康之门。

因此，门前的墙或者房屋上面的瓦片掉落，或有缺损，就是家道衰败、运气停滞不前的显象。所以，但凡住宅中出现缺砖掉瓦的现象，包括掉墙皮、墙皮有毁损，都要及时补上，这叫止损。否则不利家道。

你看，世间有很多人在出出入入中，都不知道去关注缺砖掉瓦的环境，只知道在那拼命地向外求索，以至于在劳而无功时，就慨叹抱怨命运不济——殊不知，智慧才是最大的财富源泉啊！没有智慧，而仅靠无明中的打拼，其结果就犹如盲人摸象一样令人唏嘘。

"溜漕水势向门流，财帛去难收"

门口如人口，要收水才是聚象。水往外流，就是泄气之象，不利进财。

邵雍认为，如果住宅中的排水系统，将流水导向门口，向外流出，这种情形所展示的势能就是家中钱财不聚的败家之象。

还有的人，所住住宅恰好在山坡上，院子也呈现斜坡状，自然就导致在下雨时，雨水自动朝向门口流去。这种情形也与上述所说的势能相同，都是消耗财帛，财运不济的势能指向。

"忽然屋上生奇草，益荫人家好"

住宅的房上，突然长出了奇花异草，这是住宅运气越来越好的显象。

这就是邵雍感慨"天地岂无情，草木皆有实；物本不负人，人自负于物"（《秋怀》）的原因了。

这都体现了邵雍的取象、应机、识势、乐天知命的格物智慧和与万物打成一片的圣人功夫。这些，都是中国智慧的核心精蕴。

"门户幽爽绝尘埃,必定出高才"

在中国古代生态环境学的慧见中,有这样一则规律:"洁、净、精、微,禄在其中矣。"是说,所在环境中的无用物品累积越多(无论新旧和价值大小),很久不清扫或清扫不干净,都是怨气产生的重要根源之一,并且时间久了身体也会产生疾病。可见保持环境干净有多么重要!

邵雍在此说:在住宅环境中,那些能看见和看不见的地方,都打扫得干干净净、一尘不染,这种环境一定会出现栋梁之才。邵雍这种强调扫除与运气相关的智慧,从宋代至今,影响了无数人。

在宋代,与苏东坡齐名的黄庭坚,不仅书法写得好,而且才华横溢,为世人所传颂。他的母亲就特别强调环境中任何角落以及所用物品,都要干干净净,这是对邵雍所言"门户幽爽绝尘埃,必定出高才"的佐证。有一次,我在北京大学讲《易经》时,解读完这句话之后,有数名学生突然指向另一位学生,说:"他家就是这样的!"说完,他们继续跟我说:"这位学生的家乡在中国边远的一个省,他是他所在村中50年来唯一一个考上北京大学的学生!他们家里很穷,学校给他贷款助学,很多同学也都去过他家,发现他们村中普遍脏、乱、差、旧。虽然他家也很旧,但是他家的院子扫得干干净净,房间里的东西也摆得整整齐齐;他穿的衣服也很旧,但依然干净整齐。"这就是邵雍"门户幽爽绝尘埃,必定出高才"的规律智慧啊!同学们非常开心。我进一步告诉他们:"在现代社会,大人把自己所在的环境打扫得干干净净,运气就会变好;孩子把自己的房间打扫得干干净净,学习就会受益。一试便知,非常神奇。"

而对这一点的深刻理解,日本最早倡导"扫除哲学"的键山秀三郎先生最为令我瞩目。他1934年出生于东京,年幼时因空袭被疏散到乡下,受父母身教而重视扫除道。他为安抚性情暴躁的职员而以身作则打扫厕所，最后形成风气，1993年成立"清扫学习会"，出版了风靡日本的《扫除道》。他以"清扫哲学"感召志同道合人士，影响甚广，令无数企业法人代表和各领域精英自愿参与其中。截至目前，日本各地已有一百多个分会，海外亦有中国大陆、中国台湾与巴西三个分会。2017年年初，我有缘参加了大阪扫除学会的活动——清洁一个学校的男厕所中满是尿垢的小便池。最后，干净的水在冲完两次小便池之后，第三遍冲的水，自己用手捧起喝！这个体验，令我对"扫除哲学"中的"凡事彻底"与"感恩惜福"有了更深入的理解——当我们能全然做到凡事彻底的时候，事情就必然会朝向伟大而去！而这，也正是台湾严长寿老先生所说的"不要想着把事情做大，要想着把事情做伟大"的具体实践……祝愿人人都能践行其中，更好地拓升生命。

无独有偶。日本的舛田光洋（1969年出生），因为遭遇种种生活困顿，无意中发现房间越仔细打扫，运气就越好，后来写出了《扫除力》，被日本日经新闻誉为重塑日本国民精神的一本书。成名之后的舛田光洋成立了扫除力研究会，并担任会长职务，同时也成为日本著名商业大丸百货的环境顾问，时薪高达20万日元。

智慧无国界。邵雍的这种扫除与运气相关的智慧，与时下日本企业普遍强调的整理、整顿、整洁，有着异曲同工之妙。美国CNN电视台曾经拍摄过日本新干线列车的清扫全过程，感叹："这是奇迹的7分钟！"然后，美国哈佛大学商学院从2014年秋天开始，新开了一门必修课——学习日本新干线的车内清扫流程！整个世界当时对此哗然一片，负责欧洲高铁TGV运营的法国国铁总裁也曾自负地说："技术上我们是不会输的！"但是，当他参观完新干线的服务后，自嘲地说："这个我们做不到，必须把日本的超级清扫员带回去才行。"

这些案例都证明了扫除哲学的大用，更见证了1000年前邵雍的伟大智慧。

在"扫除道"基础上逐渐流行起来的"断舍离",是扫除哲学顺应当下时代的另一个展现。

"偶悬破履当门户,必有奴欺主"

偶然间,把有破损或者抛弃淘汰的鞋,挂到门上或者墙壁上,就预示着会出现"奴欺主"的现象,包括下属、子孙、晚辈让主人恼火或不利的事情。

这里的门户,也包括窗户和天窗。不仅如此,如果"门户"上有带有鞋子的挂画、鞋子饰物等,其势能指向也相同。

有一次,我在大阪知名老铺海带企业"舞昆"做讲座,当讲到《观物洞玄歌》中这句话时,鸿原社长的太太鸿原明子马上离席出去,一会儿又进来了,手里拿着两双草鞋。这是干什么呢?原来,那是两双挂在店门边的海边渔民穿的草鞋和鱼鞋!她说,难怪有一个店长动不动就提及加薪、辞职之类的事情,总让我们很被动,有时也很恼火。当她听我讲到这句话的时候,马上就想到了自己店中的对应之象。这就是学到智慧后的及时止损!

真正的学习就是用来减少烦恼的。如果,你的所学越来越多,但烦恼和迷茫也越来越多,那一定是学错了。

"长长破碎左边门,断不利家君"

前面有述,阴阳是中国哲学的基础,五行是中国文化的基本结构,天人合一是中国智慧的核心精蕴。

在现实中,阳代表男性,阴代表女性;左代表阳,右代表阴;左为男主人,右为女主人,这种礼仪形式是世人的普遍共识。如果家中门的左边受到破坏,就代表对男主人不利。反之,如果是家中门的右边受到破坏,就代表对女主人不利。

这种阴阳对应左右的应用方法，在中国智慧中是非常普遍的。并且，它是"其大无外、其小无内"，一以贯之的。

"遮门临井桃花艳，内有风情染"

如果家中院子门口有桃树，并且还毗邻井口，加上桃树的枝叶像雨搭一样遮了门，那就预示着这家中有人感情泛滥！代表有不正当的男女关系！

在现代社会中，井水已经比较少见了，如果替代它的是诸如水管、饮水机之类流水器具的话，其势能指向也相同。

"屋前屋后有高桐，离别主人翁"

在邵雍看来，植物也是静寂的生命，亦与人类有着类似的通感。因而，植物的潜在势能对人亦有多元的影响。换言之，就是所在环境中生长着不同的树木，就会体现不同的势能指向，从而对在地民众产生不同的影响。

自古以来，人们对梧桐树并不陌生——"没有梧桐树，引不来金凤凰"广为人知。四季之中，到了立秋，梧桐树便开始落叶，于是便有了"落叶知秋"的成语。然而，邵雍对梧桐树的了解，却是与众不同的。他的《月到梧桐上吟》这样写道："月到梧桐上，风来杨柳边；院深人复静，此景共谁言？"月亮、梧桐、风、杨柳、庭院，这些安静的景物给他带来了难得的享受，一时竟找不到分享之人。而从诗中亦可知：邵雍的生活中是伴有梧桐树的。

对于梧桐树的势能，邵雍总结道：如果所在环境前后栽种有梧桐树，其势能指向就代表主人有背井离乡之可能！换言之，主人会因为各种原因而导致常常"变动不居"——诸如被外派、去远方工作、服兵役、修行等等。

我在十翼书院讲授邵雍《观物洞玄歌》至此句时，门生们纷纷各自感慨畅言——

来自河北石家庄的赵越老师说："老师您说得特别对！我小的时候，家中有一棵梧桐树，爷爷的工作就一直在外地，导致后来我们在老家也住得不安稳，总是一年住老家，一年去爷爷上班的地方居住，总之，两边都住不长。老师所讲的这个内容，让我非常有感触，我一定要牢记。"

来自北京的付丽莉老师说："我家一楼有一个邻居，自从搬来以后，在自己院子里种了一棵梧桐树，从此就未见他在这踏实地住过，总是飞来飞去的。不久后，他还移民去了新西兰，一年当中就更少回北京了。现在我才明白，原来这都是梧桐树背井离乡的势能显现啊，实在是太神奇了！"

来自山东青岛的王殿岩老师说："老师的话，让我一下子就想起了小时候自己摘下院中的梧桐叶当伞用，耐心等待出差的爸爸归来的场景……非常感恩老师，让我们的生命落地了，不再飘在半空中！"

来自浙江年年红集团的金怡宏老师说："米老师，我发现龙游这个小县城很喜欢种梧桐树。老县城大街小巷都是梧桐，长势还挺好，每年夏天都被修剪枝丫，但是马上又茂盛起来。这个城市就是留不住本土的年轻人，他们一个劲往外跑！在这里的大企业都是外地来的……背井离乡的势能非常明显！"

来自湖南的刘金娥老师说："老师上课讲到梧桐树得秋之气，展现杀伐之势，我在参观湖南省博物馆时又获得一个铁的验证——谭嗣同用家里被雷劈开一分为二的梧桐树做了两把琴，其中有一把保存在了省博物馆。而他的命运真是印证了这个被一分为二的梧桐势能——他最终是被腰斩而亡。真是一切有迹可循，虚无之间玄之又玄！但也只有真正的儒者才有通天达地的格物功夫啊。"

……

常言道："千家诗吟万家客，一样米养百样人。"关于梧桐树势能的反馈案例数不胜数。

当然，离别的势能有时也有最严重的表现——生死离别。例如，近代著名学者潘雨廷先生曾任华东师范大学古籍研究所教授、中国《周易》研究会副会长、上海道教协会副会长，从学先后师承周善培、唐文治、熊十力、马一浮、杨践形、薛学潜等学术大家。学术上治《易》40余年，代表作有《周易终始》《周易集解》《周易参同契考证》等。这些书的整理，多得益于同济大学的张文江教授。张文江教授不仅整理、校点了潘雨廷先生的《周易表解》《易学史发微》《读易提要》《易学三种》等多部著作，还著有《潘雨廷先生谈话录》（记述）。

其中，《易学三种》一书的后记，为张文江教授所写。他在叙述完1969年潘雨廷先生与老师薛学潜先生的最后一次会晤之后，就莫名其妙地谈到了自己的一段难忘回忆："一九六九年前后，整理者在市区的一所学校读书，尚属蒙稚未知的少年。只记得有一年大雪过后，看见路旁的梧桐树在寒风中光秃秃的一片，晶莹洁净，心中感到一种难以名状的激动。很多当时的印象已经淡漠了，唯有此情此景莫失莫忘，清晰如在昨天。"张文江从潘雨廷与薛学潜两位先生的最后晤面，旋即写到了见到梧桐树后难以名状的激动，可这二者之间究竟有何种缥缈的联系？当我们了解了梧桐树的势能后，便可豁然会意了。

关于桐树，除了人们常见栽种的梧桐之外，还有泡桐。其势能指向，虽名称有异，却异曲同工。在中国南方，古时很多地方都有在女儿出生后栽种泡桐树的风俗，以备做女儿出嫁时嫁妆之用。而女儿出嫁，就是与共同生活了几十年的父母开始分离之时，引申指背井离乡。并且，这种习俗还传到了日本，非常普遍。

由此可见，邵雍所言的植物势能指向是多么神奇——世人都需要如此鲜活的格物智慧呀！

而关于某些植物的特定势能及其与世人生活息息相关的指向，落实于具体的园林规划、庭院设计中，古人早有明确而精准的记述。如，"东植桃杨，南植梅枣，西栽栀榆，北栽吉李"等等。还有，"门前当桂（贵）；人家居所之四方，须植以树，以之为四神具足之地——居家以东有流水为青龙，若无流水，植柳九棵，以代青龙；以西有大道为白虎，若无大道，植楸七棵，以代白虎；以南（前）有洿（wū）池为朱雀，若无洿池，植桂九棵，以代朱雀；以北（后）有丘陵为玄武，若无丘陵，植榆三棵，以代玄武。如此为之，以为四神相应之地。居者官位福禄皆备，无病长寿"。（敦煌《宅经》）而且"青龙、白虎、朱雀、玄武之外，无论何树植以何方，皆随人意。但古人云：东植花树，西植红叶之树"。

虽说植树"皆随人意"，但也有些忌讳的树木记载得很详细——如，梓树属紫葳科落叶乔木，其嫩叶可食，皮可入药。且木质轻软耐朽，可用于建筑、家具、乐器。《说文》："梓，楸也。"《坤雅·释木》："旧说椅即是梓，梓即是楸。盖楸之疏理而白色者为梓，梓实桐皮曰椅，其实两木大类同而小别也。今呼牡丹谓之花王，梓为木王，盖木莫良于梓。"古人多以梓木做棺材，称之为梓官、梓器。《汉书·霍光传》载："赐金钱、缯絮、绣被百领，衣十五箧，璧珠玑玉衣，梓宫、便房、黄肠题凑各一具。"《后汉书·戴凭传》："卒于官，诏赐东园梓器。"后来，人们便将"梓"与死相联系，加之五行中有"春生秋杀"之势，因此人们便将对应"秋"的梓树，引为栽梓木以送死。《旧五代史·后晋·列传六·王建立传》载后晋大臣王建立临终前告诫其子王守恩一定要将他埋在榆社，因为"榆社之地，桑梓存焉，桑以养生，梓以送死"。这便是古人对梓树势能的总结。

此外，由于"桑"与"丧"谐音，门前栽种桑树就有"望门丧"

之意，因而古人"宅前不种桑，宅后不种槐"。古代朝廷门外种植三棵槐树，象征着司马、司徒、司空三公，寓意吉祥。即"中门有槐，富跚三世"。（明代王君荣《阳宅十书》）若槐树等树木栽种的位置颠倒混乱，则意味着行事失序、事与愿违，故"宅后不种槐"。

古人类似于以上对树木势能的总结智慧，文献中记载极为丰富细腻！

而尤为神奇的是，据世界上最早的造园专著（唐代）、日本"国宝"《作庭记》载："传闻秦始皇焚书坑儒时，亦敕令不焚种树之书。"又"人家居所之四方，须植以树，以为四神具足之地"。文中清晰讲述了植树对古代宅院的势能平衡所起到的重要作用！并且，从中亦可见中国古代的四神之法在生活中的重要程度！

如果，今天的植物学家、园林学家、设计师等，都认真学习一下这些智慧内容，就会对社会更加有益了。而笔者也正在撰写《中国园林设计窍诀》一书，涵盖上述智慧内容，力争早日益世。

"井边倘种高梨树，长有离乡士"

在住宅附近的井边（也包括水源旁边），如果有梨树的话，那么对应的人家中就会经常有背井离乡之人。

邵雍在上一句中讲的是梧桐树，而这一句中讲的是梨树，虽然二者均有背井离乡的势能，却有不同之处：梧桐树是专指主人离乡，而梨树却没有具体单指主人，而是涵盖全部家人——也许是一个人，也许是很多人。比如，家中的三个孩子都在外地寄宿读书、工作等。

其实，关于植物对人居环境的影响，在唐代敦煌《宅经》、日本《作庭记》等文献中，记载得极为完备。比如，榆树种在后面，有利于财运；槐树种在门前，有利于官运；李子树种在屋前，家有贵子；以及人居环境中的四神位置缺陷，栽种何种植物（包括数量）来平衡其势能的方法等等，令人不得不赞叹古人感知万物势能、与自然打成一片的能力和智慧。

"祠堂神主忽焚香，火厄恐灾殃"

在中国古代，神社或寺院的存在是很普遍的。邵雍说，那些很久没有人点香祭祀的神社或寺院，如果突然有一天掌管祭祀的人去点香祭祀，就预示着会出现火厄。

而火厄的指向有三种：其一，是现实中的火灾或电灾；其二，是因为身体上火而引发疾患；其三，是由于发火、暴怒、发脾气而导致灾患事情发生。

"檐前瓦片当门坠，诸事愁崩破"

屋檐前面的瓦片突然掉下来，预示会出现很多让人忧心忡忡、甚至精疲力竭的事情。

在现实生活中，那些突然间头上开始经常脱发以及斑秃者，也有类似愁结满肠的势能指向。取象比类，法法不违。

"若施破碗坑厕中，从此见贫穷"

若将破损或者废弃的碗、盆、桶、瓶子等容器，放在厕所中，其所展示出来的势能，会导致家中财运越来越差，越来越贫穷。

在现代社会中，经常会遇到家里有不舍得扔掉的这些容器，就都暂时放在厕所中，期待将来还能派上用场。但是，这样做的后果是什么呢？就是：运气越来越衰落，从此见贫穷！更会导致家中人心神不宁，总是望用难成！

所以，无论是乡下的厕所，还是城市的洗手间，都不要放那些空容器在里边，要保持干净整洁。

除了邵雍以上所做的结论之外，放置这些容器在厕所（卫生间）中，不仅仅会出现贫穷的势能指向，时间久了，还会导致家中青少年牙齿不整齐的现象出现，以及家中女性出现妇科病和大肠疾患。

你看，天下没有一物是废物。万物都有势能，都有其"药"性，只不过在不同的空间环境背景下，有的是良药，有的是毒药。不可不察，不可不知。

"白昼不宜灯在地，死者还相继"

灯落地上，是为"阳入地"之意，比喻人死亡入土。

邵雍说，若白天突然出现有灯掉在地上摔碎的情形，则预示会有人死亡的信息出现，并且还会接二连三地出现。

要知道，很多人都不会关注到这一点，可见邵雍的心思是多么的细腻！

白天，灯掉在地上是不吉之兆。那为什么会有这么大的势能力量呢？是因为：在中国古代，有民谚说"人死如灯灭"，当灯掉在了地上，就会丧失光明，预示着死亡之象。

此外，人们在家中把灯泡放在地上，也代表会听到、看到与死亡有关的信息。这一点也千万要注意！

"公然鼠向日中来，不日耗资财"

邵雍认为：动物的出奇反应，是可以给人以某种规律指引的。这一点，早在三千多年前就有许多众所周知的事实了——比如，燕子低飞，预示会下雨；而蚂蚁搬家，则预示会下大雨。如此等等，不一而足。

邵雍说，在白天突然看到了老鼠，就预示不久会出现损耗财物的事情。

邵雍这个结论是十分神奇的！自古以来，老鼠有一个别名叫"耗子"，是"耗神"。耗，就代表消耗钱财物品和时间、精力等。你仔细想想，是不是每逢鼠年，国家就会有或主动或被动地突然消耗国力财力的事情出现？

在这里，我还要强调一下：在白天，不仅见到活的老鼠能耗人资财，即便是衣服上有老鼠的形象，家中有老鼠的玩偶，画上有老鼠的图像，以及其他有老鼠图像的饰品等，都具有耗神的势能。清除掉这些内容，会让自己轻松许多，生活质量和心态也能有明显改善。

那，有人会问：如果在白天看到老鼠出现的情形该如何化解呢？

当然有办法！

"耗资财"有被动地耗和主动地耗，那我们是不是可以选择主动代谢消耗呢？可以主动捐款、捐物，或做公益，行善业……这样一来，不仅代谢了耗神的势能，还累积了阴德。岂不是一举两得？！

"牝鸡司晨鸣喔啼，阴盛家萧索"

牝鸡就是母鸡。众所周知，每天早晨都是公鸡打鸣，但如果突然遇到母鸡也打鸣了，那代表什么势能指向呢？邵雍总结道：代表这户人家开始阴盛阳衰了，就是女人当道，男人无能了，家道每况愈下。因为母鸡打鸣，是阴居阳位，反常之象，代表阴盛阳衰。

这句话中的"萧索"二字，"萧"是指家道渐渐消退；"索"是指总有乞讨、索要之事出现，不是正常家庭应有的好现象。

邵雍对禽鸟的声音十分关注，并且判断也十分精细——最具有代表性的就是被列入明代中学课本的"邵雍识乱"的案例。可是，很多人都不知道邵雍是如何判断出来的——我在此微开其端——"夫候之所始，道之所生，不可不通也。……夫五气之至，各有五色，经于分野，气太过则先天而至，气不及则后天而至，尝以寅卯前候之，自然可见"。

（明代楼英《医学纲目》，清代冯楚瞻《冯氏锦囊秘录》之《五营运大论》亦载）其中的"寅卯前后"，就是春季的二、三月间。邵雍就是在这个时候，根据杜鹃鸟"气太过则先天而至"的征兆，做出了"邵雍识乱"的惊人判断。

"中堂犬吠立而啼，人眷有灾厄"

中堂是建筑中最为尊贵的位置所在，其功能便是呈现建筑的核心地位。中堂之说，起于唐代，因为唐代和宋代的宰相在中书省内办公而得名，以后宰相办公的地方就称为中堂。中堂具体在个人家中，通常是指大厅的位置。

邵雍说，如果家中的狗，突然间在中堂前腿离开地面，立起来叫个不停，并伴随有哭哭啼啼的声音，这预示着什么呢？这就预示着这户人家很快就会有灾患来临。

无论你是生活在乡村，还是城市，只要有犬出现这种情形，就要留意了。记住：它跟犬的品种以及主人的身份地位、年龄性别等，都没有关系，它只是展示势能的发展方向，这叫公平。

"清晨鹊叫连声继，远行人将至"

清晨，窗外的喜鹊接连叫个不停，预示会有远方的人到来——或者是远方的人到你家中来，或者出远门的家人回来了。但是，通常以远客居多。

如果，喜鹊清晨在你的周围叫得特别厉害的话，那这个远客，就会让你产生超大惊喜。

我在书院讲到这个内容时，来自山东青岛的王殿岩老师说："以前从来不关心这些外在物象的变化，生命就像行尸走肉一般。现在，跟老师学习后，明显感受到自己的身体与节气、树木、花草、鸟儿、猫狗的对应感应。原来我们都是一体的！今天早上听到喜鹊叫之后，没想到中午一个北京的朋友突然造访，让我很开心，更赞叹邵雍的智慧与大自然的神奇。"

"蟒蛇偶尔入人家，人病见妖邪"

每一个事物的出现都不是无缘无故的。

邵雍说，家中有蟒或蛇偶尔出现时，就是出现病人及有鬼祟之兆的显象。

什么是鬼祟之兆呢？中国古代把病分成实病与邪祟病两种。后者是虚邪之病。其明显症状就是身体总是不舒服，但又检查不出实质性问题，让人很难受，导致精神萎靡，疑神疑鬼，生活质量受到明显影响。有的医生对此会说，这是亚健康，其实有些也未必。出现这种症状的人，往往后背都有一块邪骨。

如果蟒或蛇仅仅是偶尔来了又走，还好些。就怕来了不走了！这样就往往代表所出现的疾病会让人一病不康。对此，十翼书院来自河北石家庄的赵越老师说："我小时候老家院子里来了一条蛇，怎么赶也赶不走。后来，奶奶就得了严重的糖尿病，在卧床近四年时间后，就逝世了。我从未想到会跟家中的蛇有关系，真是太长见识了。可惜，就是知道得太晚了！"

对她的感慨，我又解释道："世间万物，表象即表法。只要蛇一直存在，它的势能就一直存在。从干支哲学的角度而言，在十二地支中，子鼠与巳蛇是'相绝'（互相绝杀）的势能，那么究竟是谁绝杀谁呢？那就取决于谁的能量大了——蛇怎么赶也赶不走，如同病来了去除不掉一样，那就是蛇的势能大，是巳来绝子——因为地支子的五行属水，对应在身体上就是肾病。而中医认为，糖尿病就是肾病的一种。并且，肾病患者，还都明显有疑神疑鬼、虚荣、爱面子、没有耐心的性格特质。"

你看，这就是万物一切有迹可循，相互表法，但又大道至简、大医至简。

此外，有的人喜欢养蛇，只要蛇一进入人家，预示家中就有了病人，虽然很多病当时未能发现，但一定是已经有了病根。我有一个朋友的孩子，高中时就喜欢养蛇，还随身带着走。几年后，他的母亲无意中体检发现已经患有较重的癌症了，医生说这种病况至少五年前就已经有了患病的先兆，只不过没有发现而已。家属仔细回想医生的话，发现五年前就是孩子最喜欢养蛇的时期……

他们在不断感慨：如果人生能早些看到邵雍的书，学到这些智慧，生命的质量就会完全不同！

可是，感慨归感慨，要知道，能够拥有智慧是需要福报的——没有福报，见不到贤圣及其慧言；福报少，见到了，听不懂；福报多些，听懂了做不到；福报具足时，闻思修则水乳交融。

那些但凡能让我们的生命走向更高处的人和事，无论以什么方式呈现，都是福报的显现，更是生命的美馈！

"雀群争逐当门盛，口舌纷纷定"

如果突然遇到有一群麻雀在你家门口或窗前，叫个不停，并且其势盛大，这就预示着口舌是非会纷纷来临。当然，这个是非不一定是你本身的是非，也许是你看到的是非，或者他人来找你诉说是非、求助解决是非！总之，争讼临头。

那，有人会问：为什么"雀群争逐当门盛"就预示着口舌是非来临呢？是因为：在《易经》卦象分类对应的体系中，麻雀等鸟类对应兑卦（五行为金），门对应震卦（五行为木），二者的势能是对冲之象，口舌是非之兆。再加上邵雍说是"雀群争逐"，一个"争逐"就代表了不和谐的势能。而口舌是非本身就是人际关系不和谐的产物。

你看，没有《易经》的基础和掌握中国格物智慧中的类象方法，是很难读懂文字背后的玄机的。

"偶然鹏鸟叫当门，人口有灾连"

什么是鹏鸟？鹏鸟就是指猛禽中的鹰和秃鹫。

当鹰或秃鹫突然出现在自家上空鸣叫时，就预示着家人会出现连绵的灾祸。上一句讲到的麻雀对应的是小口舌，这句中的猛禽对应的是血光之灾、官司等大灾祸。

要小心哦。

"入门若见有群羊，家主病瘟黄"

如果一进门就看见成群的羊，则预示着家中主人会患有瘟黄病——脸色发黄、气色不佳的瘟疫类疾病、传染病（肝病居多）。当年，三国时期的神医华佗就是用二十四节气中清明节时期所采的茵陈草来治疗"瘟黄病"的。

以上，邵雍讲的是进门后见到活羊的羊群所对应的势能指向。那么，请问：如果见到的是假的羊群（装饰物）有没有这种势能指向呢？回答是肯定的！当然有。

当你进门后，见到的是假的羊群时——譬如主人属羊，喜欢摆放与羊有关的各种物件，那这个势能指向代表什么呢？这也是代表主人"病瘟黄"的显象，二者不同的是，活羊的势能表现大些，假羊的势能表现小些。换言之，但凡遇到活的动物，其展示的势能能量更大，而若是该动物的雕刻物、绘画作品、服饰等物象，就相对会轻些。但，如果作品很逼真很传神的话，其势能就更大！

为了加深理解，我再补充一个案例："家内有狮虎，不伤筋来必动骨。"是说，家里如果有狮子、老虎（包括鹰）等猛禽猛兽饰品的话，轻者会出现禁锢疾病，重者还会出现对子女不利，甚至出现子女受到伤害的事情。有些人的腰腿疼等筋骨疾病，都与其有密切关系，但自己却往往不得而知。可是，当你明白这个道理，将这些物品清除之后，疾患症状不久就会明显好转。这就是釜底抽薪的作用！

在中国古代，子女被比喻为父母的筋骨。中国有一位以画虎闻名的当代著名画家，因为画虎的缘故，家中有很多栩栩如生的老虎作品。十几年前，他的二女儿在卖二手车时，被人绑架并灭口。对他而言，这就对应了"家内有狮虎，不伤筋来必动骨"的势能指向。

"舟船若安在平地，虽稳成淹滞"

舟船本是水中交通工具，但放在了平地上，虽然看起来平稳不动，却预示运气"淹滞"——行动处于挣扎、缓慢、阻碍、无法施展的状态中，引申指发展受困，计划难以实现。

可见，有些东西，看上去很美，但未必真的能令主人赏心悦目。对经营而言，更是如此。

现实生活中，有的人喜欢在自己的环境中摆放各种舟船形状的造型物品，还美其名曰"一帆风顺"。更甚者，除了摆设、挂画外，还把建筑也设计成了舟船形状。这种行为虽然张扬了某些人的个性，但却损害了愿景。

也许那个设计者很有名，但是，你更应该清楚：他虽有名，但对你未必有益！

"他家树荫过墙来，多得横财来"

如果邻居家的树枝长到你家这边来了，就预示着你的家中会有横财——突然间意想不到的大笔钱财入账。这是为什么呢？

是因为：荫者，福也。树枝横着生长过来，荫及我家，是我的福气来了。这个树既不用自己花钱打理，还成了自家的风景，除了在树下纳凉外，甚至有的还可以摘果子吃，这些都是意想不到的受益呀！

"阶前石砌多残缺，成事多衰灭"

台阶前面的石砌残缺有损，则预示着此户人家家运衰退，谋多成少。

如果是企业门口台阶出现类似情形，其势能指向也是相同的。及早修补止损为宜。

若就中国古代鉴人法而言，门前的台阶，对应于人的前额。如果人的前额有明显伤疤的话，就代表人的运势艰难。二者道理相同！

其实，不仅仅是石砌，乱石和碎石也是同样观待的。

我有一个案例，可供拓展视野：有些病，为什么治不好？

当年，我去过山东的一户人家，此户数代患肝疾，遍寻良医，无果。

我见院内外有大树数棵，走近后，忽然发现每棵树中，都有石头在其中，是之前有人放到树杈上去的，经年累月，已长入树干中，令人看着都替树疼！

我因此便清楚了病因所在。告诉主人：将石头全部碎去，病可渐愈。

不数月，欢喜来告：三代人，人人都病愈显著，实未曾有！喜极而泣。

后来，有人问我，以此疗疾，原因何在？

我说：格物智慧的应用方法是，取大、取奇、取格局。树干中夹石而生，比较罕见，是为出奇。从五行取象而言，金石为金，树木为木，木在脏腑为肝，肝受克，对应肝疾。宋代大学者蔡元定说："为人不可不懂地理和医药。"一个环境，你奈何不了它，但它却能够奈何得了你！这叫"地久方知地有权"。因果已现，从果反因，可以釜底抽薪。因此，碎去石头，可令树木解困，人之肝病亦得解。

唐代长沙景岑禅师曾说："十方世界，是你的眼睛，也是你的身体，更是你的光辉！"如此精妙之智，人人当得牢记！

还应清楚：锻炼身体，不如搞好环境，后者更养人。

古语云：天不变其常，地不易其则，人不忘其道。今人由于对经典不熟稔，对传统不珍惜，对文化不究竟，导致不知天之常、不晓地之则、不省人之道。几十年来，很多人累积了太多的知识与概念，学历也许很高，但却没有生命的功夫，枉费了华年！

《论语·宪问》说："古之学者为己，今之学者为人。"北大教授梁漱溟阐释得更加平实，他说："什么是学问？学问是要解决问题的。什么是真正的学问？真正的学问就是要能解决自己的问题！"而梁启超先生也清清楚楚告诉我们："什么是学术？学也者，观察事物而发明其真理者也；术也者，取所发明之真理而致诸用者也。"你的所学，若不能将你的生命与天地自然融为一体，不能够顺势而为，那你就要反思是否学错了。"学不际天人，不足谓之学。"（邵雍《皇极经世》）

遇事人事不省，那绝非真学问。

"入门茶果应声来，中馈主家财"

这里的"中馈"一词，在中国古代很多典籍中有记载。如，《易经·家人卦》："无攸遂，在中馈，贞吉。"北齐颜之推《颜氏家训·治家》："妇主中馈，唯事酒食衣服之礼耳。"宋代刘子翚《王勉仲家酒数行为作此歌》："夫君不有中馈贤，咄咄办此何神速！"

"中馈"一词，原来是指主妇在家主持饮食等事，后来引申指代妻子。

第四章 《观物洞玄歌》　255

邵雍说，一进门主人即和颜善面地打招呼，一同奉上茶水和果食，预示着此户人家家教严明，修养良好，并且女主人不仅能够打理钱财，还是兴家旺夫之人。

"三餐时候炊烟早，勤俭渐基好"

谁家一日三餐的做饭时间早，烟火气息先显现出来，就意味着此户人家木火通明，持家有序，勤俭创业，富基渐开，家道昌盛。

而迄今为止，在中国很多乡村仍然保存着这种观念，它是生机盎然的一种标志。

"连宵灯火不成时，人散与财离"

接续上句所言，反之，如果家中经常做饭不及时，或常常不时而食，就是人财两散、家业衰退的显象。

在中国智慧中，特别强调"时"的重要性。在这个基础上产生了世界非物质文化遗产二十四节气的智慧，人们按照节气时令来耕种、养生、交易、绘画等等，这叫"与时偕行"。唐代罗隐说："时来天地皆同力，运去英雄不自由。"当时运来临时，天地都在给你力量！当时运离去时，人生就会滞运缠结，甚至是不堪入目了。这些充满智慧的传统，在海外的某些华人地区和国家还依然保持良好，值得学习。譬如日本，每年就将二十四节气中的春分、秋分、夏至、冬至这四天，列为全国法定假日。

人能走时运，才会有大福报。就食疗而言——最简单有效的养生和养运气的方法，就是：吃时令菜！这就是 2000 年前《汉书》所说的"顺时施宜"的智慧。

如果能够做到——因人而宜，因地而宜，因时而宜，因事而宜，则人生必定美意丰沛。

"千门万户难详备，理在吾心地"

千家诗吟万家客，一样米养百样人。世间万事万物，各有其象，虽无法一一列举，但万变不离其宗。只要将其中之理悟透，便能学会举一反十。

在2000多年前，汉代司马迁在《史记·货殖列传》中写道："天下熙熙，皆为利来；天下攘攘，皆为利往。"

200多年前，清代乾隆皇帝在江苏镇江的金山寺，远远看见长江中船来船往热闹异常，就问高僧法磐："江面上一天要经过多少条船？"高僧法磐答道："只过两条船。"乾隆不解，问道："怎么会只有两条船？"高僧法磐答道："一条为名，一条为利，长江中来往的无非就是这两条船。"乾隆皇帝听完，深深赞许！

是的，在高僧法磐的心中，无论万象如何变化，心中都存有不变的天理。而能以内在的不变应接这世间的万变，这才是高人啊！

"斯文引路发先天，深奥入玄玄"

这篇小文只是引路给各位，希望各位能够体会文中所展示出来的先天之理——天地之间，有其形必有其气，有其气必有其势能——从表象到虚无，从虚无中展现表象的势能！此理虽然看起来深奥，但一旦掌握之后，就会置身于玄之又玄的境界中了！

想当年，邵雍跟老师李之才学习时，向老师请求："希望老师稍稍指出所教授学问的起始方向即可，不要将全部内容都讲出来，这样最利于我学习。"因为，真正学习的人，一定是自己在老师的指引下体证出其中的奥妙，这才是最正确的学习方式。（宋代朱熹《朱子语类》卷一百《邵子之书》载："康节学于李挺之，请曰：'愿先生微开其端，毋竟其说。此意极好。学者当然须是自理会出来，便好。'"）受邵雍影响极大的二程也有类似表述——程颐《伊川易传》载："伊川以《易传》示门人曰：'亦只说得七分，后人更须自体究。'"程颢也说："吾学虽有所授，但是天理二字是自家体贴出来的！"（《二程集外书》卷十二）我的学问虽有老师教授，但是"天理"却是在涉事过程中，慢慢体会并贯通于生命成为自己的智慧的。须知：明理是解惑的前提，而欲想解惑，则首先要能去烦！大多数人在学习方面都表现得太急躁！因聪明和知识障碍了自己，以致一直活在寻师的路上。对这种现象，邵雍讲得极为精辟："人误圣人人不少，圣人无误世间人。"（《弄笔吟》）

先秦《吕氏春秋·恃君览·观表》亦强调：圣人考察事情必先观察行事之人的志向。圣人之所以能超过一般人，是因为他具备先知先觉的能力。要想做到先知先觉，就必须能够事先审察事物的征兆和表象。而如果不能了解征兆表象却想做到先知先觉，即便是三皇五帝中的尧和舜两位圣人也与凡人一样不可能做到啊！

也正是邵雍的志向及其真实无伪体证出来的学问功夫，才让人领略到与外界打成一片的格物智慧之高境，也只有邵雍才能讲出"学不际天人，不足谓之学"（《皇极经世·观物外篇》）的慧见！邵雍这个高论，不仅是他对学问功夫的体悟所得，也成为后世读书人的野望！

《洞玄歌》与《灵应》，同出而小异。彼篇多为占卜而诀，盖占卜之际，随所出所见，以为克应之兆。此歌则不特为占卜之事，一时而入人家，有此事，必有此理。盖多寓观察之术也。然有数端，人家可得儆戒而趋避之，或可转祸为福。偶不知所因而宥有于数中，俾吾见之，则善恶不逃乎明鉴矣。

《梅花易数》一书中的《观物洞玄歌》与《灵应》篇，指导思想一致而略有不同。《灵应》篇多展现占卜之事，随着占卜当下的所见所闻，确定生克对应之象。而《观物洞玄歌》则多是从"事事相关、物物相应"的规律入手，强调"应当下机"——一时进入别人家中，遇到歌诀中相应的对应景象，就一定会有相应的道理呼应，这都是长期观察的方法之结晶。但这从另一角度而言：有很多方面是可以令人提前警醒而得以从根本上改善的，甚至有的还可以转祸为福。即便偶然有一些不知原因所在而需要在气数中甄别的人与事，倘使让我见到，那其中的善恶吉凶我也会清晰鉴别出来的。

邵雍在《乐物吟》中写道："物有声色气味，人有耳目口鼻。万物于人一身，反观莫不全备。"天地自然的规律，都在万物的呈现之中。万物与人是一体的，你静下来之后，反过来观看，其实一切都是完整具备的，景物从来都没有辜负过我们，只是人们自己障碍了自己而已。

是的，邵雍所言极是！人们由于缺少了格物智慧的功夫，导致丧失了很多照亮自己和他人的机会！往往都是在经历了惨痛之后才会幡然醒悟——意大利的一位93岁老人在医院情况好转之后，被告知要支付每天的呼吸机费用，医生劝他不要因账单而哭。老人接下来说的一番话使所有医生都落泪了！他说："我不是因为要付钱而哭，我有能力付所有的钱。但我哭，是因为我已经呼吸上天给我们的空气93年了，却从未付过钱，而在医院使用一天呼吸机要5000欧元，你知道我欠了老天多少钱吗？我以前并没有为此去感恩呀。"这则消息带给人们的反思是：自由自在呼吸空气时，谁都没把空气当回事，等进了医院才知道，哪怕是用呼吸机吸氧气都是要钱的！

因此，珍惜当下，增长功夫，完善自我，减少无明，是人生最应该去践行的事情。

第二节　歌诀价值

古往今来，人们对自身命运的关注，是一个永恒的话题。每个时代,人们都祈盼能够葆有通达生命的清明智慧。但,"人有五畏,心思才会清明。它们是:畏道,畏天,畏物,畏人,畏己"。(唐代药王孙思邈)可惜的是,绝大多数人都在不断熏染爱慕和执着的过程中,丧失了无数被智慧和敬畏照亮生命的机会。

以具足的诚意,礼敬天地并能升华天地之喜的邵雍,在这个歌诀中,让人们见证了他令人艳羡的格物功夫——不仅将学问落实到了百姓日用之中,纵横于每个当下的显微之间,给人们提供了别开生面的视野,还令人感受到真正的学问就是要能与万物打成一片,能够解决实际的问题。而这,也印证了中国文化中的《易经》和格物智慧的高妙所在,"万物都在说法,看你如何着眼?一切均是考验,试你如何用心"!(《会心》)

老子《道德经》说:"人法地,地法天,天法道,道法自然。"首先,人的运气是要顺应大地(自然环境)的规律的,与环境息息相关,并且,地久方知地有权!所处环境越久,就越能感知到地理势能对人运的影响和掌控。这个歌诀,主要就是建立在这个基础上来给人们提供指引的。

对应这些实践和总结,邵雍说:"把看到的这些物象,当作游戏一样来体验,虽然这么做对世人没有什么益处,却能让实践者就此知道验证万物的规律,并且能知道圣人当初创作《易经》一书是多么灵验神妙!也更加了解世上所显现的物象都是有其内在规律的。"(《观物玄妙歌诀》)

《诗经》曰:"有物有则。"万物都有自己的规律在。老子《道德经》曰:"知常曰明。"知道万物的常道,才是真正的明白人。两者所言,都是在提醒我们:要有足够的格物智慧才能体证到经典之言的魅力和大用。但现实往往是——知识获取很多,但却离智慧很远!

《易·系辞》曰:"其大无外,其小无内。"这句话其实强调的特质之一就是道理的无限性。那什么是无限呢？"药"的繁体字是"艹"字头下面一个"樂"：藥。所以，但凡打动你心的，不管是本草、植物、矿物、动物，还是风景、曲子、颜色，乃至别人的一句话，所有这些参与你生命的元素或事物，若能让你变得开心、放松、释怀、宁静，就都是你的良药。而如何配伍，则取决于你的心智——配伍不佳，就是毒！

在这良药与毒药的转换之中，人生充满了无限性。

在中国格物智慧中，有一个特质是"医易同源"，即医道和易道是同一理论系统，只不过方法不同而已。清代医家王秉衡亦强调："格物之学，最为医家要务。凡物性之相制、相使、相宜、相忌，与其力量之刚柔长短，皆宜随时体验，然后用之无误。"（《重庆堂随笔》）（关于"医易同源"内容，更深入了解请参看拙作《解密中国智慧》一书）

邵雍在这个歌诀中，讲到了通过环境所呈现之象与疾病之间的关系进行判断。这种方法便来自"医易同源"之理。万物皆有其数——你若能真正掌握中国文化中阴阳五行、干支哲学、《易经》应用，就一定能随时随地，随取一法，当下应机，瞬间入道——这便是天人合一的道妙所在！

中医强调"望闻问切"，其中的"望"和"闻"，指的就是望气色，观气象，听声音，闻气味，这与邵雍歌诀中所使用的方法，完全类同。

2019年，我去日本大阪寝屋川市一佑会的两家养老院参观。其中的一家，住的老人平均年龄是93岁，超过100岁的还有数位。让我震惊的是：这些高寿老人们的头脑普遍反应非常快！见到我们时，还没等我们开口，坐在大厅中的数位老人就先用洪亮超常的声音问候我们，态度也格外开朗，让人十分意外和欢喜……后来，我发现：这里的老人们，不仅精神状态好，而且他们的嘴唇都比较湿润！可能你会觉得奇怪，我为什么要观察他们的嘴唇呢？

是因为：但凡长寿者，都是生机旺盛所致。而生机旺盛的标志，就是肾气足，津液充沛，嘴唇较常人潮湿度高。老子《道德经》曰："人法地"，人的规律是效法大地规律的，是受自然空间的影响的。

一座山旺不旺，除了看一年四季中山上草的生发时间长短与茂盛程度之外，还要看山上接近顶部的地区是否有水源，如果有的话，那就是真正的旺山了。这与看人的唇部是否潮湿一样——证明肾气足、津液旺盛。

邵雍说："一物从来有一身，一身还有一乾坤。"这种道理，就是"千江有水千江月"（宋代雷庵正受），落实在不同智者的心中，所涌现出的智论也是不一样的！与邵雍同一时代的另一位高人，赵三翁"名进，字从先，中牟县（今河南中牟）白沙镇人。遇孙思邈于枣林，授以道要，以医名世。至宣和壬寅已一百八岁，徽宗召见。于技术无所不通，能役使鬼神，知未来事。后不知所终"（南宋洪迈《夷坚支丁》卷八）。

赵三翁提出了著名的自然环境"五箭"之论，即：恶风、恶水、恶土、恶石、恶木，皆如箭之伤人，谓之"五箭"。

宋代洪迈《夷坚丁志·赵三翁》："（有一修道之人）筑室以居，既而百怪毕见，未及一年，祸变相踵。引席谒翁，告以故，翁曰：'得无居五箭之地乎……峰巅岭背，陵首陇背，土囊之口，直风当门，急如激矢者，名曰风箭。峻滩急流，悬泉泻瀑，冲石走沙，声如雷动，昼夜不息者，名曰水箭。坚刚砾燥，斥岸砂碛，不生草木，不泽水泉，硬铁腥锡，虫毒蚁聚，散若坏壤者，名曰土箭。层崖叠嶂，峻壁巉岩，锐峰峭岫，拔刀攒锷，耸齿露骨，状如浮图者，名曰石箭。长林古木，茂樾丛薄，翳天蔽日，垂萝蔓藤，阴森肃冽，如墟墓间者，名曰木箭。五箭之地，射伤居人，皆不用。要在回环纡抱，气象明邃，形势宽闲，壤肥土沃，泉甘石清，乃为上地。故不必一一泥天星地卦也．'"

上述赵三翁所言"五箭"之地，可谓开千古之群蒙也——

（1）山顶之上，岭首陇背，直接迎着大风，急如激矢，名曰风箭。（居住的建筑忌讳建在孤零零的山丘高坡之上）

（2）险滩急流，瀑布冲刷，声如雷动，这叫水箭。（居住的建筑忌讳建在瀑布险滩旁，这里有噪音，影响休息，影响对盗贼、野兽的预防）

（3）土壤坚硬，寸草不生，虫毒蚁聚，土壤散坏，这叫土箭。（居住的建筑忌讳建在干涸硗薄之地）

（4）悬崖绝壁，犬牙交错，这叫石箭。（居住的建筑忌讳建在山岩陡峭的山峰附近，可能考虑到对人的压抑感，以及对山体滑坡的预防）

（5）古木参天，垂罗蔓藤，遮天蔽日，寒气森森，这叫木箭。（居住的建筑忌讳建在阴森恐怖的密藤森林旁边，可能考虑这些地方容易藏野兽和盗贼。受教者，居止遂宁）

古语云："矢多无命"，上述"五箭"之地，射杀所居之人，故不宜。

其实，古代类似的智慧总结屡见不鲜，但可惜的是，邵雍说"物本不负人，人自负于物"，人们往往魂不守舍，无有格物智慧，从而丧失了取象、应机、识势的能照功夫，令生命一路狼藉而去……

自古以来，天地阴阳之道，皆虚实相间，各有所应，只是人无慧鉴，不识其妙罢了。

当代高僧根让仁波切说："凡夫之所以战胜不了他的命，就是因为战胜不了他的见解！"是的，很多人就是因为见解不畅而导致了生命的淤堵！

而这个淤堵，会导致出现各种"病态"。它落实在身体上，这个最大的无形淤堵，就是性格！

人身上种种虚实相间的征兆，与性格有着密切联系。

人的心念是看不见、摸不着的，若心念有伤就会通过身体来表达，《黄帝内经》曰："喜伤心。""喜则气缓。"欢乐过度，通常身体会乏力没劲儿。"怒伤肝。""怒则气上。"所以便会"怒发冲冠"。"悲伤肺。""悲则气消。"哭得悲伤至极，人就会休克。"思伤脾。""思则气结。""恐伤肾。""恐则气下。"时下的年轻人，很多有颈椎、腰椎疾患（含腰伤），通常情感上都有困纠之处，性格上会显现出倔强、不服气的现象，进而会导致影响事业。严重的腰疾还对应有腰斩之意，代表事业压力大，甚至受挫；而出现骨刺和增生，则代表家庭或事业内部出现叛逆、背叛、错乱等不和睦现象。

那些神经紧张，内心压抑，容易恼怒，喜欢批判的人，会导致咳嗽的问题。而那些经常感觉到嗓子中有异物感，或长期咳嗽，或有颈部问题者，多有家庭关系欠佳的体现。而一旦改善了这种关系，就会渐渐自愈。还有，有的人属于无痰干咳，这种人多财运不佳，人际关系匮乏。

头、肠疾患者，不是事业不畅，就是感情方面不得舒展，严重者兼而有之。

鼻病者，多有主观好胜、爱面子、喜出风头、依附心重以及与长辈关系淡薄的势能展示。

腹泻、胃肠消化道疾病患者，在外则多忧、多虑、担心、排斥、恐慌——因为精神上的消化能力差，事情摆在心里消化不了，就导致爱抱怨，更容易把别人的一知半解当成全知……心里消化不了，身体的消化就会有对应反应，这就是内外相应。并且，有些脾胃消化系统患者，还与孝道亏欠有关。

那些疑心重，猜忌心强，思维多幻想、联想者，极易患风湿疾患；由猜忌、嫉妒、虚荣、爱面子、不耐烦、爱闹心、胆小所引发的内心不平衡，则多患肾病、内分泌失调、糖尿病、胰腺病以及身痒之疾……有趣的是：肾病患者的配偶，通常都比较漂亮和忠厚。

生活压力、愧疚感以及恐惧，会导致失眠；而任性与偏执、紧张与恐惧者，多患有神经性头痛；有结石者，俗称"命硬"，男人则影响事业，女性则性格内刚，结石患者的配偶常觉活得无奈，感情困顿。

身体经常发寒发冷者，多是疑心重，心念弱，难以担当大事。而火气大者，实则是淫心重，即古语所谓"多淫招火，因淫起教"。

民谚说："胖人九分财，不富也镇宅。"这句话虽是在强调胖人的好处，但过度肥胖（比例失调）的人，他的内心深处多有恐惧和担心，行为上常表现为喜欢将就、逃避感情问题等情形。

爱激动、生气、发怒者，易得肝病、心脑血管病、甲状腺疾病。对生活缺乏兴趣，缺乏快乐者，会有贫血的趋向。腿脚、关节以及脚气患者，则多会出现事业受阻——常会觉得人生艰难，且与子女缘分薄，表现在沟通困难、难得亲近、两相抵触等。

人有其内，必彰其外。如果内心和谐圆融，则外相必然精神抖擞。若内心焦虑忧疑，则影响内分泌系统，感情上亦会遭受困顿。脸上多有青春痘者，是受内分泌的影响，同样也会导致一定时期的某些感情需要得到代谢。那些好高骛远者，多患高血压；担心、害怕压力者，多会患低血压；干净过度者，皮肤、牙齿、妇科易出问题，脾胃也会受到影响；累积过多的憎恨和愤怒，就会驼背；而那些爱伤心以及干活生气的，则是胰脏、腰、肩周疾患者的特质……

2500多年前，孔子就强调性格决定命运——"伯牛有疾，子问之，自牖执其手，曰：'亡之，命矣夫！斯人也，而有斯疾也！斯人也，而有斯疾也！'"（《论语·雍也》）孔子的门生冉伯牛生病了，孔子去看他，从窗户外面伸手进去拉着冉伯牛的手，说："完了！这就是命呀！你这样性格的人，就一定会得这样的病呀！你这样性格的人，就一定会得这样的病呀！"这不就是今人耳熟能详的"性格决定命运"的表达吗？

可见，情绪免疫很重要——人一旦长期心情不佳，情绪垃圾就会堆积过度，灾害也会随之降临，而体现在身体上就是会累积疾病。譬如，那些与肺疾、气喘等呼吸疾患，以及皮肤病、手足皲裂等有关的疾病，对应性格是总想释放委屈、压抑、窒息、过分敏感等情绪，但却没有尽情之机，久而久之，表现在皮肤上就会如同堰塞湖一般，自己开裂疼痛——总觉得自己有才华，却又怀才不遇，往往便会导致心机多、贪欲重、心量小……有这类心智情形的人，一定要多唱歌、多舒展、多哭、多喊、多说出心里话……总之要想尽一切办法，释放自己心中压抑和想要表达的内容。否则，时间久了，严重者心理会扭曲，疾病来时也势大力沉。要知道，这世界根本不怕你强硬，就怕你全然的柔软谦和，以至于灾患也无从下手。

古语说："物暴长者必夭！"（南朝宋·范晔《后汉书》卷六三《朱浮传·日食疏》）体现在生活中，就是：那些说话快、吃饭快、走路快者，行事多不久长，缺少耐性（多数亦胆小），与人合作也会受到不良影响，且福寿亦有乖违。这便是：内有所立，外有所应，名实不符，必然混乱。

这世间，善也好，恶也好，都不会误会你的！

有人在外与人一团和善，在家却气性暴躁乖戾，这就是内气不通畅的表现。内气不通外气必不畅，运气亦欠佳。人若气脉通畅，血流舒缓有序，则性情必定和缓通畅，加之外相气宇轩昂，定是富贵安宁之人。

人有其内，必彰其外。人心患病了，身体就会有病，可百姓却日用而不知……因此，要想不与疾病为伍，就要保持身心的阴阳平衡、心态调和。

仔细想想，这世间，哪有身心之外的良药呢？！但凡身心之病，皆以能自知、自愈者为良呀！因此，人人都应牢记：药是自家生！

所以，我们一定要牢记"事事相关，物物相应，运用之妙，存乎一心"，这样才会明白为什么孟子会说"行有不得，反求诸己"（《孟子·离娄上》）——事情做不成功，遇到了挫折和困难，或者人际关系处得不好，或者自身出现疾病，就要自我反省，一切要从自身找原因。可惜的是，人们却往往与圣贤之教背道而驰，遇到问题，不是反躬自省，而是怨天尤人。可是，"无怨才是德"啊！（明代洪应明《菜根谭》）

还有，我们应该清楚：因果是不会误会任何人的！天地间也没有真正的"误会"、"偶然"和"意外"……类似的这些词语，都是给无知者准备的。

要知道，人的一生，其实是做了很多半途而废的事情的。可仔细想想，很多事情真的不是废在半途，而是由于智慧不够，一开始就废了！

南北朝谢灵运在其《入道至人赋》中写道："推天地为一物，横四海于寸心。超尘埃以贞观，何落落此心胸。"是说，在大智者的眼中，"一即一切，一切即一"，天地之大皆如一物，无边世界皆化于心，即便是微于尘埃之物，亦能有正知正见充溢于胸。你看，这不就是世人所追慕的第一等境界吗？！

君子千里同风。邵雍亦曰："欲出第一等言，须有第一等意。欲为第一等人，须做第一等事。"（《一等吟》）

什么是"第一等事"呢？就是长智慧——长那个与万物打成一片、通身是眼的格物智慧！

司马光说："圣人守道不守法，故能通变。"圣人能够顺应万物规律而不受固定方法的限制，所以就能够通达世间的种种变化。这是邵雍的生命所带给我们的对"智慧"二字的诠释!

"天生烝民,有物有则"、"表象即表法"的格物智慧,是《观物洞玄歌》所带给我们的无限美馈!

愿更多的生命早日葆有"通身是眼"的功夫,并蒂邵雍的"法眼无暇"之境。

若能如此,则如伴圣贤。

第五章　天下无有一物是废物

古语说："功夫在诗外。"一切的润养都存在于虚实有无之间。当年，佛教著名的阿底峡尊者为弟子指出了修行的误区——修行不是将一个法修好之后，再去修另外一个法。而是要清楚：法法圆融，法法相通！一法中本就涵摄一切法，这就是《华严经》所说的"一即一切，一切即一"。

对于智慧具足者，万事万物皆可一体显化，万物皆可间接或直接为我所用。古印度耆婆尊者（《宋史·艺文志》录有《耆婆脉经》三卷、《耆婆六十四问》一卷和《耆婆五藏论》一卷）学医时，发现天下没有一物是不可以入药的。万物休戚与共、息息相关。就连笔洗中洗毛笔的废水，在画者眼中，都是作画用的上等"老汤"。明末清初的大思想家唐甄在其《潜书·贞隐》卷二中写道："凡物之生必有其用：金木土石人之所资，布帛稻麦人之所养，奚必珍宝？败屋之瓦、废墙之砾，人之取之则无遗焉。"是的，在智者的生命中，"道"在百姓日用之中，天地万物皆为吾师。

当年，清代康熙御笔亲题"天下第一"匾额赐给了名医叶天士。叶天士一生妙手回春，治愈过不少奇疾怪症，起死复生之事有口皆碑。有一次，一对新婚夫妇共入洞房，次日上午，亲属见太阳已经很高仍不见二人出来，便去叩门，但呼之不应。再三叩门仍无结果，遂破门而入，发现两人奄奄一息，情势危急，急请叶天士诊视。叶天士一入新房即称："病已知矣。可取木屑数十石，即锯木末也。另选一房间，将木屑厚铺于地，令把病者移于木屑上，仍将门窗紧闭。"不一会儿，男女俱醒。众人大奇，问其缘故，答道："吾入室内，即闻见漆气逼人，室内尽是新漆木器也。男女俱中漆毒，故而气闷如死。漆毒唯有木气能拔，毒出则气畅而活矣。"你看，在人们眼中不起眼的废木屑，竟然也是药！这不就是无有一物是废物吗？而叶天士能达此妙境，更是其终生信守"三人行必有我师"古训的结果。

自古以来，但凡大智者，皆千年万里、不隔毫芒。通过邵雍的案例及其《观物洞玄歌》可以发现：那些平时不为人关注乃至认为是无用之物的"废物"，在他这里都有别开生面的道用。换言之，在邵雍眼中，万物皆有道妙！

早在战国时期，庄子就强调"道无处不在"——"东郭子问于庄子曰：'所谓道，恶乎在？'庄子曰：'无所不在。'东郭子曰：'期而后可？'庄子曰：'在蝼蚁。'曰：'何其下邪？'曰：'在稊稗。'曰：'何其愈下邪？'曰：'在瓦甓。'曰：'何其愈甚邪？'曰：'在屎溺。'东郭子不应。庄子曰：'夫子之问也，固不及质。'"（《庄子·知北游》）

东郭子问庄子："您所说的'道'，究竟在哪里呢？"庄子回答他："道无处不在，可以在蝼蚁、稊稗、瓦甓甚至是屎尿等一切卑下琐碎之物中。"东郭子满以为"道"是高高在上的某种势能或原理，没想到听到的却是从动物到植物，再到矿物与排泄的废物，如此卑贱的地方都有"道"存在，完全异于常人的想象。听得东郭子无话可说，在那一言不发。看到东郭子这个反应，庄子又说："先生所问的，根本就没有涉及'道'的本质啊。"言外之意，通过你问的问题和反应，就知道你根本还不了解什么是"道"啊。

庄子的回答，不仅反映了"道"无处不在的至理，还展现了一个得道者对万物一视同仁的智慧——也正因如此，才能有察其曲而知其全、执其微而会其通的格物功夫，才能有众生平等的正见。

可见，天下无有一物是废物，所谓的"废物"，只是人们未能发现或驾驭它的势能，才将其定义为"废物"的。

关于庄子所言的"道在屎尿中"，笔者在此略举数例，以作津梁——

（1）所谓"道在屎尿中"，是说，即便是屎尿，都各有其势能，各有道用。最常见的道用，就是人们体检时，化验尿与粪便检查身体已经是常规手段之一了。另据日本媒体报道：从2020年开始，日本将用一滴尿液来替代一滴血液做癌症筛查。

在中医中，排泄物入药有着悠久的历史。最有名的就是"黄汤"——据《山海经·北山经》载，早在距今4000多年前的大禹治水时代，长江下游沿岸就有食河豚的习惯，但河豚毒素是世界最强的毒素之一，比氰化钠还要毒1250倍。《本草拾遗》记载此毒"入口烂舌，入腹烂肠""食之丧命"。而宋代江少虞《宋朝事实类苑》卷六一《鱼》亦载："河豚鱼有大毒，肝与卵，人食之必死。每至暮春，柳花飞坠，此鱼大肥。江淮人以为时珍，更相赠遗，脔其肉、杂芦蒿荻芽，瀹而为羹。或不甚熟，亦能害人，岁有被毒而死者，南人嗜之不已。"为什么明知有毒甚至能毒死人还要吃呢？原因当然是在于有解药——对于如何解河豚之毒，汉代医圣张仲景《金匮要略》载："芦根煮汁，服之即解。"明代吕毖《明宫史》谈及皇家旧例时，载："清明之前……食河豚，饮芦芽汤以解热。"可见，因为有解药人们才敢吃。但如果中毒严重，则芦芽汤也无效，必须服用唐代药王孙思邈给出的偏方才可以："凡中其毒，以芦根汁和蓝靛饮之，陈粪清亦可。"什么意思？就是这个连苏东坡拼死都要吃的河豚（宋代孙奕《示儿编》），一旦中毒严重时，就必须用陈年黄汤来解毒。那，什么是陈年黄汤？就是孙思邈所说的"陈粪清"——陈年粪便泡水搅混后沉淀下来的黄色粪汤，简称"黄汤"。看完了是不是觉得很恶心？可就是这最香的与最臭的在一起，大阴配大阳，才称得上是绝配。

关于黄汤解河豚之毒，案例不少。如，明代严嵩80多岁时，纳一山东蓬莱渔家少女为妾。为表庆祝，属下别出心裁以河豚宴待客。没想到争相为食的宾客中，陆续有人中毒，倒在地上，口吐白沫，婚宴也乱作一团。严嵩马上令人去茅厕担来粪水，宾客们顾不上颜面，争相喝下粪水，吐得一片狼藉，宴席现场臭气熏天……奇葩吧？

不过，也有由此而引起的趣事。据明代《五杂俎·食河豚者》载：一人欲去友人家吃河豚，妻子担心："万一中毒，奈何？"丈夫说："假不幸中毒，便用粪汁及溺吐之，何害？"结果到了朋友家，朋友遗憾地说未能买到河豚。但是相见亦欢，宾主把酒言欢。夜晚大醉回家后，突然两眼发直，问话不语，妻子一想，完了："中河豚毒矣！"赶紧给丈夫灌了一肚子黄汤。哈哈，读来真是令人忍俊不禁。

无独有偶。清代袁枚《子不语·误尝粪》亦载：六人一起吃河豚，一人突然倒地，"口吐白沫，噤不能声"。其他五人吓得"速购粪清"，各饮一杯。良久，倒地者苏醒，告诉大家："小弟向有羊儿疯之疾，不时举发，非中河豚毒也。"于是"五人深悔无故而尝粪，且嗽且呕，狂笑不止"。后来，这个故事到了《三侠五义》中，就发展得更为详尽，变成了一位太师宴客，其间一人外出小解，回来后发现河豚肉被抢光了，一时急火攻心犯了癫痫。众人以为是河豚中毒，速取粪汤。有拍马屁者"上前先拿了一碗，奉与太师"，余者皆按官级大小，依次饮用。哈哈，吃河豚吃到这个份儿上，也真是贻笑大方了！还是明代李时珍说得好："河豚有大毒……厚生者宜远之。"（《本草纲目》）

自古以来，"得万人之兵，不如闻一言之当。"（《淮南子·说山训》）

作为排泄物的"黄汤"，满是臭秽之气。中医认为臭秽之气入肾，可去心肾浊气，使清透之气更好地上行，有着明显的活血作用。当人体瘀血与浊气相合，黏滞不去时，如疮疡肿毒、癌症晚期等情形，即可用外来的污浊之气促进内在排浊气的反应。对此，唐代药王孙思邈在《千金方》中专门写到屎尿的大用："治食六畜肉中毒方：各取六畜干屎为末，水服佳。""治诸食中毒方：饮马尿亦良。"（《千金方·解食毒第一》）"解一切毒方：母猪屎水和服之。又水三升三合和米粉饮

之。"(《千金方·解百药毒第二》)

通常疏解心情郁闷又无法表达，可将望月砂用铜锅煮水，出黄色后，饮服即可。此乃取其"金水通关"之大用。因为望月砂味辛，性寒，入肝（五行为木）、肺经（五行为金），且其是明目最验——"望月砂退翳有准，穿山甲折毒无双"（清代陈复正《幼幼集成》），明目即有焕心之功。但前提是须取野兔望月砂，家兔效虚，以及体虚、胃病者忌用。

此外，五灵脂（䶄鼠的粪便）、夜明砂（蝙蝠的粪便）、蚕砂（蚕宝宝的粪便）、人中白（健康人尿自然沉淀的固体物）、人中黄（粪便中浸泡的甘草粉）、金汁（久存，已经液化的无臭粪便）、童子尿等，都是祛瘀、激浊扬清的良药。尤其是明代李时珍在《本草纲目》中还盛赞人尿的药用价值，并列举了人尿能治疗的40多种病症。

以上这些，都是"屎尿"作为良药的道用所在。

（2）其实，不仅屎尿有道用，就连"月经"亦有道用。换言之，不仅屎尿是药，就连经血也是药。

据《晋书·郭璞传》《马经》《搜神记》《齐民要术》等古籍记载："猴子可令马辟瘟疫。"《马经》言："马厩畜母猴辟马瘟疫，逐月有天癸流草上，马食之永无疾病矣。"南北朝著名农学家贾思勰《齐民要术》载："常系猕猴于马坊，令马不畏，辟恶，消百病也。"唐代韩鄂《四时纂要》载："常系猕猴于马房内，辟恶消百病，令马不着疥。"明代李时珍在《本草纲目》中亦载："马厩畜母猴辟马瘟疫。"而明代吏部尚书赵南星《味檗斋文集》则直接点明了《西游记》中"弼马温"之名的来历："《马经》言，马厩畜母猴辟马瘟疫，逐月有天癸流草上，马食之永无疾病矣。《西游记》之所本。"原来，母猴每月来的月经，流到马的草料上，马吃了之后，便可以辟马瘟。明代吴承恩在《西游记》中所取"弼马温"之名，只不过是"辟马瘟"的谐音而已。

古人还认为：无形之物，可护佑有形之生命。中国文化干支哲学强调："寅午戌马在申"。寅午戌合火局，其驿马为申猴，即猴子可保马平安。"马上封侯"的吉祥寓意，亦与此有关。古人认为属马者得疫病及呼吸系统疾患，可养猴子或找属猴的医生，或佩戴猴子饰物，均有益于疾病，亦有预防之功。总之，此中有"无名之玄机"。

通过以上对庄子所言"道在屎尿中"的阐述，可知："道无所不在"，"天下无有一物是废物"——当你有了这样的智慧见地，并能亲身践履，方能对万物一视同仁，方能真实无伪地理解什么是"众生平等"。而这个"众生"是指世间所有存在之物。当然也包括声音、颜色、数字以及变化的空气、气血等显微无间的内容。

以声音为例。声音亦各有道妙，那些能听懂人声音中喜怒哀乐内在运气规律者，还不算什么，世间还有更卓越的"知音"者——南朝梁僧慧皎《高僧传》（卷一）载："安清字世高，安息国王正后之太子也。幼以孝行见称，加又志业聪敏，克意好学，外国典籍及七曜五行医方异术乃至鸟兽之声，无不综达。尝行见群燕，忽谓伴曰：'燕云应有送食者。'顷之果有致焉，众咸奇之！故俊异之声，早被西域。"这位安世高不仅精通声音之道，更能从燕语中听出有人给他送食物来！真是闻所未闻，不可思议。难怪元代王冕说"举头望云林，愧听慧鸟语"。

看到这些，再想想我们的生命，与道用脱节得实在是太不堪了！

"一个真正的有道者，他所遇到的一切，都是法器！万物都是他证道的工具。"（《传心》）我们从邵雍身上便可看到：其所用格物之法，变化万殊，不拘一辙，明诸内外，遍及天地。于他而言，天下无有一物是废物！也正因为能达致此境，才能据公理以断众事、明定数以逆未然。

可见，涉事时能了了分明，才是真正的智慧。

至于文中庄子之所以对东郭子说："夫子之问也，固不及质。"是因为，庄子很清楚：他们根本就不是同道中人！且不论涉事方法是否相似，仅就见地而言就判若云泥。当年，洪州双岭玄真禅师问道吾禅师："那些有神通的菩萨我们看不见也就罢了，但那些没有神通的菩萨，为什么也足迹难寻呢？"道吾禅师说："只有同道者方知！"（宋代《景德传灯录》卷十）是的，"同声相应、同气相求"，在牛的眼里，再美的鲜花都是一棵草！

这就是"同声相应、同气相求"，道不虚行只在人！

"致知必先于格物"，这是程颢对爱徒杨时由衷的耳提面命——提醒他千万不能把知识作为生命导向系统的指引，否则的话，自溺溺人，苦不堪言。

遥想一千年前，邵雍以其生命的华光，撑起"格物"二字的隆重分量，并以自己的言行重新焕然"智慧"之光……令无数的贤达，于追慕效习之中，在朝美政、在乡美俗，更能令所在之处，化为锦绣之方，并具豪迈之风，实在是功德无量！

曾有人问我："什么是浩然之气？"我说"脚踩泥土，气在云端，胸中了了分明"便是！

如今，祈愿时人能"为往圣继绝学"，凌空从先师那里汲来浩然之气，让人人本有的无穷法藏，从此大放光芒！

若能如此，则如伴圣贤。

跋
万世津梁

莫道智慧深如海，久久为功绽天心。

邵雍的一生，其见地之高妙、践履之卓绝，我们从其传世的《极论》一诗，便可得开大端——

> 下有黄泉上有天，人人许住百来年。
> 还知虚过死万遍，都似不曾生一般。
> 要识明珠须巨海，如求良玉必名山。
> 先能了尽世间事，然后方言出世间。

是的，"先能了尽世间事"，才会有脱网而去的功夫，才能具备通达无碍的大智慧。

他的好友宰相富弼更是如此赞叹他——《过邵尧夫先生》：

> 先生自卫客西畿，乐道安闲绝世机。
> 再命初筵终不起，独甘穷巷寂无依。
> 贯穿百代尝探古，吟咏千篇亦造微。

> 珍重相知忽相访，醉和风雨夜深归。

好一个"乐道安闲绝世机"！数句萃心之言，于信赖与珍视之间，映照出邵雍的魅力所在！

当然，邵雍更是一位"自知者明"（《道德经》）的贤者，他对自己的描述亦是别开生面——《尧夫吟》：

> 尧夫吟，天下拙，来无时，去无节。
> 如山川，行不彻，如江河，流不竭。
> 如芝兰，香不歇，如箫韶，声不绝。
> 也有花，也有雪，也有风，也有月。
> 又温柔，又峻烈，又风流，又激切。

这一句句活泼泼的文字背后，闪耀着一缕缕热气腾腾的圣光和人间真切的富贵之气……读之，令人气格爽拔，跃然激荡！

当年，"苹果教父"乔布斯说："我愿意把我所有的科技去换取和苏格拉底相处的一个下午。"这种对先贤的激昂之爱，于我对邵雍的情义而言，亦是同感！

世间总有不可思议之事——在本书付梓之际，门生任永信先生（中国集邮总公司掌门人）亦尽己任首次向全世界发行了先贤邵雍的邮票——这一书一邮，伴随门生刘结红仁者（正威集团联合创始人）的善护，于邵雍千载之后，沛然而出——必可襄先贤之风，茂泽天下，源远流长！

最后，谨以我的一首小诗，来表达对先贤邵雍的无限敬意——

良师

愿得一良师，白首不相离。

生生心相续，世世永相习！

——岁时：2021年1月27日，于日本大阪（梅田）十翼斋

附录一
《渔樵问对》原文

渔者垂钓于伊水之上。樵者过之,弛担息肩,坐于磐石之上,而问于渔者。

曰:"鱼可钩取乎?"

曰:"然。"

曰:"钩非饵可乎?"

曰:"否。"

曰:"非钩也,饵也。鱼利食而见害,人利鱼而蒙利,其利同也,其害异也。敢问何故?"

渔者曰:"子,樵者也,与吾异治,安得侵吾事乎?然亦可以为子试言之。彼之利,犹此之利也;彼之害,亦犹此之害也。子知其小,未知其大。鱼之利食,吾亦利乎食也;鱼之害食,吾亦害乎食也。子知鱼终日得食为利,又安知鱼终日不得食为害?如是,则食之害也重,而钩之害也轻。子知吾终日得鱼为利,又安知吾终日不得鱼不为害也?如是,则吾之害也重,鱼之害也轻。以鱼之一身,当人之食,是鱼之害多矣;以人之一身,当鱼之一食,则人之害亦多矣。又安知钓乎大江大海,则无易地之患焉?鱼利乎水,人利乎陆,水与陆异,其利一也;鱼害乎饵,人害乎财,饵与财异,其害一也。又何必分乎彼此哉!

子之言，体也，独不知用尔。"

樵者又问曰："鱼可生食乎？"

曰："烹之可也。"

曰："必吾薪济子之鱼乎？"

曰："然。"

曰："吾知有用乎子矣。"

曰："然则子知子之薪，能济吾之鱼，不知子之薪所以能济吾之鱼也。薪之能济鱼久矣，不待子而后知。苟世未知火之能用薪，则子之薪虽积丘山，独且奈何哉？"

樵者曰："愿闻其方。"

曰："火生于动，水生于静。动静之相生，水火之相息。水火，用也；草木，体也。用生于利，体生于害。利害见乎情，体用隐乎性。一性一情，圣人能成。子之薪犹吾之鱼，微火则皆为腐臭败坏，而无所用矣，又安能养人七尺之躯哉？"

樵者曰："火之功大于薪，固已知之矣。敢问善灼物，何必待薪而后传？"

曰："薪，火之体也。火，薪之用也。火无体，待薪然后为体；薪无用，待火然后为用。是故凡有体之物，皆可焚之矣。"

曰："水有体乎？"

曰："然。"

曰："火能焚水乎？"

曰："火之性，能迎而不能随，故灭。水之体，能随而不能迎，故热。是故有温泉而无寒火，相息之谓也。"

曰："火之道生于用，亦有体乎？"

曰："火以用为本，以体为末，故动；水以体为本，以用为末，故静。是火亦有体，水亦有用也，故能相济又能相息。非独水火则然，天下之事皆然，在乎用之何如尔。"

樵者曰："用可得闻乎？"

曰："可以意得者，物之性也；可以言传者，物之情也；可以象求者，物之形也；可以数取者，物之体也。用也者，妙万物为言者也，可以意得，而不可以言传。"

曰："不可以言传，则子恶得而知之乎？"

曰："吾所以得而知之者，固不能言传，非独吾不能传之以言，圣人亦不能传之以言也。"

曰："圣人既不能传之以言，则六经非言也耶？"

曰："时然后言，何言之有？"

樵者赞曰："天地之道备于人，万物之道备于身，众妙之道备于神，天下之能事毕矣，又何思何虑！吾而今而后，知事心践形之为大。不及子之门，则几至于殆矣。"

乃析薪烹鱼而食之，饫而论《易》。

渔者与樵者游于伊水之上。渔者叹曰："熙熙乎万物之多，而未始有杂。吾知游乎天地之间，万物皆可以无心而致之矣。非子则孰与归焉？"

樵者曰："敢问无心致天地万物之方？"

渔者曰："无心者，无意之谓也。无意之意，不我物也。不我物，然后定能物物。"

曰："何谓我，何谓物？"

曰："以我徇物，则我亦物也；以物徇我，则物亦我也。我物皆致，意由是明。天地亦万物也，何天地之有焉？万物亦天地也，何万物之有焉？万物亦我也，何万物之有焉？我亦万物也，何我之有焉？何物不我？何我不物？如是则可以宰天地，可以司鬼神，而况于人乎？况于物乎？"

樵者问渔者曰:"天何依?"

曰:"依乎地。"

曰:"地何附?"

曰:"附乎天。"

曰:"然则天地何依何附?"

曰:"自相依附。天依形,地附气。其形也有涯,其气也无涯。有无之相生,形气之相息。终则有始,终始之间,其天地之所存乎?天以用为本,以体为末;地以体为本,以用为末。利用出入之谓神,名体有无之谓圣。唯神与圣,能参乎天地者也。小人则日用而不知,故有害生实丧之患也。夫名也者,实之客也;利也者,害之主也。名生于不足,利丧于有余。害生于有余,实丧于不足。此理之常也。养身者必以利,贪夫则以身殉,故有害生焉。立身必以名,众人则以身殉名,故有实丧焉。窃人之财谓之盗,其始取之也,唯恐其不多也;及其败露也,唯恐其多矣。夫贿之与赃,一物而两名者,利与害故也。窃人之美谓之徼,其始取之也,唯恐其不多也;及其败露,唯恐其多矣。夫誉与毁,一事而两名者,名与实故也。凡言朝者,萃名之地也;市者,聚利之地也。能不以争处乎其间,虽一日九迁,一货十倍,何害生实丧之有耶?是知争也者,取利之端也;让也者,趋名之本也。利至则害生,名兴则实丧。利至名兴,而无害生实丧之患,唯有德者能之。天依地,地会天,岂相远哉!"

渔者谓樵者曰:"天下将治,则人必尚行也;天下将乱,则人必尚言也。尚行,则笃实之风行焉;尚言,则诡谲之风行焉。天下将治,则人必尚义也;天下将乱,则人必尚利也。尚义,则谦让之风行焉;尚利,则攘夺之风行焉。三王,尚行者也;五霸,尚言者也。尚行者必入于义也,尚言者必入于利也。义利之相去,一何如是之远耶?是知言之于口,不若行之于身;行之于身,不若尽之于心。言之于口,人得而闻之；行之于身，人得而见之；尽之于心，神得而知之。人之聪明犹不可欺，况神之聪明乎？是知无愧于口，不若无愧于身；无愧于身，不若无愧于心。无口过易，无身过难；无身过易，无心过难。既无心过，何难之有！吁，安得无心过之人，与之语心哉！"

渔者谓樵者曰："子知观天地万物之道乎？"

樵者曰："未也。愿闻其方。"

渔者曰："夫所以谓之观物者，非以目观之也。非观之以目，而观之以心也；非观之以心，而观之以理也。天下之物，莫不有理焉，莫不有性焉，莫不有命焉。所以谓之理者，穷之而后可知也；所以谓之性者，尽之而后可知也；所以谓之命者，至之而后可知也。此三知也，天下之真知也，虽圣人无以过之也。而过之者，非所以谓之圣人也。夫鉴之所以能为明者，谓其能不隐万物之形也。虽然鉴之能不隐万物之形，未若水之能一万物之形也。虽然水之能一万物之形，又未若圣人之能一万物情也。圣人之所以能一万物之情者，谓其圣人之能反观也。所以谓之反观者，不以我观物也。不以我观物者，以物观物之谓也，又安有我于其间哉？是知我亦人也，人亦我也，我与人皆物也。此所以能用天下之目为己之目，其目无所不观矣；用天下之耳为己之耳，其耳无所不听矣；用天下之口为己之口，其口无所不言矣；用天下之心为己之心，其心无所不谋矣。天下之观，其于见也，不亦广乎？天下之听，其于闻也，不亦远乎？天下之言，其于论也，不亦高乎？天下之谋，其于乐也，不亦大乎？夫其见至广，其闻至远，其论至高，其乐至大，能为至广、至远、至高、至大之事，而中无一为焉，岂不谓至神至圣者乎？非唯一时之天下谓之至神至圣者乎，而千万世之天下谓之至神至圣者乎！过此以往，未之或知也已。"

樵者问渔者曰："子以何道而得鱼？"

曰："吾以六物具而得鱼。"

曰："六物具也，岂由天乎？"

曰："具六物而得鱼者，人也。具六物而所以得鱼者，非人也。"

樵者未达，请问其方。

渔者曰："六物者，竿也，纶也，浮也，沉也，钩也，饵也。一不具，则鱼不可得。然而六物具而不得鱼者，非人也。六物具而不得鱼者有焉，未有六物不具而得鱼者也。是知具六物者，人也；得鱼与不得鱼，天也；六物不具而不得鱼者，非天也，人也。"

樵者曰："人有祷鬼神而求福者，福可祷而求耶？求之而可得耶？敢问其所以。"

曰："语善恶者，人也；福祸者，天也。天道福善而祸淫，鬼神岂能违天乎？自作之咎，固难逃已。天降之灾，禳之奚益？修德积善，君子常分。安有余事于其间哉！"

樵者曰："有为善而遇祸，有为福而获福者，何也？"

渔者曰："有幸与不幸也。幸不幸，命也；当不当，分也。一命一分，人其逃乎？"

曰："何谓分？何谓命？"

曰："小人之遇福，非分也，有命也；当祸，分也，非命也。君子之遇祸，非分也，有命也；当福，分也，非命也。"

渔者谓樵者曰："人之所谓亲，莫如父子也；人之所谓疏，莫如路人也。利害在心，则父子过路人远矣。父子之道，天性也。利害犹或夺之，况非天性者乎？夫利害之移人，如是之深也，可不慎乎？路人之相逢则过之，固无相害之心焉，无利害在前故也。有利害在前，则路人与父子，又奚择焉？路人之能相交以义，又何况父子之亲乎？夫义者，让之本也；利者，争之端也。让则有仁，争则有害。仁与害，何相去之远也！尧、舜亦人也，桀、纣亦人也，人与人同而仁与害异尔。仁因义而起，害因利而生。利不以义，则臣弑其君者有焉，子弑其父者有焉。岂若路人之相逢，一目而交袂于中逵者哉！"

樵者谓渔者曰："吾尝负薪矣，举百斤而无伤吾之身，加十斤则遂伤吾之身，敢问何故？"

渔者曰："樵则吾不知之矣。以吾之事观之，则易地皆然。吾尝钓而得大鱼，与吾交战。欲弃之，则不能舍；欲取之，则未能胜。终日而后获，几有没溺之患矣。非直有身伤之患耶？鱼与薪则异也，其贪而为伤则一也。百斤，力分之内者也；十斤，力分之外者也。力分之外，虽一毫犹且为害，而况十斤乎！吾之贪鱼亦何以异子之贪薪乎！"

樵者叹曰："吾而今而后，知量力而动者智矣哉！"

樵者谓渔者曰："子可谓知《易》之道矣。吾也问：《易》有太极，太极何物也？"

曰："无为之本也。"

曰："太极生两仪。两仪，天地之谓乎？"

曰："两仪，天地之祖也，非止为天地而已也。太极分而为二，先得一为一，后得一为二。一二谓两仪。"

曰："两仪生四象，四象何物也？"

曰："大象谓阴阳刚柔。有阴阳然后可以生天，有刚柔然后可以生地。立功之本，于斯为极。"

曰："四象生八卦，八卦何谓也？"

曰："谓乾、坤、离、坎、兑、艮、震、巽之谓也。迭相盛衰终始于其间矣。因而重之，则六十四卦由是而生也，而《易》之道始备矣。"

樵者问渔者曰："复何以见天地之心乎？"

曰："先阳已尽，后阳始生，则天地始生之际，中则当日月始周之际，末则当星辰始终之际。万物死生，寒暑代谢，昼夜变迁，非此无以见之。当天地穷极之所必变，变则通，通则久，故《象》言'先王以至日闭关,商旅不行,后不省方',顺天故也。"

樵者谓渔者曰:"无妄,灾也。敢问何故?"

曰:"妄则欺他,得之必有祸,斯有妄也。顺天而动,有祸及者,非祸也,灾也。犹农有思丰而不勤稼穑者,其荒也,不亦祸乎?农有勤稼穑而复败诸水旱者,其荒也,不亦灾乎?故《象》言'先王以茂对时育万物',贵不妄也。"

樵者问曰:"姤,何也?"

曰:"姤,遇也。柔遇刚也,与夬正反。夬始逼壮,姤始遇壮,阴始遇阳,故称姤焉。观其姤,天地之心亦可见矣。圣人以德化及此,罔有不昌。故《象》言'施命诰四方',履霜之慎,其在此也。"

渔者谓樵者曰:"春为阳始,夏为阳极,秋为阴始,冬为阴极。阳始则温,阳极则热;阴始则凉,阴极则寒。温则生物,热则长物,凉则收物,寒则杀物,皆一气别而为四焉。其生万物也亦然。"

樵者问渔者曰:"人之所以能灵于万物者,何以知其然耶?"

渔者对曰:"谓其目能收万物之色,耳能收万物之声,鼻能收万物之气,口能收万物之味。声色气味者,万物之体也;目耳口鼻者,万人之用也。体无定用,惟变是用;用无定体,惟化是体。体用交而人物之道于是乎备矣。然则人亦物也,圣亦人也。有一物之物,有十物之物,有百物之物,有千物之物,有万物之物,有亿物之物,有兆物之物。生一一之物,当兆物之物者,岂非人乎!有一人之人,有十人之人,有百人之人,有千人之人,有万人之人,有亿人之人,有兆人之人。当兆人之人者,岂非圣乎!是知人也者,物之至者也;圣也者,人之至者也。物之至者始得谓之物之物也;人之至者始得谓之人之人也。夫物之物者,至物之谓也;人之人者,至人之谓也。以一至物而当一至人,则非圣人而何?人谓之不圣,则吾不信也。何哉?谓其能以一心观万心,一身观万身,一物观万物,一世观万世者焉。又谓其能以心代天意，口代天言，手代天工，身代天事者焉。又谓其能以上识天时，下尽地理，中尽物情，通照人事者焉。又谓其能以弥纶天地，出入造化，进退今古，表里人物者焉。噫！圣人者，非世世而效圣焉。吾不得而目见之也。虽然吾不得而目见之，察其心，观其迹，探其体，潜其用，虽亿万千年亦可以理知之也。人或告我曰：'天地之外，别有天地万物，异乎此天地万物。'则吾不得而知之也。非唯吾不得而知之也，圣人亦不得而知之也。凡言知者，谓其心得而知之也；言言者，谓其口得而言之也。既心尚不得而知之，口又恶得而言之乎？以不可得知而知之，是谓妄知也；以不可得言而言之，是谓妄言也。吾又安能从妄人而行妄知妄言者乎！"

渔者谓樵者曰："仲尼有言曰：殷因于夏礼，所损益可知也；周因于殷礼，所损益可知也。其或继周者，虽百世可知也。夫如是，则何止于百世而已哉！亿千万世，皆可得而知之也。人皆知仲尼之为仲尼，不知仲尼之所以为仲尼。不欲知仲尼之所以为仲尼则已，如其必欲知仲尼之所以为仲尼，则舍天地将奚之焉？人皆知天地之为天地，不知天地之所以为天地。不欲知天地之所以为天地则已，如其必欲知天地之所以为天地，则舍动静将奚之焉？夫一动一静者，天地至妙者欤？夫一动一静之间者，天地人至妙者欤？是知仲尼之所以能尽三才之道者，谓其行无辙迹也。故有言曰：'予欲无言。'又曰：'天何言哉！四时行焉，百物生焉。'其此之谓与？"

渔者谓樵者曰："大哉！权之与变乎？非圣人无以尽之。变然后知天地之消长，权然后知天下之轻重。消长，时也；轻重，事也。时有否泰，事有损益。圣人不知随时否泰之道，奚由知变之所为乎？圣人不知随时损益之道，奚由知权之所为乎？运消长者，变也；处轻重者，权也。是知权之与变，圣人之一道耳。"

樵者问渔者曰："人谓死而有知，有诸？"

曰:"有之。"

曰:"何以知其然?"

曰:"以人知之。"

曰:"何者谓之人?"

曰:"目耳鼻口心胆脾肾之气全,谓之人。心之灵曰神,胆之灵曰魄,脾之灵曰魂,肾之灵曰精。心之神发乎目,则谓之视;肾之精发乎耳,则谓之听;脾之魂发乎鼻,则谓之臭;胆之魄发乎口,则谓之言。八者具备,然后谓之人。夫人也者,天地万物之秀气也。然而亦有不中者,各求其类也。若全得人类,则谓之曰全人之人。夫全类者,天地万物之中气也,谓之曰全德之人也。全德之人者,人之人者也。夫人之人者,仁人之谓也。唯全人,然后能当之。人之生也,谓其气行;人之死也,谓其形返。气行则神魂交,形返则精魄存。神魂行于天,精魄返于地。行于天,则谓之曰阳行;返于地,则谓之曰阴返。阳行则昼见而夜伏者也,阴返则夜见而昼伏者也。是故知日者月之形也,月者日之影也。阳者阴之形也,阴者阳之影也。人者鬼之形也,鬼者人之影也。人谓鬼无形而无知者,吾不信也。"

樵者问渔者曰:"小人可绝乎?"

曰:"不可。君子禀阳正气而生,小人禀阴邪气而生。无阴则阳不成,无小人则君子亦不成,唯以盛衰乎其间也。阳六分,则阴四分;阴六分,则阳四分。阳阴相半,则各五分矣。由是知君子小人之时有盛衰也。治世则君子六分。君子六分,则小人四分,小人固不能胜君子矣。乱世则反是。君君,臣臣,父父,子子,兄兄,弟弟,夫夫,妇妇,谓各安其分也。君不君,臣不臣,父不父,子不子,兄不兄,弟不弟,夫不夫,妇不妇,谓各失其分也。此则由世治世乱使之然也。君子常行胜言,小人常言胜行。故世治则笃实之士多,世乱则缘饰之士众。笃实鲜不成事,缘饰鲜不败事。成多国兴,败多国亡。家亦由是而兴亡也。夫兴家与兴国之人，与亡国亡家之人，相去一何远哉！"

樵者问渔者曰："人所谓才者，有利焉，有害焉者，何也？"

渔者曰："才一也，利害二也。有才之正者，有才之不正者。才之正者，利乎人而及乎身者也；才之不正者，利乎身而害乎人者也。"

曰："不正，则安得谓之才？"

曰："人所不能而能之，安得不谓之才？圣人所以异乎才之难者，谓其能成天下之事而归之正者寡也。若不能归之以正，才则才矣，难乎语其仁也。譬犹药疗疾也，毒药亦有时而用也，可一而不可再也，疾愈则速已，不已则杀人矣。平药则常日而用之可也，重疾非所以能治也。能驱重疾而无害人之毒者，古今人所谓良药也。《易》曰：'大君有命，开国承家，小人勿用。'如是，则小人亦有时而用之。时平治定，用之则否。《诗》云：'它山之石，可以攻玉。'其小人之才乎！"

樵者谓渔者曰："国家之兴亡，与夫才之邪正，则固得闻命矣。然则何不择其人而用之？"

渔者曰："择臣者，君也；择君者，臣也。贤愚各从其类而为。奈何有尧舜之君，必有尧舜之臣；有桀纣之君，而必有桀纣之臣。尧舜之臣，生乎桀纣之世；桀纣之臣，生于尧舜之世，必非其所用也。虽欲为祸为福，其能行乎？夫上之所好，下必好之，其若影响，岂待驱率而然耶？上好义，则下必好义，而不义者远矣；上好利，下必好利，而不利者远矣。好利者众，则天下日削矣；好义者众，则天下日盛矣。日盛则昌，日削则亡。盛之与削，昌之与亡，岂其远乎？在上之所好耳。夫治世何尝无小人，乱世何尝无君子，不用则善恶何由而行也？"

樵者曰："善人常寡，而不善人常众；治世常少，乱世常多，何以知其然耶？"

曰："观之于物，何物不然？譬诸五谷，耘之而不苗者有矣。蓬莠不耘而犹生，耘之而求其尽也，亦未如之何矣。由是知君子小人之道，有自来矣。君子见善则喜之，见不善则远之；小人见善则疾之，见不善则喜之。善恶各从其类也。君子见善则就之，见不善则违之；小人见善则违之，见不善则就之。君子见义则迁，见利则止；小人见义则止，见利则迁。迁义则利人，迁利则害人。利人与害人，相去一何远耶？家与国一也，其兴也，君子常多而小人常鲜；其亡也，小人常多而君子常鲜。君子多而去之者，小人也；小人多而去之者，君子也。君子好生，小人好杀。好生则世治，好杀则世乱。君子好义，小人好利。治世则好义，乱世则好利。其理一也。"

钓者谈已，樵者曰："吾闻古有伏羲，今日如睹其面焉。"拜而谢之，及旦而去。

附录二

邵雍年表

年号 年代(公元)	邵雍年龄 (虚岁)	邵雍生平事宜及同年重要历史人物事件
宋真宗 大中祥符四年 1011年	出生	・邵雍于12月25日出生于河南衡漳,字尧夫。 ・邵雍《生日吟》云:"辛亥年,辛丑月,甲子日,甲戌时。日辰同甲,年月同辛,吾于此时,生而为人。" ・是年,刘牧生(刘牧师事范仲淹,受《易》于范谔昌,谔昌学于许坚,许坚之师为种放——与邵雍受《易》之脉同)。 ・王拱辰生(官至吏部尚书,外孙女为李清照)。 ・释惟简生,世称宝月大师,苏轼为其作《宝月塔铭》。 ・宰相吕蒙正卒。 ・《广韵》修成,御赐《大宋重修广韵》。 ・四川商户发行"交子",为世界发行纸币之始。
宋真宗 大中祥符五年 1012年	2岁	・蔡襄生。宋白卒。 ・周绛撰《补茶经》。 ・朝廷令杂买场市物,不得以茶充值,并给现钱。
宋真宗 大中祥符六年 1013年	3岁	・宋置礼仪院。 ・司天言五星一色。 ・王钦若等奉命编修《册府元龟》1000卷告成。
宋真宗 大中祥符七年 1014年	4岁	・朝廷鼓励研究《易》学,陈鹏年、冯源奉命校订《周易》重新刻板印刷。 ・朝廷加封老子为太上老君,混元上德皇帝。 ・杨延昭(亦称杨六郎)卒。

（续表）

年号 年代(公元)	邵雍年龄 （虚岁）	邵雍生平事宜及同年重要历史人物事件
宋真宗 大中祥符八年 1015年	5岁	·宋置资善堂。 ·范仲淹中举。 ·种放卒。 ·张咏卒。 ·道教第二十四代天师张正随受诏入京，赐号贞静先生。
宋真宗 大中祥符九年 1016年	6岁	·邵雍父亲教习其读书识字。邵雍奶奶去世。 ·宋代建立编撰《会计录》制度，林特上《会计录》。 ·辽国第七位皇帝耶律宗真生。
宋真宗 天禧元年 1017年	7岁	·周敦颐生。 ·宰相王旦卒。
宋真宗 天禧二年 1018年	8岁	·邵雍居衡漳，习童子课。 ·朝廷在孔庙始建奎文阁（后成为固定建制）。
宋真宗 天禧三年 1019年	9岁	·司马光生，曾巩生。 ·王钦若罢相。 ·黄庶（黄庭坚父）生。
宋真宗 天禧四年 1020年	10岁	·张载生，宰相苏颂生，宰相向敏中卒。 ·为避太子赵祯讳，改祯州为惠州。 ·宋建天章阁。
宋真宗 天禧五年 1021年	11岁	·王安石生。 ·朝廷始建威远楼（后元顺帝设铜壶滴漏，置更鼓于其上，取名"鼓楼"）。

(续表)

年号 年代(公元)	邵雍年龄 (虚岁)	邵雍生平事宜及同年重要历史人物事件
宋仁宗 乾兴元年 1022年	12岁	·邵雍随其父迁居共城(河南辉县)苏门山百泉湖畔,卜居于此地。后从李之才(之才从穆修受《先天图》,创卦变说,有《卦变反对图》《六十四卦相生图》传世)受物理之学,习河洛与伏羲八卦。及至李挺之改任,雍亦从之。 ·宋真宗赵恒崩。宋仁宗13岁即位,刘太后听政。
宋仁宗 天圣元年 1023年	13岁	·宰相寇准卒。 ·朝廷特准在川蜀设立官办流通交子,禁止商家私造,为世界上政府发行纸币之始。 ·农安辽塔(吉林长春农安县)建成。
宋仁宗 天圣二年 1024年	14岁	·周伫卒(侨居高丽的先驱者,《高丽史》有传)。 ·汾阳善昭禅师圆寂。
宋仁宗 天圣三年 1025年	15岁	·宰相王钦若卒。 ·最早的汉文大藏经《开宝藏》,高丽王据以复刻完工,成为《高丽藏》的初雕本。
宋仁宗 天圣四年 1026年	16岁	·邵雍再迁共城(今河南辉县)。 ·范仲淹于泰州总事筑捍海堰180里。明末吴嘉纪作《范公堤》赞之。 ·医学家王惟一编写出著名医学专著《铜人腧穴针灸图经》。朝廷征集、校订医书。宋仁宗下令"创铸铜人为式"。
宋仁宗 天圣五年 1027年	17岁	·内侍卢道隆上所造记里鼓车(注:世界第一辆计程车),工部郎中燕肃请造指南车(注:与磁场无关)。 ·王惟一造出针灸铜人。 ·宋朝编修国史。
宋仁宗 天圣六年 1028年	18岁	·王安国生(王安石同母弟)。 ·林逋卒(撰有《省心录》《林和靖诗集》,有千古绝唱"疏影横斜水清浅,暗香浮动月黄昏"句)。

(续表)

年号 年代(公元)	邵雍年龄 （虚岁）	邵雍生平事宜及同年重要历史人物事件
宋仁宗 天圣七年 1029年	19岁	·邵雍母亲李氏卒。死前望子心切，以至倒诵佛经。 ·朝廷建府学。 ·王曾罢相。
宋仁宗 天圣八年 1030年	20岁	·欧阳修中进士。 ·曹玮（昭勋阁二十四功臣之一）卒。
宋仁宗 天圣九年 1031年	21岁	·邵雍父邵古继娶。 ·沈括生。
宋仁宗 天圣十年 明道元年 1032年	22岁	·程颢生。钱乙生，中国医学史中"儿科之圣"。 ·佛印禅师生，苏轼好友。 ·李觏撰《周礼致太平记》成书。 ·穆修卒。 ·著名画家范宽卒（名句："与其师人，不若师诸造化。"） ·元昊即位西夏国王。
宋仁宗 明道二年 1033年	23岁	·程颐生。 ·宋仁宗亲政。 ·元昊颁布别服式、秃发令（耳挂沉重耳环，以别于汉族）。
宋仁宗 景祐元年 1034年	24岁	·范仲淹出任苏州知州。 ·元昊称制改元。
宋仁宗 景祐二年 1035年	25岁	·邵雍同父异母弟弟邵睦出生。 ·章惇生。 ·李诚（世界最早建筑学著作《营造法式》的作者）生。

(续表)

年号 年代(公元)	邵雍年龄 （虚岁）	邵雍生平事宜及同年重要历史人物事件
宋仁宗 景祐三年 1036年	26岁	·邵雍生母李氏亡故，葬伊水原上。父古续弦杨氏。 ·范仲淹、欧阳修遭贬。
宋仁宗 景祐四年 1037年	27岁	·苏轼生。蔡确生。 ·宰相丁谓卒。
宋仁宗 景祐五年 宝元元年 1038年	28岁	·李觏著《广潜书》。 ·林禹依《周易》推衍五行阴阳之变，上大好之。 ·晏几道生。宰相王曾卒。 ·宋诏戒百官朋党。
宋仁宗 宝元二年 1039年	29岁	·邵雍作《闲吟》自述家境："欲有一瓢乐，曾无二亩田。" ·李觏撰《富国》《强兵》《安民》诸论。 ·苏辙生。 ·西夏元昊建蕃学。
宋仁宗 宝元三年 康定元年 1040年	30岁	·曾公亮军事要作《武经总要》撰成。
宋仁宗 康定二年 庆历元年 1041年	31岁	·陈抟为仁宗讲《易》。 ·司马光著《贾生论》《四豪论》。 ·范祖禹生。
宋仁宗 庆历二年 1042年	32岁	·宋仁宗建大名府为北京。 ·名医庞安时生，《宋史》有传。苏轼《东坡杂记》《仇池笔记》，袁文之《瓮牖闲评》，均载其医迹。苏轼评安时"精于伤寒，妙得长沙(医圣张仲景曾任长沙太守)遗旨"。张耒《柯山集》中记载："淮南人谓庞安常能与伤寒说话。"黄庭坚亦称道不已。 ·王安石入仕。陆佃(陆游祖父)生。

(续表)

年号 年代(公元)	邵雍年龄 （虚岁）	邵雍生平事宜及同年重要历史人物事件
宋仁宗 庆历三年 1043年	33岁	·邵雍此年从师李之才赴洛阳，寓于州学。 ·张商英生。 ·范仲淹、富弼、韩琦同时执政，欧阳修、蔡襄、王素、余靖同为谏官。 ·范仲淹推行新政。
宋仁宗 庆历四年 1044年	34岁	·孙景初刊行唐代李鼎祚《周易集解》。 ·宋与西夏议和成，与西夏互市。 ·宰相吕夷简卒。 ·宋仁宗下令改革科举制。
宋仁宗 庆历五年 1045年	35岁	·邵雍之师李之才卒。 ·宋初三先生之一石介卒(石介著《中国论》，并作《庆历圣德诗》，称颂仁宗皇帝和当时的名臣章得象、晏殊、范仲淹、杜衍等贤臣)。 ·黄庭坚生。 ·欧阳修为范仲淹、韩琦、富弼等上书遭贬。
宋仁宗 庆历六年 1046年	36岁	·程颢、程颐师事周敦颐，周敦颐乃以《太极图说》授二程。 ·范仲淹撰《岳阳楼记》成。
宋仁宗 庆历七年 1047年	37岁	·王豫于邵雍执弟子礼，得雍所授《伏羲八卦图》。 ·蔡京生。滕子京卒。
宋仁宗 庆历八年 1048年	38岁	·毕昇发明活字印刷术，世界四大发明之一。 ·宋神宗赵顼出生。 ·宰相章得象卒。 ·西夏开国皇帝李元昊卒。

(续表)

年号 年代(公元)	邵雍年龄 (虚岁)	邵雍生平事宜及同年重要历史人物事件
宋仁宗 皇祐元年 1049年	39岁	·邵雍随父自共城迁居洛阳。 ·秦观生。李公麟生。杨岐方会禅师圆寂,他主张"一尘才举,天地全收",述有《杨岐方会和尚语录》《杨岐方会和尚后录》。
宋仁宗 皇祐二年 1050年	40岁	·谢良佐生,蔡州上蔡(河南上蔡)人,人称上蔡先生或谢上蔡。师从程颢、程颐。 ·辽规定医、卜、屠、贩、奴隶不得应进士举。
宋仁宗 皇祐三年 1051年	41岁	·庞籍入相。 ·毕昇卒。 ·米芾生。
宋仁宗 皇祐四年 1052年	42岁	·范仲淹卒。 ·禅宗云门宗中兴之祖雪窦重显禅师卒。北宋时期云门宗与临济宗平分秋色,当时有"云门、临济,独盛天下"之美誉。
宋仁宗 皇祐五年 1053年	43岁	·经太学博士姜子发与潞州张穆之为媒,邵雍聘王允修之妹为妻。 ·杨时生,主张"致知必先于格物",传世《龟山集》。 ·欧阳修撰成《新五代史》。 ·柳永卒,时称"有井水处即能歌柳词"。
宋仁宗 皇祐六年 至和元年 1054年	44岁	·宋仁宗命欧阳修主修《新唐书》。

(续表)

年号 年代(公元)	邵雍年龄 (虚岁)	邵雍生平事宜及同年重要历史人物事件
宋仁宗 至和二年 1055年	45岁	·邵雍生子邵伯温,作《生男吟》诗: 　　我本行年四十五,生男方始为人父。 　　鞠育教诲诚在我,寿夭贤愚系于汝。 　　我若寿命七十岁,眼前见汝二十五。 　　我欲愿汝成大贤,未知天意肯从否。 ·朝廷封孔子47世孙孔宗愿为衍圣公,自此世袭衍圣公。 ·宰相晏殊卒。遗世名句:"无可奈何花落去,似曾相识燕归来。"宰相富弼系其女婿。 ·宋定医官考试之法。
宋仁宗 至和三年 嘉祐元年 1056年	46岁	·龙图阁大学士包拯权知开封府。苏轼首次出川赴京科举。 ·山西朔州应县木塔(释迦塔)始建,系中国现存最高最古的木构塔式建筑。
宋仁宗 嘉祐二年 1057年	47岁	·张岷,字子望,师事邵雍,得先天学之传。后邵伯温得岷所记雍讲学语录,整理作《观物外篇》。 ·章惇进士及第。 ·陈瓘生。 ·孙复卒,宋初三先生之一。 ·王洙(发现《金匮玉函要略方》三卷)卒,有厥功于仲景之学。
宋仁宗 嘉祐三年 1058年	48岁	·韩琦为相,欧阳修代包拯任开封知府。 · ·王安石上万言书,主张变法。
宋仁宗 嘉祐四年 1059年	49岁	·李觏卒。 ·胡瑗(宋初三先生之一)卒。 ·章惇再次进士及第。 ·泉州洛阳桥建成,创世界桥梁史奇迹。

(续表)

年号 年代(公元)	邵雍年龄 (虚岁)	邵雍生平事宜及同年重要历史人物事件
宋仁宗 嘉祐五年 1060年	50岁	·邵雍约于此年著成《皇极经世》。 ·欧阳修等修《新唐书》成。 ·宗泽出生。梅尧臣卒。
宋仁宗 嘉祐六年 1061年	51岁	·丞相富弼荐邵雍于朝,雍均婉言谢绝。 ·周敦颐在庐山建"濂溪书堂"。 ·宋祈卒(曾与欧阳修同修《新唐书》)。 ·蓬莱阁始建,与黄鹤楼、岳阳楼、滕王阁并称为"中国四大名楼"。
宋仁宗 嘉祐七年 1062年	52岁	·邵雍由伊川迁洛(王宣徽尹洛阳,建屋三十间,请邵雍居之。宰相富弼为买对宅一园)。新居名为"安乐窝"。 ·包拯卒,世号"包青天"。
宋仁宗 嘉祐八年 1063年	53岁	·宋仁宗赵祯崩。宋英宗即位。 ·"佛果禅师"圆悟克勤生。 ·韩琦提举修撰《仁宗实录》。 ·王安石江宁讲学,形成学派。
宋英宗 治平元年 1064年	54岁	·刘牧(著有最早的图书学著作《易数钩隐图》)卒。
宋英宗 治平二年 1065年	55岁	·洛阳二十家,仿"安乐窝"为邵雍筑"行窝",待其居游。

(续表)

年号 年代（公元）	邵雍年龄 （虚岁）	邵雍生平事宜及同年重要历史人物事件
宋英宗 治平三年 1066年	56岁	·"邵雍识乱"故事出现，后载入明代中学课本《龙文鞭影》。 ·司马光奉召编撰《资治通鉴》。 ·苏洵卒。 ·欧阳修赏荐章惇，召试馆职。 ·契丹改国号为大辽。
宋英宗 治平四年 1067年	57岁	·邵雍父邵古逝世，享年79岁。 ·宋英宗赵曙崩。 ·蔡襄卒。
宋神宗 熙宁元年 1068年	58岁	·邵雍同父异母弟邵睦（33岁），事雍如父，四月八日暴卒。雍痛作《伤二弟无疾而化》《听杜鹃思亡弟》《书亡弟殡所》《南园晚步思亡弟》诗。又作《戊申自贻》诗："虽老仍思鼓缶歌，庶几都未丧天和。明夷用晦止于是，无妄生灾终奈何。似箭光阴头上去，如麻人事眼前过。中间若不自为计，所损其来又更多。" ·富弼再摄宰相。神宗召见翰林学士王安石。安石上书主张变法。 ·金太祖完颜阿骨打生。
宋神宗 熙宁二年 1069年	59岁	·朝廷诏举遗逸，吕诲等人力荐邵雍，雍引病不仕。王安石始推新法，建议兴学校，罢诗赋，以经义取士。道士张伯端遇丹家刘操于成都，授以《金液还丹诀》，伯端改名用诚，号紫阳真人。

304　　一代传奇：邵雍的智慧

(续表)

年号 年代(公元)	邵雍年龄 （虚岁）	邵雍生平事宜及同年重要历史人物事件
宋神宗 熙宁三年 1070年	60岁	·邵雍作《六十岁吟》，又作《闲吟四首》曰："居洛八九岁，投心唯二三。"言及51岁以来"投心"之友很少，仅有"彦国(富弼)之言铺陈，晦叔(吕公著)之言简当，君实(司马光)之言优游，伯淳(程颢)之言条畅。四贤洛阳之望，是以在人之上。有宗熙宁之间，大为一时之壮。"(《四贤吟》) ·富弼自汝州请归洛阳养疾，筑大第与邵雍天津居相迩，与邵雍相招往来，以有"三朝为宰相，四水作闲人"之句。 ·张载辞官回乡，隐居终南山，讲《易》，撰《正蒙》。 ·王安石任相，行免役法、保甲法。 ·司马光反对变法，与王安石绝交，与文彦博、富弼等13人创"洛阳耆英会"。 ·李寿翁刊行《麻衣道者正易心法》42章于当涂。《正易心法注》传为陈抟所著。 ·蒙古设诸路蒙古字学教授。
宋神宗 熙宁四年 1071年	61岁	·朝廷罢诗赋及明经诸科，以经义、策论取士。 ·朝廷开始全面推行新法，贬逐反对新法者。 ·欧阳修致仕。 ·苏轼以开封府推官迁杭州通判，成为西湖贵人。
宋神宗 熙宁五年 1072年	62岁	·邵雍作《六十二吟》： 　行年六十二康强，况复身居永熟乡。 　美景良胡非易得，浅斟低唱又何妨？ 　无涯岁月难拘管，有限形骸莫毁伤。 　多少英豪弄才智，大曾经过恶思量。 ·欧阳修卒。 ·朱震生，传世有《汉上易传》。 ·司天监灵台郎亢瑛言："天久阴，星失度，宜罢免王安石。" ·是年华山崩。

(续表)

年号 年代(公元)	邵雍年龄 (虚岁)	邵雍生平事宜及同年重要历史人物事件
宋神宗 熙宁六年 1073年	63岁	·邵雍作《老去吟》： 行年六十有三岁，二十五年居洛阳。 林静城中得山景，池平坐上见江乡。 赏花长被杯盘苦，爱月屡为风露伤。 看了太平无限好，此身老去又何妨。 ·周敦颐卒。欧阳修卒。 ·王安石首次罢相。
宋神宗 熙宁七年 1074年	64岁	·王安石新法行买官田之法，邵雍所居天津亦官地。出榜三月，无人忍买。邵雍之诸友相谋曰："使先生之宅他人居之，吾辈蒙耻矣。"司马光等二十余家集钱买之。邵雍作诗以谢。 ·王安石初次罢相。 ·沈括主持新制浑仪、浮漏成功。 ·胡安国生。王安国卒。
宋神宗 熙宁八年 1075年	65岁	·邵雍作《六十五岁新正自贻》： 予家洛城里，况在天津畔。 行年六十五，当宋之盛旦。 南园临通衢，北圃仰双观。 虽然在京国，却如处山涧。 清泉篆沟渠，茂木绣霄汉。 凉风竹下来，皓月松间见。 面前有芝兰，目下无冰炭。 坐上有馀欢，胸中无交战。 冬夏既不出，炎凉徒自变。 荣辱既不入，富贵徒自炫。 恶闻人之恶，乐道人之善。 不行何越趄，勿药何瞑眩。 谁谓金石坚，其心亦能断。 谁谓鬼神灵，其诚亦能贯。 ·王安石复相，朝廷颁王安石撰《诗》《书》《周礼》"三经新义"于学官。 ·宰相韩琦卒。 ·张伯端撰内丹名著《悟真篇》。 ·金朝第二代皇帝金太宗完颜晟生。

（续表）

年号 年代(公元)	邵雍年龄 （虚岁）	邵雍生平事宜及同年重要历史人物事件
宋神宗 熙宁九年 1076年	66岁	·邵雍作《六十六岁吟》： 　　六十有六岁，畅然持酒杯。 　　少无他得志，老有此开怀。 　　往往英心动，时时秀句来。 　　尚收三百首，自谓敌琼瑰。 ·北宋第七位皇帝宋哲宗赵煦生。 ·王安石再次罢相，熙宁变法失败，其子王雱亦卒。 ·张载撰《正蒙》成。
宋神宗 熙宁十年 1077年	67岁	·邵雍卒。 ·是年，邵雍作《自贻吟》： 　　六十有七岁，生为世上人。 　　四方中正地，万物备全身。 　　天外更无乐，胸中别有春。 　　七月初四，邵雍作《病亟吟》： 　　生于太平世，长于太平世。 　　老于太平世，死于太平世。 　　客问年几何，六十有七岁。 　　俯仰天地间，浩然无所愧。 ·是夜五更，捐馆。程颢为邵雍撰墓志铭。诏赠秘书省著作郎，元祐中号"康节"。 ·张载归途至潼关，卒于驿中，享年58岁。 ·叶梦得生。

注：邵雍曾祖父邵令进曾事宋太祖，善骑射，官军校尉，老归范阳（今河北省涿州市）。后避战乱徙上谷、中山，又转徙衡漳（今河南省林县）。祖父邵德新专书为儒，父邵古（字天叟），生衡漳，十一岁而孤。喜儒学，尤善文字之学，用声律、韵类、古今切正为之解，撰《正声》《正字》《正音》合三十篇（后经邵伯温整理加入《皇极经世》书，今见《道藏·皇极经世》卷七至卷十一），又有《周易解》。因崇慕西晋孙登，尚隐逸而不仕，自号"伊川丈人"。

(五)五行系统

五行	木	火	土	金	水
五数	八	七	五	九	六
五方	东	南	中	西	北
五季	春	夏	四季末	秋	冬
五气	风	热	湿	燥	寒
五色	青	赤	黄	白	黑
五音	角	徵	宫	商	羽
五味	酸	苦	甘	辛	咸
五臭	臊	焦	香	腥	腐
五谷	麦	黍	稷	稻	豆
五畜	鸡	羊	牛	马	彘
五脏	肝	心	脾	肺	肾
五腑	胆	小肠	胃	大肠	膀胱
五神	魂	神	意	魄	志
五液	泪	汗	涎	涕	唾
五体	筋	脉	肉	皮	骨
五俞	颈项	胸胁	脊	肩背	腰股
五声	呼	笑	歌	哭	呻
五志	怒	喜	思	悲	恐
五毒	怒	恨	怨	恼	烦

附录三
五行归类表

(一)天象

五行	木	火	土	金	水
五星	木星	火星	土星	金星	水星
五方	东	南	中	西	北
五灵	青龙	朱雀	麒麟	白虎	玄武
五季	春	夏	季末	秋	冬
六气	风	热、火	湿	燥	寒
五促	生	长	化	收	藏
五时	日旦	日中	日夕	日入	午夜
八卦	震巽	离	坤艮	乾兑	坎
天干	甲乙	丙丁	戊己	庚辛	壬癸
地支	寅卯	巳午	辰戌丑未	申酉	子亥

(二)地象

五色	青	赤	黄	白	黑
五臭	臊(膻)	焦	香	腥	腐(朽)
五味	酸	苦	甘	辛	咸
五性(食物、药物)	温	热	平	凉	寒
五谷	麦	黍	稷	稻	豆
五果	李	杏	枣	桃	栗
五菜	韭	薤	葵	葱	藿
五实	核	络	肉	壳	濡
五畜	犬	羊	牛	鸡	猪
五虫	毛	羽	倮	介	鳞

(续表四)

五脏所藏	魂	神	意	魄	志
	肝藏血	心藏脉	脾藏营	肺藏气	肾藏精
	血舍魂	脉舍神	营舍意	气舍魄	精舍志
五志	怒	喜	思	忧、悲	恐、惊
关节分布	两腋	两肘	两髀（髋）	两肘	两腘
脏热分布	左颊红	颜面全部红	鼻红	右颊红	两颧红
气血筋脉注入处	诸筋者皆属于节	诸脉者皆属于目		诸气者皆属于肺	诸髓者皆属于脑
	睡觉时血归于肝	诸血者皆属于心			
五精所并	精气并于肝则忧	精气并于心则喜	精气并于脾则畏	精气并于肺则悲	精气并于肾则恐
精气注入	五脏六腑之精气，皆上注于目而为之。精之窠为眼，骨之精为瞳子，筋之精为黑眼，血之精为络，其窠气之精为白眼，肌肉之精为约束，裹撷筋骨血气之精而与脉并为系，上属于脑，后出于项中				
五轮	肝	心	脾	肺	肾
	黑睛	内眦	眼睑	白睛	瞳孔
	风轮	血轮	肉轮	气轮	水轮
五色	青	赤	黄	白	黑
五色之见死	色见青如草兹者死	色见赤如衃血者死	色见黄如枳实者死	色见白如枯骨者死	色见黑如炲者死
五色之见生	青如翠羽者生	赤如鸡冠者生	黄如蟹腹者生	白如豕膏者生	黑如乌羽者生
五藏所生之外荣	生于肝，如以缟裹绀	生于心，如以缟裹朱	生于脾，如以缟裹栝楼实	生于肺，如以缟裹红	生于肾，如以缟裹紫
色味当五脏	青当肝	赤当心	黄当脾	白当肺	黑当肾
	酸	苦	甘	辛	咸
	青当筋	赤当脉	黄当肉	白当皮	黑当骨
生死面相	凡相五色，面黄目青、面黄目赤、面黄目白、面黄目黑，皆不死也；面青目赤、面赤目白、面黑目白、面赤目青，皆死也				

312

(四)《黄帝内经》五行系统

五脏	肝	心	脾	肺	肾
五脏之官	将军之官（谋虑出焉）	君主之官（神明出焉）	仓廪之官（五味出焉）	相傅之官（治节出焉）	作强之官（伎巧出焉）
五腑	胆	小肠	胃	大肠	膀胱
五腑之官	中正之官（决断出焉）	受盛之官（化物出焉）	仓廪之官（五味出焉）	传道之官（变化出焉）	州都之官（津液藏焉）
三焦	三焦者,决渎之官,水道出焉					
心包络	膻中者,臣使之官,喜乐出焉(膻中即心包络)				
脏象	肝	心	脾、胃、大肠、小肠、三焦、膀胱	肺	肾
	罢极之本	生之本	仓廪之本	气之本	封藏之本
	魄之居也	神之变也	营之居也	魄之处也	精之处也
	其华在爪	其华在面	其华在唇四白	其华在毛	其华在发
	其充在筋	其充在血脉	其充在肌	其充在皮	其充在骨
	阳中之少阳	阳中之太阳	至阴之类	阳中之太阴	阴中之少阴
	通于春气	通于夏气	通于土气	通于秋气	通于冬气
	凡十一脏,取决之力在胆也				
五脏生成	肝之合筋也	心之合脉也	脾之合肉也	肺之合皮也	肾之合骨也
	其荣爪也	其荣色也	其荣唇也	其荣毛也	其荣发也
五脏所主	筋	脉	肉	皮	骨、髓
五充(体)					
五华	爪	面	唇四白	毛	发
五窍	目	舌	口	鼻	耳
五脏化液	泪	汗	涎	涕	唾

(三)人象

五脏	肝	心、心包	脾	肺	肾
五体	筋	血、脉	肉	皮	骨、髓
五藏	血	脉	营	气	精
五志	怒	喜	思	忧、悲	恐、惊
五液	泪	汗	涎	涕	唾
五窍	目	舌	口、唇	鼻	耳
五声	呼	笑	歌	哭	呻
五音	角	徵	宫	商	羽
五智	魂	神	意	魄	志
五指	食指	中指	大拇指	无名指	小指
五性	曲直	炎上	稼穑	从革	润下
五变动	握	忧	哕	咳	栗
五腧	井(出)	荥(溜)	俞(注)	经(行)	合(入)

(续表四)

五味	酸	苦	甘	辛	咸
五味所入	酸入肝	苦入心	甘入脾	辛入肺	咸入肾
五味所合	肝欲酸	心欲苦	脾欲甘	肺欲辛	肾欲咸
五味所走	酸走筋	咸走血	甘走肉	辛走气	苦走骨
	多食之,令人癃	多食之,令人渴	多食之,令人悗心	多食之,令人洞心	多食之,令人变呕
	手足不灵活	口渴	烦恼	心中空虚	呕吐
五味所禁	酸走筋,筋病无多食酸	咸走血,血病无多食咸	甘走肉,肉病无多食甘	辛走气,气病无多食辛	苦走骨,骨病无多食苦
五禁	肝病禁辛	心病禁咸	脾病禁酸	肺病禁苦	肾病禁甘
五味所伤	多食酸,则肉胝䐢而唇揭(味过于酸,肝气以津,脾气乃绝)	多食苦,则皮槁而毛拔(味过于苦,脾气不濡,胃气乃厚)	多食甘,则骨痛而发落(味过于甘,心气喘满,色黑,肾气不衡)	多食辛,则筋急而爪枯(味过于辛,筋脉沮弛,精神乃央)	多食咸,则脉凝泣而变色(味过于咸,大骨气劳,短肌,心气抑)
五宜	肝色青,宜食甘	心色赤,宜食酸	脾色黄,宜食咸	肺色白,宜食苦	肾色黑,宜食辛
五病宜食	肝病者宜食粳米饭、牛肉、枣、葵	心病者宜食麻、犬肉、李、韭	脾病者宜食大豆、猪肉、栗、藿	肺病者宜食麦、羊肉、杏、薤	肾病者宜食黄黍、鸡肉、桃、葱
五脏所苦	肝苦急,急食甘以缓之	心苦缓,急食酸以收之	脾苦湿,急食苦以燥之	肺苦气上逆,急食苦以泻之	肾苦燥,急食辛以润之
五脏所欲	肝欲散,急食辛以散之	心欲软,急食咸以软之	脾欲缓,急食甘以缓之	肺欲收,急食酸以收之	肾欲坚,急食苦以坚之
补	用辛补之	用咸补之	用甘补之	用酸补之	用苦补之
泻	酸泻之	甘泻之	苦泻之	辛泻之	咸泻之